Du bist besser!

Peter Lauster

Du bist besser!

**Intelligenztest
Begabung
Berufswahl**

Urania

Der Autor:
Peter Lauster, geb. 1940, studierte Philosophie, Anthropologie, Kunstgeschichte und Psychologie. Seit über 25 Jahren ist er der meistgelesene deutsche Psychologe. Lauster arbeitet als Schriftsteller, Berater und Therapeut in Köln.

Gleichzeitig im Urania-Verlag erschienen:
Hans Christian Meiser: Nutze den Tag! Wie man Ärger vermeidet und Zeit und Energie gewinnt,
    208 S., geb., SU, DM 29,90
Rüdiger Hinsch/Simone Wittmann, Auf andere zugehen, Kommunikationstraining, 160 S., brosch., DM 19,90
Bernd A. Mertz, Träume, Die stumme Sprache der Seele deuten, 192 S., brosch., 40 Abb., DM 19,90
Vera F. Birkenbihl, Rhetorik, Redetraining für jeden Anlaß, 192 S., brosch., 40 Ill., DM 29,90
David Lewis, Ab heute hab' ich immer Zeit, Jede Woche 10 Stunden gewinnen, 160 S., brosch., 30 Ill., DM 19,90

Die Deutsche Bibliothek - CIP-Einheitsaufnahme
Lauster, Peter:
Du bist besser!: Intelligenztest – Begabung – Berufswahl / Peter Lauster. – Berlin: Urania, 1997

ISBN 3-332-00615-0

© 1997 by Urania Verlag in der Dornier Medienholding GmbH, Berlin
Die Verwertung der Texte und Bilder, auch auszugsweise, ist ohne Zustimmung des Verlages urheberrechtswidrig und strafbar. Dies gilt auch für Vervielfältigungen, Übersetzungen, Mikroverfilmungen und für die Verarbeitung mit elektronischen Systemen.
Die Ratschläge in diesem Buch sind von Herausgeber und Verlag sorgfältig erwogen und geprüft, dennoch kann eine Garantie nicht übernommen werden. Eine Haftung des Herausgebers bzw. des Verlags und seiner Beauftragten für Personen-, Sach- und Vermögensschäden ist ausgeschlossen.
Umschlaggestaltung: S/L Kommunikation
Zeichnungen: H. D. Erich und K. Heger nach Vorlagen von Peter Lauster
Lektorat: Dr. Marianne Jabs, H. Dieter Wirtz
Gestaltung und Satz: AS Satz & Grafik Scheffler, Berlin
Druck: Magdeburger Druckerei GmbH
Printed in Germany
Gedruckt auf alterungsbeständigem Papier mit chlorfrei gebleichtem Zellstoff.

Inhalt

Einführung	. . . .	11
Teil 1: Intelligenztest	Intelligenz und Intelligenzquotient	14
	Testen Sie Ihre Intelligenz selbst	15
	So wurde der IQ-Test entwickelt.	16
	Was mißt dieser IQ-Test?	16
	Modell der geistigen Fähigkeiten.	17
	Die Intelligenz ist leicht beeinflußbar.	18
	So führen Sie den Test durch.	20

1. Testgruppe: Optische Intelligenz. 23
    Figurentest. 24
    Symboltest. 35
    Würfeltest 41
    Testauswertung 46

2. Testgruppe: Praktische Intelligenz 47
    Legetest 48
    Formtest 54
    Ergänzungstest. 57
    Testauswertung 61

3. Testgruppe: Sprachliche Intelligenz. 63
 Worttest. 64
 Zuordnungstest 70
 Satztest 74
 Testauswertung. 79

4. Testgruppe: Rechnerische Intelligenz 81
 Rechentest. 82
 Testauswertung. 97

Auswertung: Ihr IQ. 99
 IQ-Tabelle. 101
 Ausschneidebogen. 103
 Zeichnen Sie Ihr Intelligenzprofil. 105

Wozu dient uns der IQ? 106
 Intelligenz im Beruf 106
 Zeigt ein Intelligenzprofil berufliche Erfolgschancen?. 110

Intelligenzforschung 111
 Woher kommt die Bezeichnung Intelligenzquotient (IQ)? 111
 Die Intelligenz entwickelt sich sehr früh 112
 Nimmt die Intelligenz nach dem 26. Lebensjahr ab?. 113
 Sind Intelligenztests für Personalbüros sinnvoll?. 114
 Mit vierzig in Pension? 114
 Ist Dummheit Schicksal? 114
 Richtige Schulung steigert den IQ 115
 Kinder begüterter Eltern haben Intelligenzvorteile 117
 Besitzen Männer mehr technische Intelligenz als Frauen? . 117
 Das Menschenbild, das uns die Wissenschaft vermittelt . . . 118
 Daten für ein gewünschtes Menschenbild 121
 Wieviel Freiheit können wir erwarten? 127
 Überbewertung der Intelligenz 129
 Sicherheitsstreben durch Rationalität 132
 Begabungen. 134

Inhalt 7

Teil 2: Begabung

Eine kurze Einleitung: Was ist Begabung? 140
    Begabung und Intelligenz sind kein Zufall 142
    Kein Grund zum Vererbungspessimismus. 142
    Intelligenz bildet sich früh 142
    Begabungen reifen langsam 142
    Zeigen Schulzeugnisse die Begabung? 145
    Warum psychologische Tests? 147
    Was bedeuten die Testergebnisse? 149
    So führen Sie die Tests durch. 150

Test 1: Sprachbegabung 151
    Testauswertung Test 1 160

Test 2: Verhandlungsgeschick. 161
    Testauswertung Test 2 168

Test 3: Kontaktfähigkeit. 169
    Testauswertung Test 3 176

Test 4: Logisches Denken 177
    Testauswertung Test 4 186

Test 5: Kreativität. 187
    Testauswertung Test 5 196

Test 6: Konzentration 197
    Testauswertung Test 6 204

Test 7: Technisches Verständnis. 205
    Testauswertung Test 7 214

Inhalt

Test 8: Rechenfähigkeit 215
    Testauswertung Test 8 228

Test 9: Praktische Intelligenz 229
    Testauswertung Test 9 238

Test 10: Geschmack 239
    Testauswertung Test 10 252

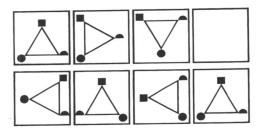

Auswertung: Ihr Begabungsprofil 253
    Bewertungstabellen 253
    Die Diagnosekarte 257
    Zeichnen Sie Ihr Begabungsprofil 259

Begabung in der Berufspraxis 260
    Zeigt Ihr Begabungsprofil den Berufserfolg? ... 265
    Psychologische Verfahren, die Karrierechancen messen ... 266
    Wie kann man Begabung fördern? 267

Inhalt 9

Teil 3: Berufswahl

Ein Drittel unseres Tages sinnvoll nutzen 270
Wie stehen Sie zu diesen Tätigkeitsgebieten? 272
So führen Sie die Tests durch. 272

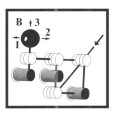

Test 1: Berufs-Interessen-Analyse 273
Testauswertung 312
Die Rangfolge Ihrer Interessen 318

Test 2: Berufsvoraussetzungen. 321
Testauswertung 324

Test 3: Arbeitsgebiete in zehn Berufsrichtungen 327
1. Naturwissenschaft 328
Testauswertung 331
Tätigkeiten in der Naturwissenschaft. 333
2. Technik 334
Testauswertung 338
Tätigkeiten in der Technik 339
3. Elektronische Datenverarbeitung (EDV) 340
Testauswertung 342
Tätigkeiten in der EDV 343
4. Medizin 344
Testauswertung 347
Tätigkeiten in der Medizin. 348
5. Sozialarbeit. 349
Testauswertung 352
Tätigkeiten in der Sozialarbeit 354
6. Unterricht. 355
Testauswertung 359
Tätigkeiten im Unterricht. 361

7. Verwaltung	362
Testauswertung	366
Tätigkeiten in der Verwaltung	368
8. Kaufmännische Tätigkeit	369
Testauswertung	372
Kaufmänische Tätigkeiten	374
9. Visuelle Kommunikation	375
Testauswertung	377
Tätigkeiten in der visuellen Kommunikation	378
10. Geisteswissenschaft	379
Testauswertung	383
Tätigkeiten in der Geisteswissenschaft	384

Zu guter Letzt: Soll man das Denken den Pferden überlassen?

Intelligenz und Gehirn 385

Die Masse macht es nicht!	386
Der Gehirn-Atlas	387
Kann man die Intelligenz amputieren?	388
Die sieben bekanntesten Intelligenztests	388
Individuelle psychologische Beratung	389
Ergänzende Informationen zur Ausbildungs- und Berufswahl	390
Was ist von Abendschulen zu halten?	391
Wann wird eine Umschulung finanziert?	392
Einige Informationen zur Ausbildung	393

Anhang

Anschriften von Stützpunkten der Berufsberatung für Abiturienten und Hochschüler	394
Anschriften von Berufsinformationszentren der Arbeitsämter	397
Literatur zum Thema Intelligenz	399
Gedankenaustausch	400

Einführung

Das vorliegende Buch – ein umfassender Ratgeber zum Thema Begabung und Beruf – besteht aus drei Teilen. Nach einem allgemeinen Intelligenz- und Trainingsprogramm bietet der nachfolgende Teil für jeden einzelnen die Möglichkeit, seine Begabungen zu entdecken, sowie Anregungen, wie die vorhandenen Begabungen zur Entfaltung gebracht werden, während der letzte Teil konkret auf die richtige Berufswahl ausgerichtet ist sowie auf die einzelnen Schritte, die notwendig sind, falls ein Berufswechsel in absehbarer Zeit beabsichtigt ist.

In den vergangenen fünfzehn Jahren hat die Testpsychologie enorm an Bedeutung gewonnen, da immer mehr Firmen dazu übergegangen sind, ihre Bewerber für Ausbildungsplätze, aber auch für neu zu besetzende Stellen umfangreichen Tests zu unterziehen. Auch für die Zulassung zum Medizinstudium ist solch ein Test mittlerweile obligatorisch. Kein Wunder, daß Leistungstests, die ursprünglich der individuellen Beratung dienen sollten, inzwischen in einem schlechten Ruf stehen und nicht mehr als Hilfsinstrumente angesehen werden.

Sehen Sie den vorliegenden Intelligenztest nicht als »Feind« an, sondern als eine Möglichkeit, Ihre Stärken und Schwächen zum gegenwärtigen Zeitpunkt kennenzulernen. Dabei liegt die Betonung auf dem »gegenwärtigen Zeitpunkt«, denn Denkleistungen sind nichts Festgelegtes, sondern etwas Fließendes, etwas, das sich weiterentwickelt. Davon unabhängig soll es Spaß machen, sich einmal selbst zu testen. Denn: Ein streßfreies spielerisches Testen ohne Leistungsdruck kann durchaus unterhaltsam sein.

Auch in Teil 2 geht es um die Möglichkeit, einmal in Ruhe zu Hause die eigenen Stärken und Schwächen zu überprüfen. Und auch hier gilt es, die eigenen Grenzen und Potentiale zu erkennen, herauszufinden, auf welchem Gebiet Begabungen vorhanden und welche es wert sind, sie entsprechend zu fördern.

In Teil 3 geht es schließlich um die Berufswahl. Solch eine Wahl bringt meist überaus schwierige Entscheidungen mit sich. Und weil die entsprechende Berufswahl so kompliziert ist, ist es auch nicht möglich, alle Aspekte dieses Bereichs zu behandeln. Somit ist auch das zu ermittelnde Testergebnis nicht der

»Weisheit letzter Schluß«, sondern kann nur Hinweise darauf geben, in welche Richtung die eigenen Interessen zum derzeitigen Zeitpunkt weisen, denn Interessen sind natürlich zeitabhängig. In diesem Zusammenhang spielen nämlich auch die Emotionalität und der Entwicklungsstand eine nicht unbedeutende Rolle. So kann nicht allein der Kopf die Berufswahl treffen, sondern auch die Seele mit ihren Gefühlen muß daran beteiligt sein.

Zum Schluß noch eine persönliche Anmerkung. Nicht die Intelligenzleistung in einem Test entscheidet über ein glückliches Leben, auch die gezielte Förderung einer entsprechenden Begabung und selbst die richtige Berufswahl machen – so wichtig beides auch sein mag – kein wirklich befriedigendes Leben aus. Intelligenz, Begabung, Beruf sind zwar wichtige Teile jenes großen Spektrums »Leben«, doch viel bedeutender für das Lebensglück und die seelische Gesundheit ist die Offenheit für Neues in innerer Freiheit und geistiger Interessiertheit.

Köln, im Juli 1997
Peter Lauster

Teil 1

Intelligenztest

Intelligenz und Intelligenzquotient

Intelligenz kann sich durch geistige Impulse und Training verändern. Das heißt: Wenn Sie heute beispielsweise einen Intelligenzquotienten (IQ) von 119 haben, so kann er in zwei Jahren unter Umständen bei 128 liegen.

1986 hat der nordamerikanische Intelligenzforscher Streufert Intelligenz im weiteren Sinne so beschrieben: »Die Fähigkeit zu merken, wann es nötig ist zu denken und wann es besser ist, den Kopf abzuschalten.«

Der Zweck dieses Teils ist darin zu sehen, einmal einen Intelligenztest praktisch kennenzulernen und eine Vertrautheit mit Leistungstests dieser Art zu gewinnen. Ein nützliches Testtraining also, das dazu beitragen soll, die Testangst nach dem Prinzip »learning by doing« etwas abzubauen.

Die Frage: »Was ist Intelligenz?« hat die Psychologen auf der ganzen Welt in den letzten achtzig Jahren intensiv beschäftigt. Es wurden Theorien und Tests entwickelt und

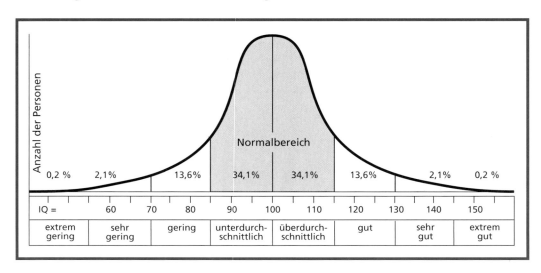

Testen Sie Ihre Intelligenz selbst

umfangreiche Definitionen vorgelegt, verworfen und verbessert. Dadurch wurde die Intelligenz immer mehr »eingekreist«, und schließlich gaben die Amerikaner auf die Frage: »Was ist Intelligenz?« die lapidare Antwort: »Intelligenz ist das, was ein Intelligenztest mißt.«

Das klingt banal. Und es ist das Eingeständnis, daß man die Intelligenz nicht messen kann, sondern nur bestimmte Arten der Intelligenz. Man gibt damit auch zu, daß man die Intelligenz nicht definieren kann, sondern nur bestimmte Sonderformen des intelligenten Denkens. So sieht der augenblickliche Stand der Forschung aus. Nicht sehr berauschend – sagen die Kritiker der Intelligenz-Psychologie. In Wirklichkeit wurde dennoch viel erreicht.

Die Psychologen Stanford, Binet und Wechsler haben festgestellt, daß die Intelligenz (geistige Leistungsfähigkeit bei Testaufgaben) unter der Bevölkerung nicht gleichmäßig verteilt ist, sondern

nach einem interessanten Gesetz auftritt: Es gibt wenig Leute (etwa 0,2%) mit sehr geringer und gleichfalls wenig mit extrem hoher Intelligenz (auch etwa 0,2%). Personen mit sehr geringer und solche mit sehr guter Intelligenz sind auch selten (jeweils etwa 2,1%). In der Bevölkerung leben etwa 13,6 Prozent gering Intelligente (IQ zwischen 70 und 85) und gleichfalls etwa 13,6 Prozent gut Intelligente (IQ zwischen 115 und 130). Durchschnittlich intelligent (IQ zwischen 85 und 115) sind 68,2 Prozent der Bevölkerung. Man nennt diese symmetrische Verteilung »Normalverteilung«. Die Grafik zeigt anschaulich, wie der Grad des Intelligenzquotienten (IQ) unter der Bevölkerung anteilig vorhanden ist.

Die offiziellen Intelligenztests können Sie nicht erwerben. Sie sind nur für die Hand des Fachpsychologen bestimmt. Auf Seite 20 sind die in Deutschland gebräuchlichsten Intelligenztests aufgeführt. Wer seinen IQ erfahren will, der muß sich entweder an den schulpsychologischen Dienst oder an das Arbeitsamt wenden, oder er muß die Praxis eines Psychologen aufsuchen. Da das für viele so unangenehm wie ein Zahnarztbesuch ist, ist es dem Interessierten mit Hilfe dieses Buches möglich, einen Intelligenztest kennenzulernen und sich natürlich auch selbst zu testen.

So wurde der
IQ-Test entwickelt

Weil die offiziellen IQ-Tests urheberrechtlich geschützt sind, haben wir einen neuen Intelligenztest entwickelt. Jede einzelne Aufgabe wurde an Personen zwischen vierzehn und vierzig Jahren überprüft. Anschließend sortierten wir die zu leichten und zu schweren Aufgaben aus. Nach dieser »Aufgabenanalyse« wurde der Test in seiner endgültigen Fassung festgelegt. Dann konnten die Aufgaben gedruckt und erneut an Personen zwischen vierzehn und vierzig Jahren geprüft werden. Die Leistungen dieser »Personenstichprobe« wurden aufgelistet und statistisch verrechnet. Die Testauswertung basiert auf diesem statistischen Vergleich. Sie finden sie in der Auswertung auf den Seiten 99 und 100.

So ist es Ihnen möglich, Ihr eigenes Testergebnis mit den Leistungen anderer Personen gleichen Alters oder gleicher Bildungsstufe zu vergleichen. Sie wissen dann, um wie viele Punkte Ihr Intelligenzquotient höher oder tiefer als der Durchschnitt liegt.

Was mißt
dieser IQ-Test?

Der Test mißt nicht die gesamte Leistungsfähigkeit Ihres Gehirns. Das wäre unmöglich. Dann müßten Sie tagelang nur Tests ausfüllen – so umfangreich und vielseitig sind unsere geistigen Fähigkeiten.
Die Intelligenz, die ein Test umfaßt, ist deshalb immer nur ein Ausschnitt der menschlichen Leistungskapazität. Das nebenstehende Modell veranschaulicht, welche Teilbereiche mit diesem IQ-Test geprüft werden.

Modell der geistigen Fähigkeiten

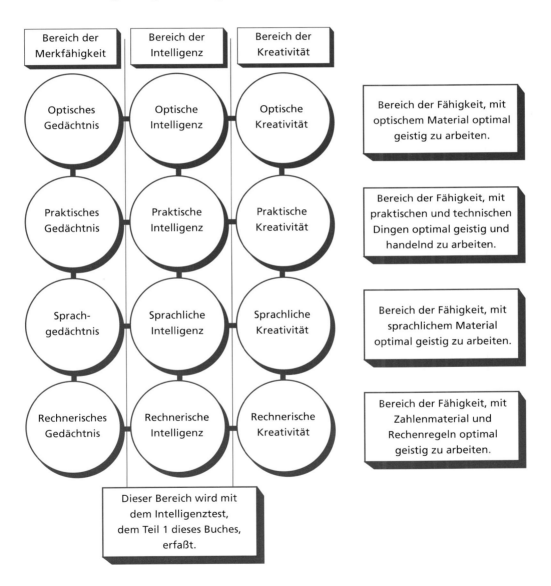

Die Intelligenz ist leicht beeinflußbar

Die Denkleistung wird von der seelischen Verfassung stark beeinflußt. Die folgende Grafik zeigt, welche Einflüsse die Intelligenz fördern oder hemmen.

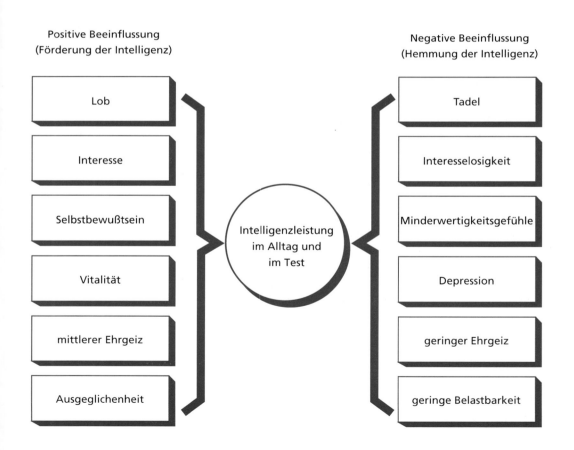

Ein anregendes Klima entsteht also durch Lob, Interesse, emotionale Ausgeglichenheit, mittleren Ehrgeiz sowie durch körperliche und seelische Gesundheit.

Ein hemmendes Klima entsteht dagegen durch Tadel, Interessenlosigkeit, geringen Ehrgeiz, Minderwertigkeitsgefühle, Depression sowie durch körperliche und seelische Krankheit.

Wie stark die Denkleistung eines Menschen in einem bestimmten Bereich gefördert oder gehemmt werden kann, soll das folgende Beispiel verdeutlichen.

Vor Jahren »erwischte« ein Rechenlehrer einmal ein Kind, als es während des Unterrichts seinen Namen auf ein neues Rechenblatt schrieb. Er legte das als Interesselosigkeit am Unterricht aus und erteilte folgende Strafarbeit: »Schreibe zu Hause deinen Namen zwanzigmal auf ein Blatt.« Dann rief er das Kind an die Tafel. Es sollte vor der Klasse eine Rechenaufgabe vorrechnen.

Der Lehrer drohte, bevor das Kind begann: »Wenn du die Aufgabe nicht lösen kannst, mußt du deinen Namen nochmals zwanzigmal schreiben.«

Das Kind, das ohnehin im Fach Rechnen erhebliche Schwierigkeiten hatte, konnte die Aufgabe vor Angst und innerer Aufregung nicht lösen. Fazit: Es sammelte Aggressionen gegen den Lehrer und das Unterrichtsfach Rechnen, verstärkt auch durch die pägagogisch sinnlose Strafarbeit (vierzigmal den eigenen Namen schreiben). Dieser »Pädagoge« arbeitet wohl nach dem Motto: Die Prügelstrafe ist abgeschafft, es lebe die Strafarbeit!

Leider gestalten – selbst heute noch – nicht wenige Pädagogen ihre Unterrichtsstunden intelligenzfeindlich, indem sie durch Tadel und Strafe ein Klima der Minderwertigkeit, Depression und Interesselosigkeit fördern. Dadurch wird Lernfreude im Keim erstickt. Intellektuelle Minderwertigkeitsgefühle entstehen.

Dieses kleine Beispiel zeigt: Die Intelligenzentwicklung kann in der Schule nicht nur gefördert, sondern auch blockiert werden. Das schlägt sich natürlich in den Ergebnissen bei Intelligenztests nieder. Deshalb ist es unmöglich, den wahren IQ zu messen. Man kann nur feststellen, wieviel Intelligenz entwickelt wurde. Die volle Kapazität der geistigen Leistungsfähigkeit wird nur von wenigen Menschen voll ausgeschöpft.

So führen Sie den Test durch

Der IQ-Test besteht aus zehn Untertests mit vier Intelligenzdimensionen.

1 **Optische Intelligenz**

1	Figurentest
2	Symboltest
3	Würfeltest

2 **Praktische Intelligenz**

1	Legetest
2	Formtest
3	Ergänzungstest

3 **Sprachliche Intelligenz**

1	Worttest
2	Zuordnungstest
3	Satztest

4 **Rechnerische Intelligenz**

| 1 | Rechentest |

Führen Sie bitte alle zehn Untertests durch, damit Sie Ihren IQ berechnen können.
1. Beginnen Sie mit den Tests nur, wenn Sie genügend Zeit haben und nicht unterbrochen werden können, denn jede Störung beeinträchtigt die Aufmerksamkeit, und das Testergebnis wird dadurch verfälscht.
2. Stellen Sie eine Uhr mit Wecksignal in Sichtweite, denn bei einigen Tests müssen Sie eine genaue Zeit einhalten. Damit Sie die Testzeit beachten, finden Sie bei den Zeitangaben diese Uhr als optisches Signal. Wenn Sie die vorgeschriebene Testzeit überschreiten, ist die Auswertung selbstverständlich nicht mehr exakt.
3. Lesen Sie die Testanweisung bitte aufmerksam durch, damit Sie genau verstehen, wie die Aufgaben durchgeführt werden müssen.
4. Die einzelnen Aufgaben sind unterschiedlich schwer. Es kommt sicher manchmal vor, daß Sie eine Aufgabe nicht lösen können. Dann

sollten Sie sich nicht »festbeißen«, sondern zur nächsten Aufgabe übergehen.
5. Sie sollten die zehn Tests möglichst in der richtigen Reihenfolge (von eins bis zehn) durchführen.
6. Nur wenn Sie die Testanweisung ehrlich befolgen und ohne unerlaubte Hilfsmittel arbeiten, ist Ihr IQ zutreffend. Wenn Sie mogeln, bemogeln Sie sich selbst.
7. Machen Sie auf keinen Fall alle zehn Untertests an einem Tag. Nach drei Tests ist die Ermüdung bereits so stark, daß Sie Ihre volle Leistungsfähigkeit nicht mehr entfalten können.
8. Die Tests sollen Ihnen Freude machen. Zwingen Sie sich also nicht dazu, wenn sie keine Lust haben.
9. Testen Sie sich nicht, wenn Sie deprimiert sind, Ärger hatten oder durch anstrengende Arbeit erschöpft sind. Ihr Testergebnis leidet darunter. Ihre Testleistung wäre in ausgeruhtem Zustand höher.

Optische Intelligenz

Die erste Testgruppe besteht
aus Aufgaben mit Figuren,
Symbolen und Würfeln. Sie
sollen Intelligenzprobleme
lösen, die vor allem anschau-
ungsgebundenes Denken
erfordern. Dazu benötigen Sie
Konzentration, logisches
Denkvermögen und Denk-
schnelligkeit.

1 **Figurentest**

Fehlende Figuren sollen
ergänzt werden

2 **Symboltest**

Figuren, die nicht in die Reihe
passen, sollen angekreuzt
werden

3 **Würfeltest**

Fehlende Würfel sollen
ergänzt werden

Jeder Test in diesem Buch
wird zuerst anhand einer Beispielaufgabe genau erklärt.

Figurentest
Welche Figur fehlt?

Bei den folgenden 20 Aufgaben sollen Sie Regeln erkennen. Jedes Testbild enthält drei Figurenzeilen. In der dritten Zeile fehlt die letzte Figur. Sie sollen die Gesetzmäßigkeit, nach der die Zeilen aufgebaut sind, erkennen – und herausfinden, welche der sechs möglichen Lösungsfiguren (rechts) logischerweise an die freie Stelle gehört. Kreuzen Sie den Buchstaben dieser Figur bitte an. Unter den sechs Lösungen ist nur eine richtig.

Im Testbild des Beispiels wechseln drei Figuren in jeder Reihenfolge. Sonst bleibt alles konstant. Es fehlt also in der letzten Zeile der Kreis, so daß Figur a die richtige Lösung ist.

Beginnen Sie mit der ersten Aufgabe, wenn Ihnen das Testprinzip anhand des Beispiels klargeworden ist. Sie haben für die folgenden 20 Aufgaben genau 20 Minuten Zeit. Wenn Sie früher fertig sind, können Sie sofort mit dem Symboltest beginnen. Sollten Sie nach 20 Minuten erst bei Aufgabe 12 oder 15 sein, müssen Sie aufhören, denn die Testzeit soll genau eingehalten werden.

Beispiel

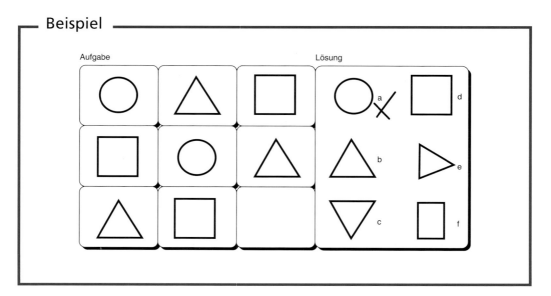

Optische Intelligenz: Figurentest

1

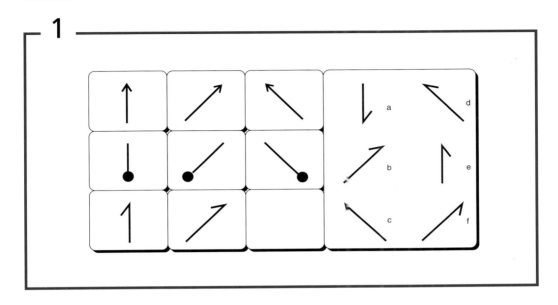

2

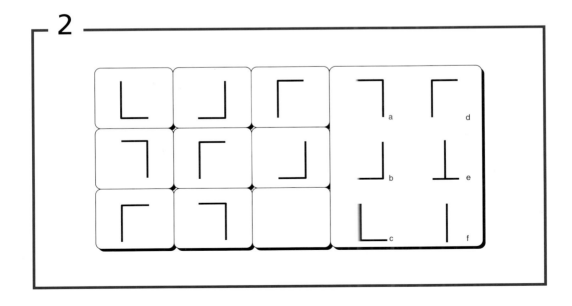

3

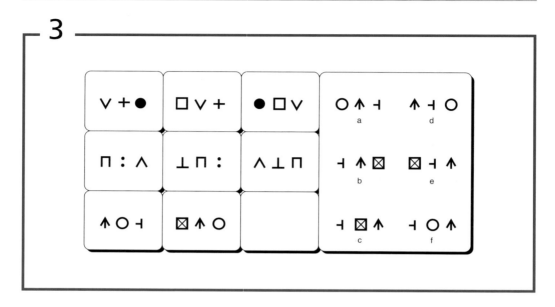

4

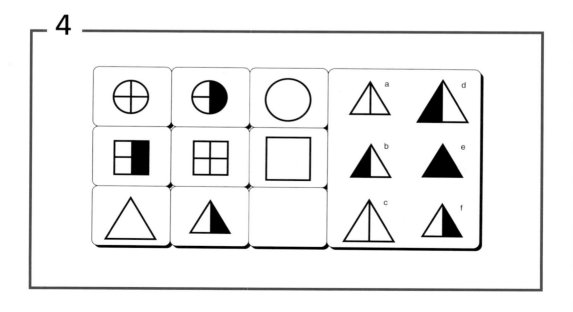

Optische Intelligenz: Figurentest 27

5

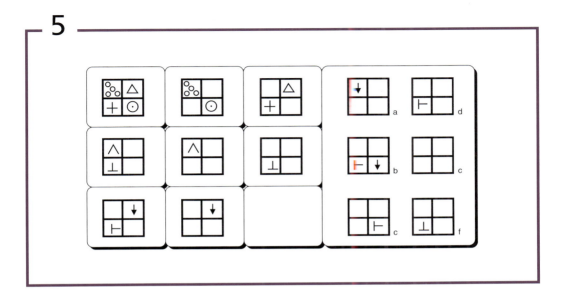

6

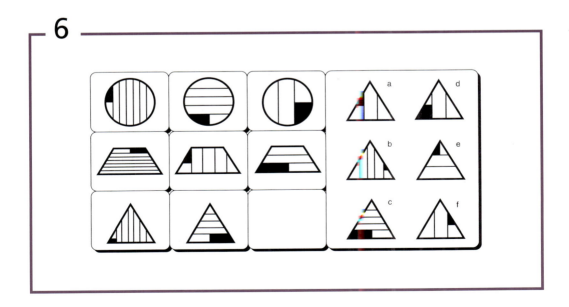

7

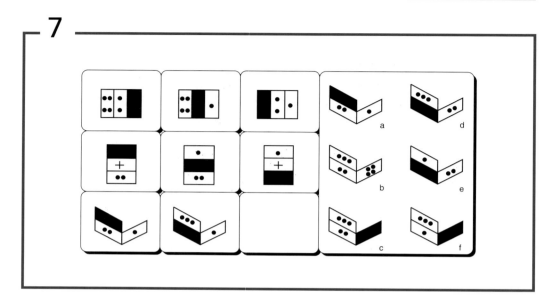

8

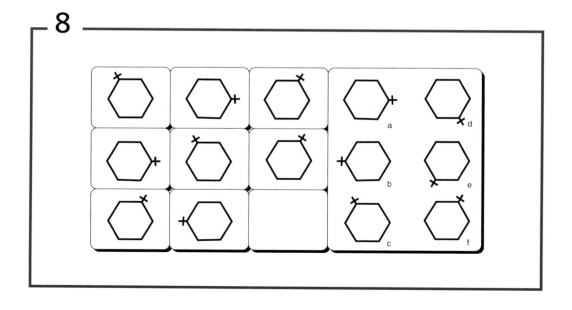

Optische Intelligenz: Figurentest 29

9

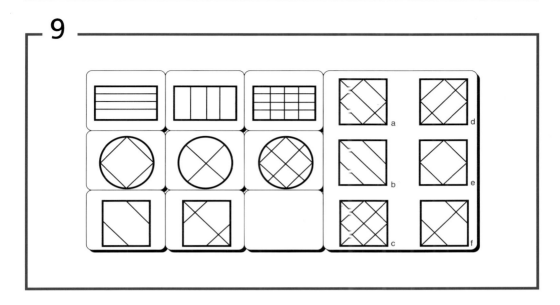

10

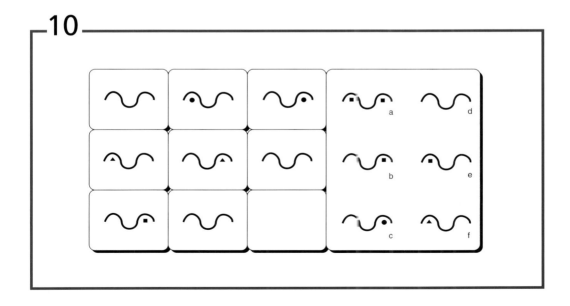

Teil 1: Intelligenztest   Test 1

11

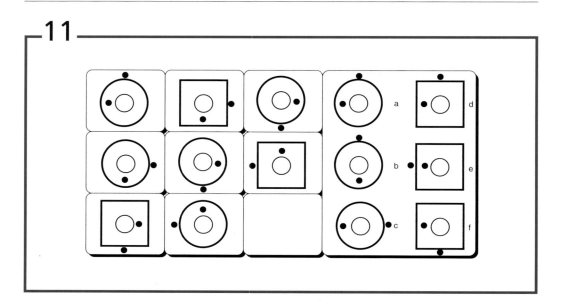

12

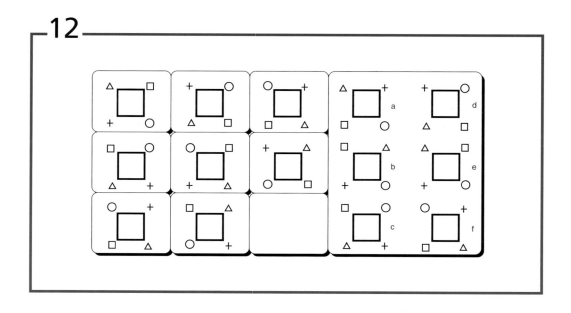

Optische Intelligenz: Figurentest

13

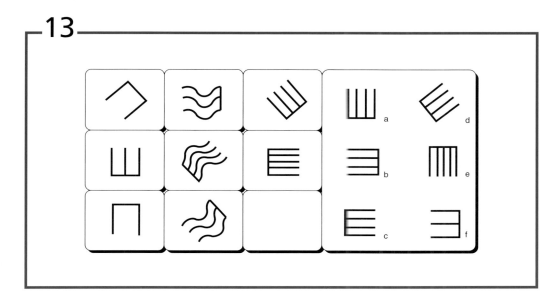

14

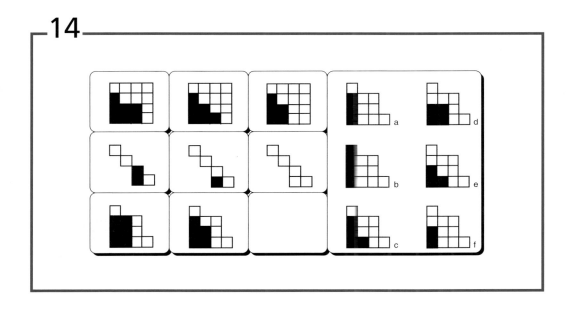

15

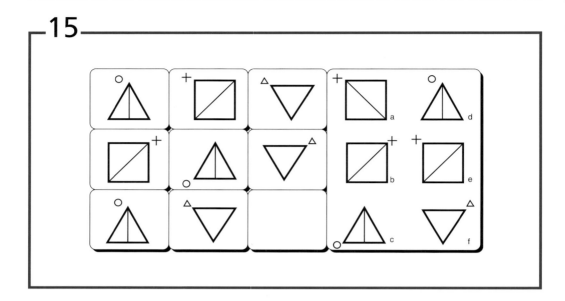

16

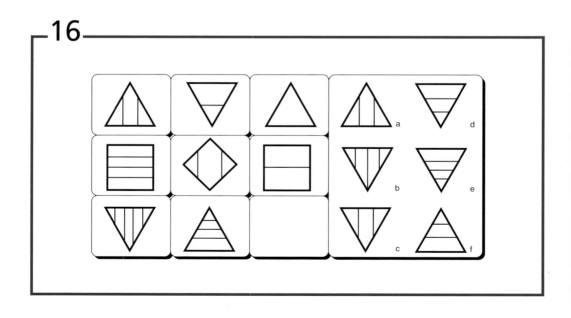

Optische Intelligenz: Figurentest 33

17

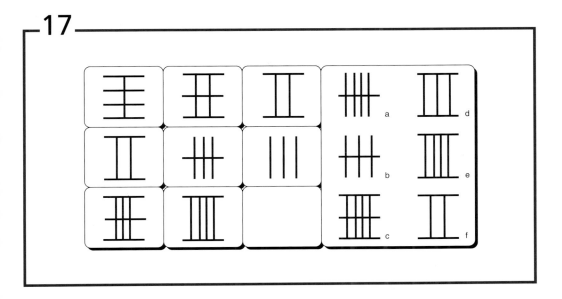

18

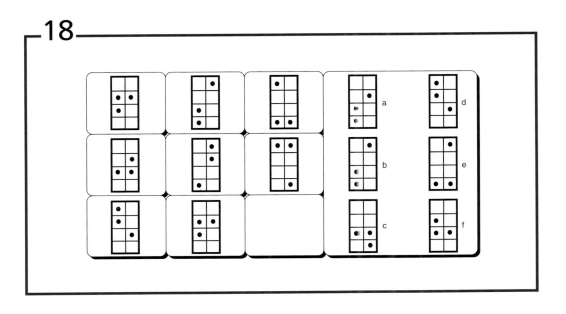

Teil 1: Optische Intelligenz Test 1

19

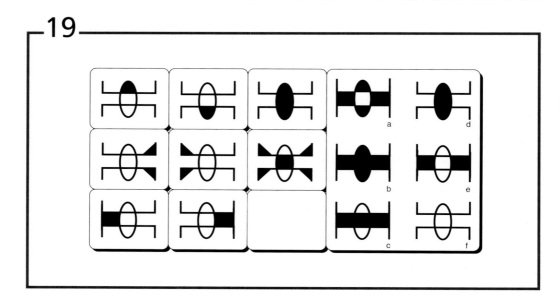

Die richtigen Lösungen des Figurentests finden Sie auf Seite 46.

20

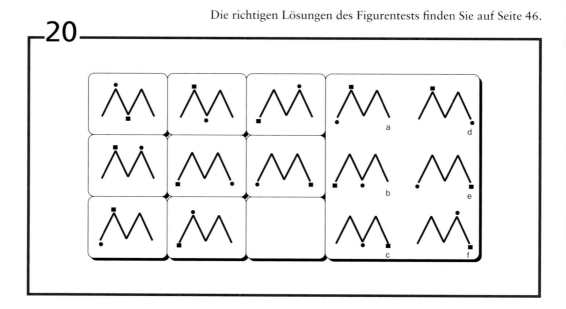

Optische Intelligenz: Symboltest 35

Symboltest
Was paßt nicht in die Reihe?

In den folgenden 15 Aufgaben finden Sie immer fünf Symbole nebeneinander in einer Reihe. Vier der Symbole lassen sich durch Drehen zur Deckung bringen. Ein Symbol kann man nur durch Umklappen mit den anderen zur Deckung bringen. Kreuzen Sie den Buchstaben (a, b, c, d oder e) dieses Symbols an. Die Beispielaufgabe zeigt, wie der Test gemacht werden soll. Figur d ist umgeklappt. Deshalb wurde d angekreuzt.

Beginnen Sie mit der ersten Aufgabe, wenn Ihnen das Testprinzip anhand des Beispiels klargeworden ist. Sie haben für die 15 Aufgaben des Symboltests genau 5 Minuten Zeit. Hören Sie bitte auf, wenn die Testzeit abgelaufen ist.

Beispiel

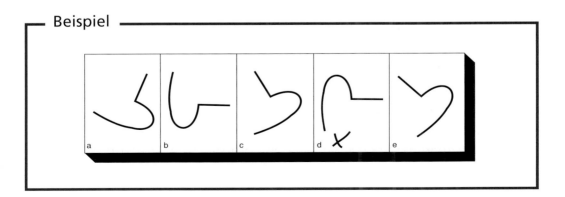

36   Teil 1: Intelligenztest   Test 1

1

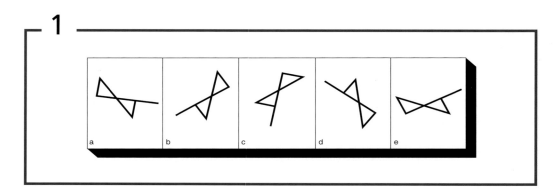

2

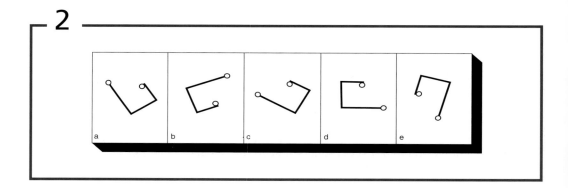

3

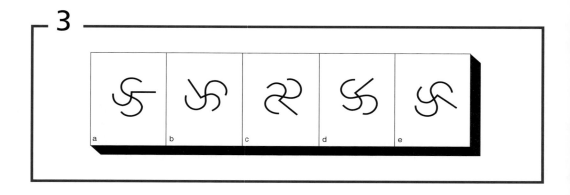

Optische Intelligenz: Symboltest 37

4

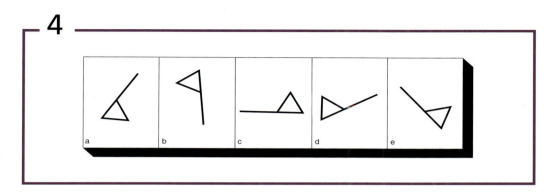

5

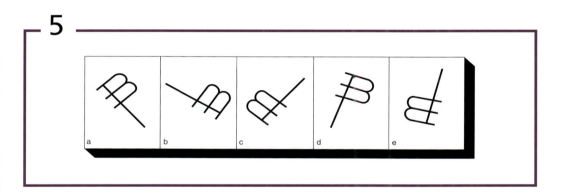

6

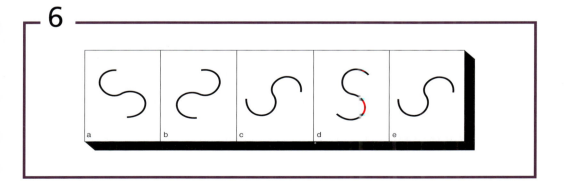

Teil 1: Intelligenztest Test 1

7

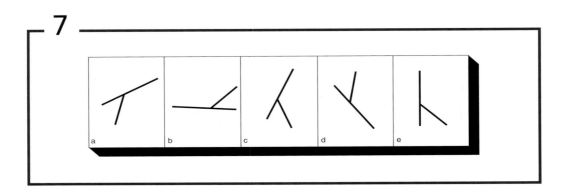

8

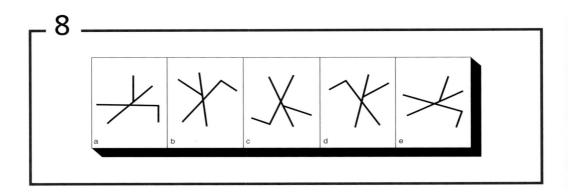

9

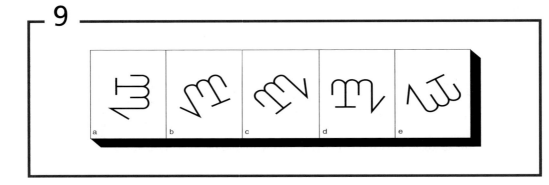

Optische Intelligenz: Symboltest   39

10

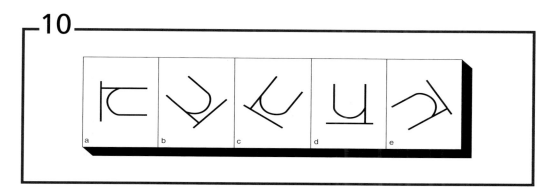

11

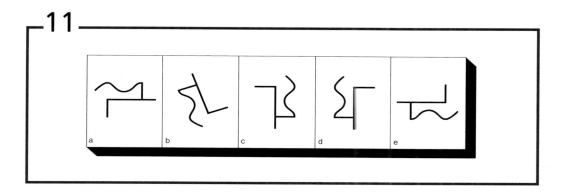

12

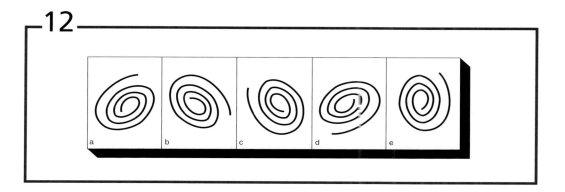

40 Teil 1: Intelligenztest Test 1

13

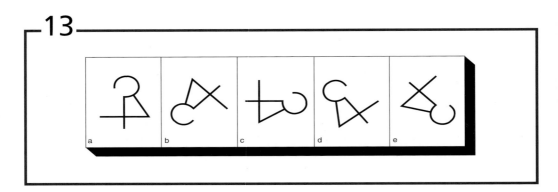

14

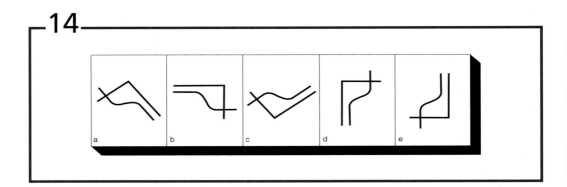

Die richtigen Lösungen des Symboltests finden Sie auf Seite 46.

15

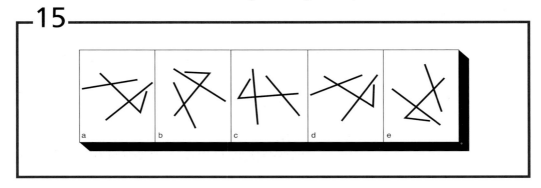

Optische Intelligenz: Würfeltest

Würfeltest
Wie verändern sich die Würfel?

3

Bei den folgenden acht Aufgaben stehen in der oberen Reihe jeweils drei Würfel. Auf jeder der sechs Würfelseiten gibt es verschiedene Zeichen. Schauen Sie sich nun die Würfel nacheinander von links nach rechts an. Aus der veränderten Lage der einzelnen Zeichen sollen Sie erkennen, in welche Richtung sich der Würfel dreht.
Natürlich werden dabei auch neue Zeichen sichtbar. Wenn Sie die Drehrichtung des Würfels herausgefunden haben, überlegen Sie bitte, wo sich nach einer weiteren Drehung die einzelnen Zeichen befinden müssen. Kreuzen Sie als Lösung den Buchstaben des fehlenden Würfels in der unteren Reihe an.

Beim Beispiel erkennen Sie an dem Strich auf der oberen Würfelfläche, daß sich die Würfel jeweils um 90 Grad drehen. Aus der veränderten Lage des Punktes (erst auf der linken, dann auf der rechten Seite) ersehen Sie, daß sich die Würfel jeweils um 90 Grad nach links drehen. Die Lösung ist also a.

Beginnen Sie erst dann mit der ersten Aufgabe, wenn Ihnen das Testprinzip durch das Beispiel klargeworden ist. Sie haben für die acht Aufgaben des Würfeltests genau acht Minuten Zeit.

Beispiel

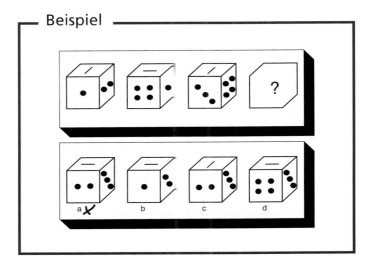

Teil 1: Intelligenztest Test 1

1

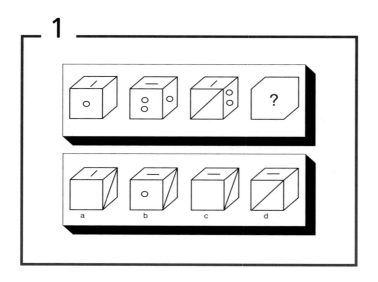

2

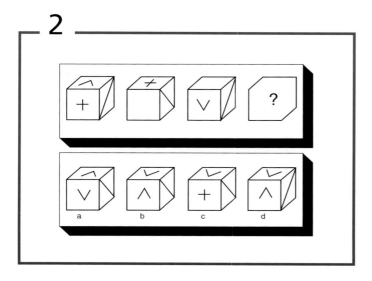

Optische Intelligenz: Würfeltest   43

3

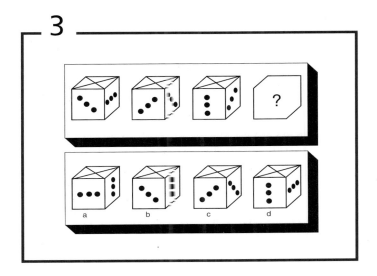

4

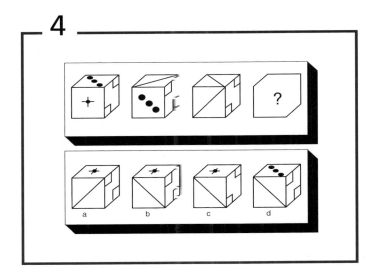

5

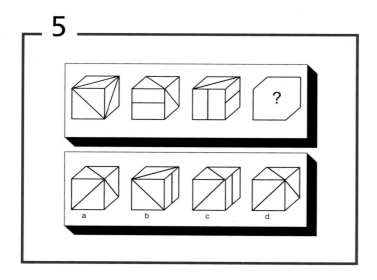

6

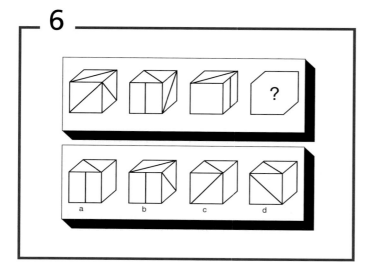

Optische Intelligenz: Würfeltest 45

7

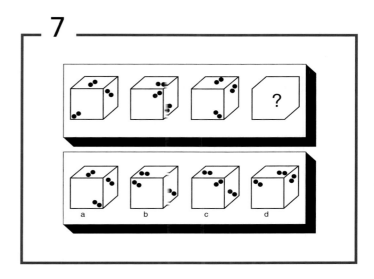

8

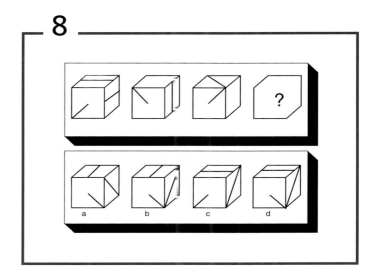

Die richtigen Lösungen des Würfeltests finden Sie auf Seite 46.

Testauswertung optische Intelligenz

In den Lösungstabellen sind für die drei Tests der ersten Testgruppe die richtigen Lösungen eingetragen. Kreuzen Sie bitte jede Aufgabe an, die Sie richtig gelöst haben. Für jedes Kreuz erhalten Sie einen Punkt.

Zählen Sie die Anzahl Ihrer Kreuze zusammen. Die Summe ist Ihre Punktzahl für die optische Intelligenz. In der Bewertungstabelle für die optische Intelligenz (Seite 99) können Sie unter Ihrer Punktzahl nachsehen, wie Sie im Vergleich zu Personen Ihres Alters und Ihrer Bildungsgruppe abgeschnitten haben. Und Sie erfahren, wieviel Prozent der Vergleichspersonen genauso gut, besser oder schlechter abgeschnitten haben als Sie.

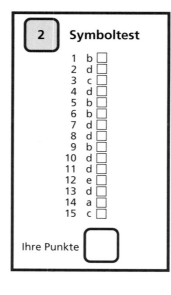

2 Praktische Intelligenz

Diese Testgruppe besteht aus Aufgaben, die gute Beobachtungsschärfe und optisches Vorstellungsvermögen erfordern. Ihr Gehirn soll kombinieren, vergleichen und kritisch überprüfen. Neben Ihrem Kopf müssen bei dem ersten Test auch die Hände aktiv werden. Wenn Sie beim Probieren und Hantieren eine geschickte Hand besitzen, sind Sie im Vorteil. Die Dimension »Technische Intelligenz« wird in diesem IQ-Test nicht berücksichtigt, wird jedoch in der nun folgenden Testgruppe mitgeprüft. Wenn Sie technische Begabung besitzen, können Sie die beiden letzten Tests dieser Gruppe leichter bewältigen. Sie benötigen nämlich eine wichtige Begabungsvoraussetzung, die gute Techniker oder Konstrukteure mit-

bringen sollten: zwei- und dreidimensionales Vorstellungsvermögen.

Die Testgruppe zur praktischen Intelligenz besteht aus drei Teilen:

1 Legetest

Mit 16 Quadraten Testfiguren legen

2 Formtest

Formen in der Vorstellung richtig auseinanderschneiden

3 Ergänzungstest

Einzelne Figuren in der Vorstellung auf eine Vorlage legen

Legetest
Wie müssen die Quadrate gelegt werden?

Schneiden Sie zuerst die 16 quadratischen Teilstücke auf Seite 103 aus. Sie erhalten dann vier schwarze und zwölf zur Hälfte schwarze Quadrate.

Legen Sie nun die acht Vorlagen mit den Papierquadraten nach. Sie müssen dabei immer alle 16 Quadrate verwenden.

Die folgenden Vorlagen sind kleiner als die Quadrate auf Seite 103.
Das ist beabsichtigt.

Das Beispiel zeigt, wie es gemacht wird. Die Vorlage soll mit den Quadraten auf dem Tisch (nicht im Buch) nachgelegt werden. Versuchen Sie es einmal selbst.

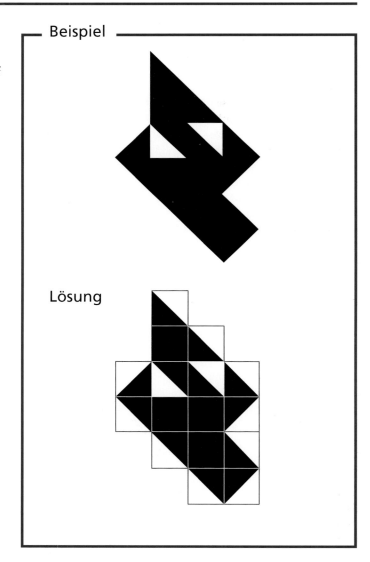

Praktische Intelligenz: Legetest

Beachten Sie bitte folgenden Hinweis: Die Quadrate müssen immer waagerecht gelegt werden. Wenn Sie sie schräg legen, finden Sie die Lösung nicht.

Beginnen Sie mit der ersten Aufgabe, wenn Ihnen der Legetest anhand des Beispiels klargeworden ist. Bei diesen Aufgaben wird keine Zeitbegrenzung festgesetzt. Sie können beliebig lange probieren, bis Sie die Lösung gefunden haben. Schauen Sie jedoch auf die Uhr, wie viele Minuten Sie pro Aufgabe benötigen. In der Punktauswertung wird die Zeit verwertet.

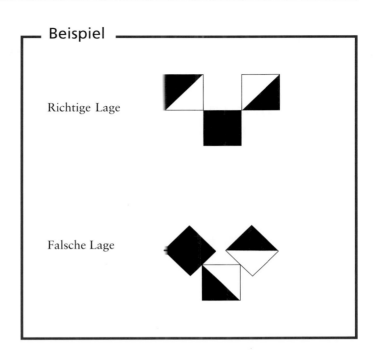

Die 16 Quadrate zum Ausschneiden finden Sie auf Seite 103.

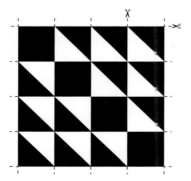

Teil 1: Intelligenztest   Test 2

1

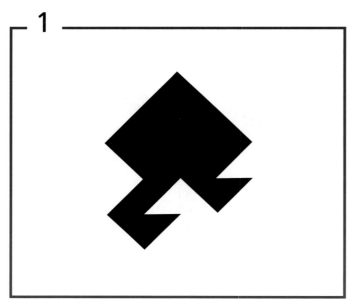

Zeit: ☐ Minuten

2

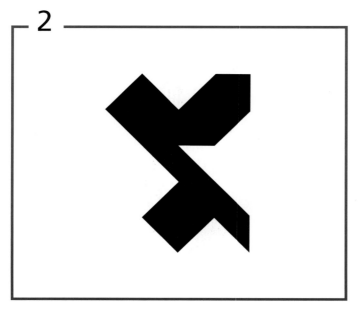

Zeit: ☐ Minuten

Praktische Intelligenz: Legetest

Zeit: ☐ Minuten

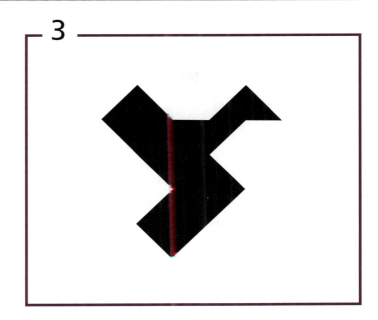

Zeit: ☐ Minuten

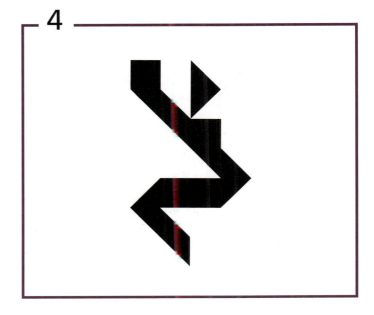

5

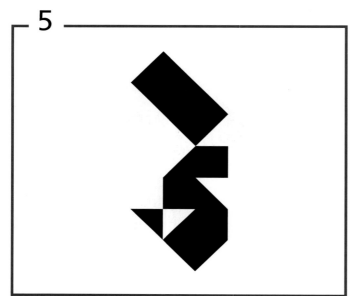

Zeit: ☐ Minuten

6

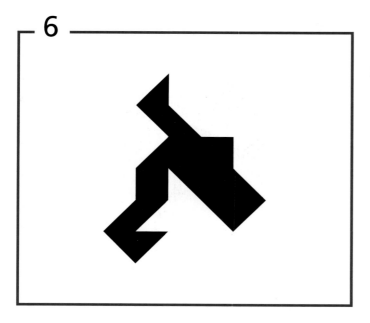

Zeit: ☐ Minuten

Praktische Intelligenz: Legetest 53

Zeit: ☐ Minuten

7

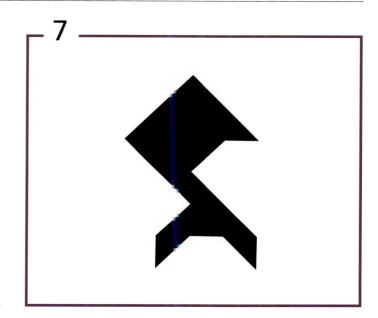

Zeit: ☐ Minuten

8

Die Testauswertung des Legetests finden Sie auf Seite 61.

Formtest
Wo müssen die Formen auseinandergeschnitten werden?

Bei diesem Test müssen Sie Figuren gedanklich in zwei Teile zerschneiden und zu einer neuen Figur zusammensetzen – entweder zu einem Rechteck (Aufgabe 1 bis 3) oder zu einem gleichschenkligen Dreieck (Aufgabe 4 und 5).

Jede Figur ist von Punkten und Zahlen umrandet. Da Sie sie nur in Gedanken zerschneiden dürfen, geben Sie die Lösung in Zahlen an. Beim ersten Beispiel müßten Sie von 16 nach 5 schneiden.

Beginnen Sie mit der ersten Aufgabe, wenn Ihnen das Testprinzip anhand der beiden Beispiele klargeworden ist. Sie haben für die folgenden fünf Aufgaben insgesamt 14 Minuten Zeit. Halten Sie diese Testzeit bitte wieder genau ein.

1. Beispiel

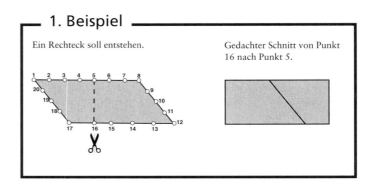

Ein Rechteck soll entstehen.

Gedachter Schnitt von Punkt 16 nach Punkt 5.

2. Beispiel

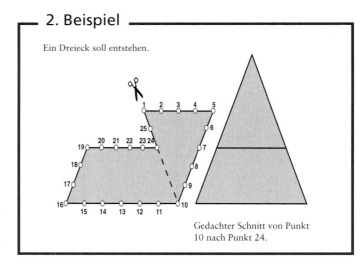

Ein Dreieck soll entstehen.

Gedachter Schnitt von Punkt 10 nach Punkt 24.

Praktische Intelligenz: Legetest   55

Rechtecke sollen entstehen.

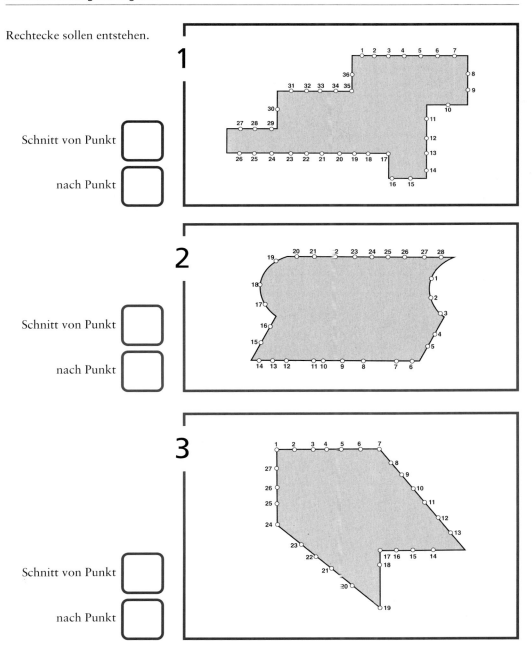

Schnitt von Punkt ☐

nach Punkt ☐

Schnitt von Punkt ☐

nach Punkt ☐

Schnitt von Punkt ☐

nach Punkt ☐

56   Teil 1: Intelligenztest   Test 2

Jetzt sollen gleichschenklige Dreiecke entstehen.

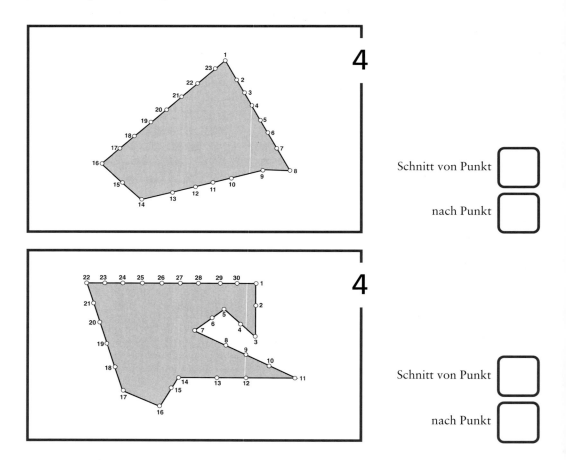

Die richtigen Lösungen des Formtests finden Sie auf Seite 61.

Praktische Intelligenz: Ergänzungstest   57

Ergänzungstest
Wie gehören die Teilfiguren zusammen?

Bei diesem Test müssen Sie mit Hilfe Ihrer Vorstellung Teilfiguren in eine größere Figur so plazieren, daß sie, nahtlos aneinandergelegt, ein Gesamtbild ergeben, das mit den Begrenzungen der größeren Figur deckungsgleich ist. Die Teilfiguren müssen dabei gedreht, können aber auch geklappt werden. Da Sie sich das alles nur vorstellen dürfen, ist diese Denkleistung nicht leicht.

Die Teilfiguren sollen in die große Figur eingezeichnet werden. Auf millimetergenaues Zeichnen kommt es dabei nicht an. Wichtig ist, die richtige Zuordnung herauszufinden.

Beginnen Sie mit der ersten Aufgabe, wenn Ihnen das Testprinzip anhand des Beispiels klargeworden ist. Sie haben für die folgenden sechs Aufgaben insgesamt 20 Minuten Zeit. Wenn Sie früher fertig sind, können Sie mit der Testauswertung beginnen.

Beispiel

Teil 1: Intelligenztest Test 2

1

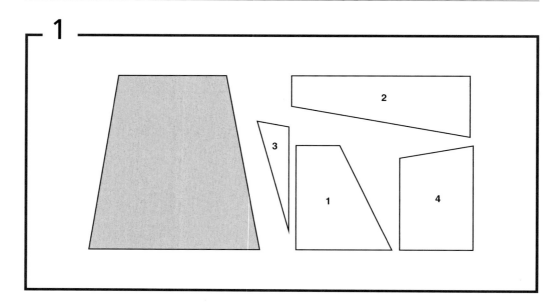

2

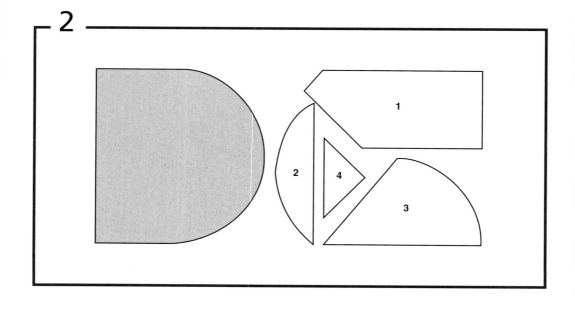

Praktische Intelligenz: Ergänzungstest 59

3

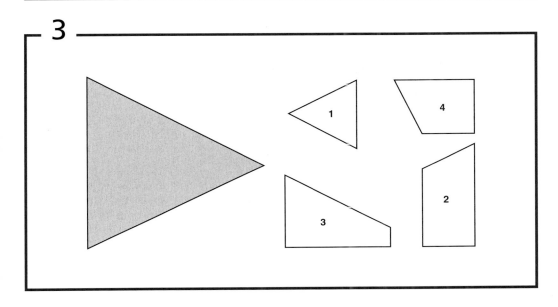

4

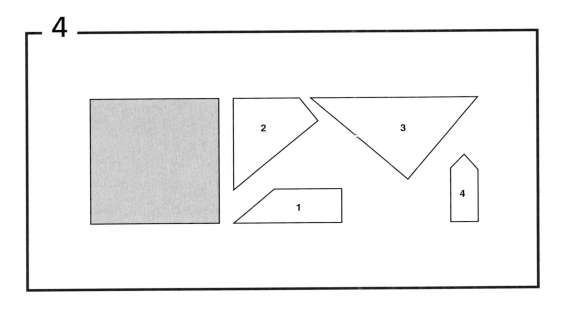

5

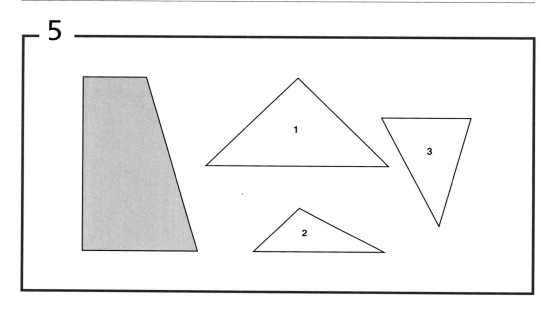

Die richtigen Lösungen des Ergänzungstests finden Sie auf Seite 62.

6

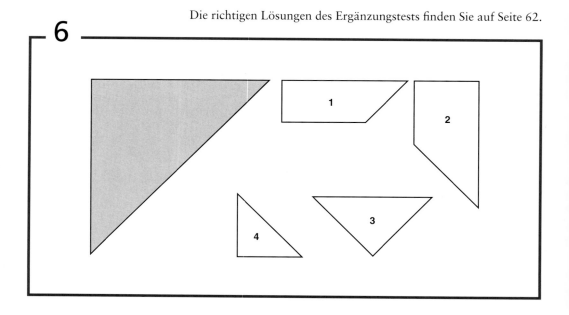

Praktische Intelligenz: **Testauswertung**

Testauswertung praktische Intelligenz

1 Legetest

Punktetabelle zum Legetest

Kreuzen Sie in der Tabelle für Ihre Gesamtzeit die Punktzahl an:

Zählen Sie die Zeiten für die acht gelegten Figuren zusammen.

unter 13	25	☐	30	16	☐	48	7	☐
13	24,5	☐	31	15,5	☐	49	6,5	☐
14	24	☐	32	15	☐	50	6	☐
15	23,5	☐	33	14,5	☐	51	5,5	☐
16	23	☐	34	14	☐	52	5	☐
17	22,5	☐	35	13,5	☐	53	4,5	☐
18	22	☐	36	13	☐	54	4	☐
19	21,5	☐	37	12,5	☐	55	3,5	☐
20	21	☐	38	12	☐	56	3	☐
21	20,5	☐	39	11,5	☐	57	2,5	☐
22	20	☐	40	11	☐	58	2	☐
23	19,5	☐	41	10,5	☐	59	1,5	☐
24	19	☐	42	10	☐	60	1	☐
25	18,5	☐	43	9,5	☐	über 60	0	☐
26	18	☐	44	9	☐			
27	17,5	☐	45	8,5	☐			
28	17	☐	46	8	☐	Ihre Punkte		
29	16,5	☐	47	7,5	☐			

1 ☐
2 ☐
3 ☐
4 ☐
5 ☐
6 ☐
7 ☐
8 ☐

Ihre Gesamtzeit

Minuten

---

2 Formtest

Kreuzen Sie bitte jede Aufgabe an, die Sie richtig gelöst haben. Eine Aufgabe zählt nur als richtig, wenn Sie beide Schnittpunkte erkannt haben. Für jede richtig gelöste Aufgabe erhalten Sie zwei Punkte.

1 Schnitt von 3 nach 17 ☐
2 Schnitt von 11 nach 21 ☐
3 Schnitt von 7 nach 17 ☐
4 Schnitt von 9 nach 16 ☐
5 Schnitt von 7 nach 22 ☐

Ihre Punkte

3 Ergänzungstest

Kreuzen Sie bitte jede Aufgabe an, die Sie richtig gelöst haben. Für jede richtig gelöste Aufgabe erhalten Sie einen Punkt.

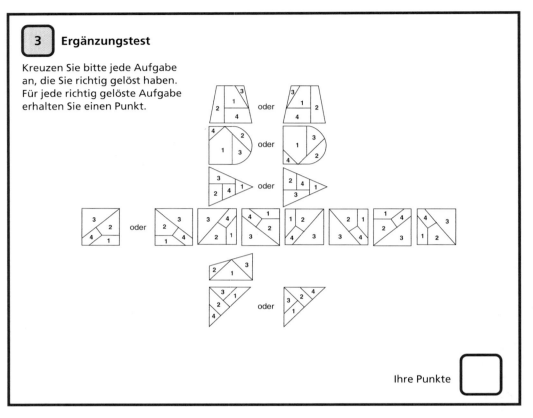

Ihre Punkte

Zählen Sie die Punkte der drei Tests zusammen. Die Summe ist Ihre Punktzahl für die praktische Intelligenz.

In der Bewertungstabelle für die praktische Intelligenz (Seite 100) können Sie unter Ihrer Punktzahl nachsehen, wie gut Sie im Vergleich zu Personen Ihres Alters und Ihrer Bildungsgruppe abgeschnitten haben. Sie erfahren außerdem, wieviel Prozent der Vergleichspersonen genauso gut, besser oder schlechter abgeschnitten haben als Sie.

Ihre Punktsumme

Sprachliche Intelligenz

Diese Testgruppe besteht aus Aufgaben mit Wortketten, einzelnen Wörtern und Sätzen, die überprüft werden sollen. Sie benötigen zur Lösung analytisches und logisches Denkvermögen. Außerdem wird Konzentration und Sprachgefühl verlangt.
Auch diese Testgruppe prüft keine isolierte Fähigkeit. Viele Faktoren der geistigen Leistung, die bei den ersten beiden Testgruppen verlangt wurden, müssen auch hier zum Tragen kommen.

Die Testgruppe zur sprachlichen Intelligenz besteht aus drei Teilen:

1 **Worttest**

Ein fehlender Begriff in einer Wortkette soll ergänzt werden

2 **Zuordnungstest**

Wörter müssen in zwei Gruppen geordnet werden

3 **Satztest**

Sätze sollen auf ihre Aussage überprüft werden

Worttest
Welches Wort fehlt?

Bei diesem Test sollen Sie die Bedeutung von Wörtern erkennen. Die Wortreihen sind nach bestimmten Regeln aufgebaut. Wenn Sie das Gesetz erkennen, wissen Sie, welches fehlende Wort in die Reihe paßt. Als Lösung stehen immer fünf Wörter zur Auswahl.

Am schnellsten verstehen Sie den Test, wenn Sie sich das Beispiel anschauen. Hier wechseln stets Verkehrsmittel und Haustiere miteinander ab. Anstelle des Fragezeichens muß hier also der Begriff für ein Haustier eingesetzt werden. Unter den Lösungsvorschlägen steht als einziger Begriff für ein Haustier das Wort »Katze« – deshalb wurde b angekreuzt.

Beginnen Sie mit der ersten Aufgabe, wenn Ihnen das Testprinzip anhand des Beispiels klargeworden ist. Sie haben für die folgenden zehn Wortreihen genau zehn Minuten Zeit. Halten Sie diese Testzeit bitte genau ein.

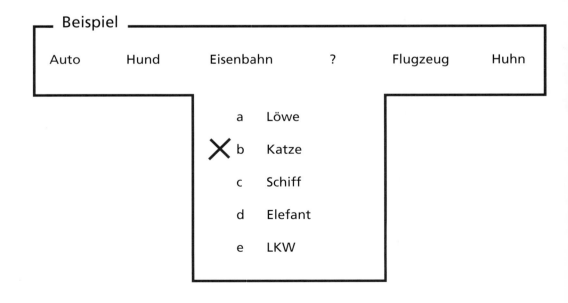

Beispiel

Auto   Hund   Eisenbahn   ?   Flugzeug   Huhn

    a   Löwe

✗ b   Katze

    c   Schiff

    d   Elefant

    e   LKW

Sprachliche Intelligenz: Worttest 65

Schwein   Schaf   Huhn   Ei   ?   Schinken

a Wolle
b Hähnchen
c Schnitzel
d Federn
e Wurst

1

Blockflöte   ?   Saxophon   Gitarre   Waldhorn   Cello

a Querflöte
b Geige
c Trompete
d Schlagzeug
e Mundharmonika

2

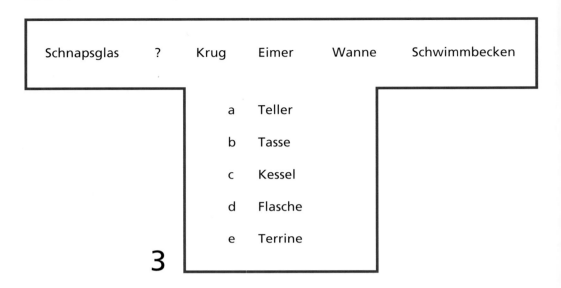

Schnapsglas ? Krug Eimer Wanne Schwimmbecken

a Teller
b Tasse
c Kessel
d Flasche
e Terrine

3

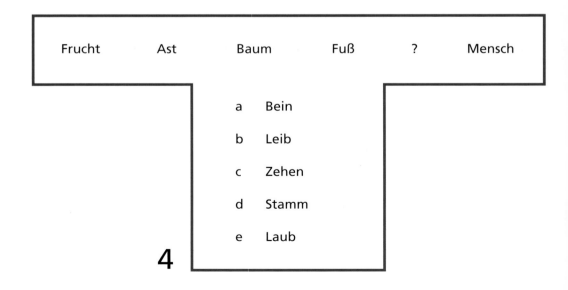

Frucht Ast Baum Fuß ? Mensch

a Bein
b Leib
c Zehen
d Stamm
e Laub

4

Sprachliche Intelligenz: Worttest   67

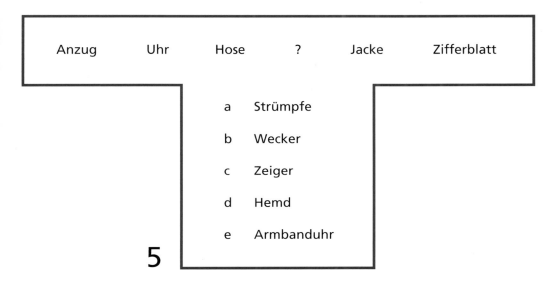

5

| Anzug | Uhr | Hose | ? | Jacke | Zifferblatt |

a Strümpfe
b Wecker
c Zeiger
d Hemd
e Armbanduhr

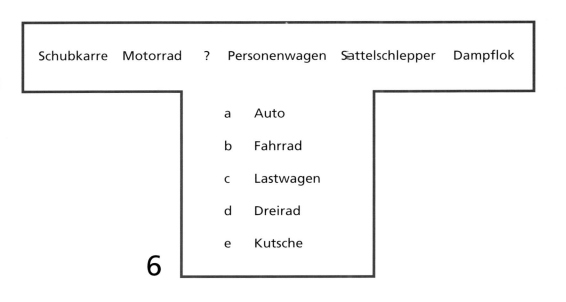

6

| Schubkarre | Motorrad | ? | Personenwagen | Sattelschlepper | Dampflok |

a Auto
b Fahrrad
c Lastwagen
d Dreirad
e Kutsche

Teil 1: Intelligenztest   Test 3

hier	jetzt	?	dann	oben	heute

a   wann
b   dort
c   nun
d   immer
e   überall

7

lang	hoch	eng	breit	tief	?

a   groß
b   weit
c   klein
d   kurz
e   schmal

8

Sprachliche Intelligenz: Worttest

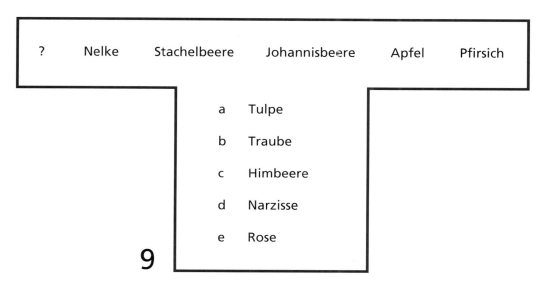

| ? | Nelke | Stachelbeere | Johannisbeere | Apfel | Pfirsich |

a Tulpe
b Traube
c Himbeere
d Narzisse
e Rose

9

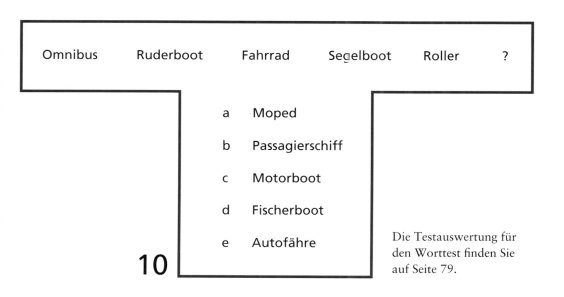

| Omnibus | Ruderboot | Fahrrad | Segelboot | Roller | ? |

a Moped
b Passagierschiff
c Motorboot
d Fischerboot
e Autofähre

10

Die Testauswertung für den Worttest finden Sie auf Seite 79.

Zuordnungstest
Welche Wörter gehören zusammen?

Bei diesem Zuordnungstest sollen Wörter in ihrer Bedeutung erkannt werden. In jeder Aufgabe werden zwei Begriffe genannt. Sie sollen entscheiden, ob Sie verschiedene Wörter eher dem einen oder dem anderen Begriff zuordnen.

Beginnen Sie mit der ersten Aufgabe, wenn Ihnen das Testprinzip anhand des Beispiels klargeworden ist. Sie stehen bei diesem Test nicht unter Zeitdruck.

Sie müssen Ihre Lösungszeit auch nicht stoppen. Bei diesem Zuordnungstest wird nur die Anzahl Ihrer Fehler gewertet.

Beispiel

Kennzeichnen Sie die folgenden Wörter mit

M, wenn sie sich mehr auf Dinge und Eigenschaften beziehen, die dem menschlichen Bereich angehören,

T, wenn sie sich mehr auf Dinge und Eigenschaften beziehen, die dem tierischem Bereich angehören.

M	Ehrgeiz	T	Brunft	M	Technik
M	Worte	M	Denken	T	Herde
T	Instinkt	M	Kunst	M	Heiterkeit
M	Liebe	T	Futter	T	schnauben
T	Winterschlaf	M	Konversation	M	beherrschen
T	Beute	M	Begeisterung	M	Scham

Sprachliche Intelligenz: Zuordnungstest 71

1

Kennzeichnen Sie die folgenden Wörter mit

R, wenn sie sich auf Dinge beziehen, die ganz oder überwiegend mit Ruhe zu tun haben,

B, wenn sie sich auf Dinge beziehen, die mit Bewegung zu tun haben.

☐ Fluß	☐ Sonne	☐ Denken
☐ Zeit	☐ Raum	☐ Kampf
☐ Berg	☐ Vogel	☐ Trauer
☐ Streit	☐ Nervosität	☐ Gleichmut
☐ Friede	☐ Wind	☐ Gebärde
☐ Geduld	☐ Tod	☐ Stille

2

Kennzeichnen Sie die folgenden Wörter mit

N, wenn es sich um Dinge handelt, die in der Natur vorkommen,

M, wenn es sich um Dinge handelt, die vom Menschen geschaffen werden.

☐ Baum	☐ Schuttberg	☐ Gold
☐ Stein	☐ Berge	☐ Brücke
☐ Haus	☐ Baumwolle	☐ Rad
☐ Höhle	☐ Kohle	☐ Silber
☐ Papier	☐ Holz	☐ Blech
☐ Stahl	☐ Eisenerz	☐ Feuer

Teil 1: Intelligenztest   Test 3

3

Kennzeichnen Sie die folgenden Wörter mit

V,   wenn sie sich mehr auf den Verstand beziehen,

G,   wenn sie sich mehr auf das Gefühl beziehen.

☐ berechnen ☐ ästhetisch ☐ Intellekt

☐ intuitiv ☐ warm ☐ Liebe

☐ unbeherrscht ☐ klug ☐ lernen

☐ denken ☐ freuen ☐ schlau

☐ logisch ☐ Analyse ☐ Mitleid

☐ traurig ☐ Angst ☐ Fanatismus

4

Kennzeichnen Sie die folgenden Wörter mit

E,   wenn sie sich auf Tätigkeiten beziehen, die mehr mit Erzählen zu tun haben,

M,   wenn sie sich auf Tätigkeiten beziehen, die mehr mit Lehren zu tun haben.

☐ mitteilen ☐ beibringen ☐ dozieren

☐ erklären ☐ schildern ☐ vermitteln

☐ plaudern ☐ instruieren ☐ unterhalten

☐ anleiten ☐ anvertrauen ☐ tratschen

☐ aufzählen ☐ ausschmücken ☐ erläutern

☐ sagen ☐ vormachen ☐ beweisen

Sprachliche Intelligenz: Zuordnungstest

5

Kennzeichnen Sie die folgenden Wörter mit

A, wenn sie sich auf Tätigkeiten beziehen, bei denen man sich mehr aktiv (ausführend) verhält,

P, wenn sie sich auf Tätigkeiten beziehen, bei denen man sich mehr passiv (nicht handelnd) verhält.

☐	laufen	☐	zuhören	☐	lesen
☐	schreiben	☐	suchen	☐	erwarten
☐	schlafen	☐	träumen	☐	rechnen
☐	gehen	☐	ausharren	☐	erwachen
☐	sitzen	☐	finden	☐	sprechen
☐	denken	☐	essen	☐	trauern

Die Testauswertung für den Zuordnungstest finden Sie auf Seite 79.

6

Kennzeichnen Sie die folgenden Wörter mit

G, wenn sie sich mehr auf Gegenwärtiges beziehen,

V, wenn sie sich mehr auf Geschehenes beziehen.

☐	nunmehr	☐	momentan	☐	Reue
☐	Tatverlauf	☐	gestern	☐	augenblicklich
☐	vorbei	☐	leben	☐	nun
☐	jetzt	☐	Erinnerung	☐	Ursache
☐	heute	☐	Rückschau	☐	Trauer
☐	Andenken	☐	Historie	☐	Trost

Satztest
Was sagen die Sätze?

Bei den folgenden Aufgaben sollen Sie Sätze aufmerksam lesen. Das Problem ist einfach: Zu Beginn einer Aufgabe werden zwei Begriffe genannt. Ordnen Sie jedem Satz einen der beiden Begriffe zu.

Beginnen Sie danach auf der folgenden Seite mit der ersten Aufgabe, wenn Ihnen das Testprinzip anhand des Beispiels klargeworden ist. Sie stehen bei dem Satztest nicht unter Zeitdruck. Es wird nur die Anzahl der Fehler gewertet.

--- Beispiel ---

T = Tatsache   M = Meinung

1. [M] In einigen Jahren wird es keinen Krieg mehr geben.
2. [T] Alles Leben endet mit dem Tod.
3. [T] Sonne und Wasser sind lebenswichtig.
4. [M] Die Seele lebt auch nach dem Tod weiter.
5. [T] Außer der Erde kennen wir keinen bewohnten Himmelskörper.
6. [M] Die Erde ist der einzige Himmelskörper, auf dem Leben existiert.
7. [M] Ohne Kunststoffe können wir heute nicht leben.

Sprachliche Intelligenz: Satztest

1

W = wahr   **F = falsch**

1. ☐ Der Mensch hat vieles mit den Tieren gemeinsam.

2. ☐ Soziales Verhalten gibt es nicht nur bei den Menschen.

3. ☐ Der Mensch ist das einzige intelligente Lebewesen.

4. ☐ Der Mensch stammt wahrscheinlich nicht direkt vom Affen ab.

5. ☐ Der Mensch hat bessere Sinnesorgane als die meisten Tiere.

6. ☐ Nur der Mensch kann sich durch Lautäußerung mit seinen Artgenossen verständigen.

7. ☐ Es gibt Tiere, die über mehrere Monate hinweg ohne Nahrung auskommen können.

2

W = Wirklichkeit   **P = Phantasie**

1. ☐ Die meisten Träume werden Wirklichkeit.

2. ☐ Auch Pflanzen ernähren sich.

3. ☐ Der Mensch kann sein Handeln freier bestimmen als das Tier.

4. ☐ Es gibt nichts, was man für Geld nicht kaufen kann.

5. ☐ Eines Tages wird der Mensch auch zur Sonne fliegen und dort landen.

6. ☐ Die Industrialisierung hat Einfluß auf unser Klima.

7. ☐ In der heutigen Zeit braucht der Mensch die Präparate der Pharmazie.

3

G = gedacht   F = gefühlt

1. ☐ Auf diesem Sessel sitzt man sehr bequem.

2. ☐ Das Kleid sitzt wie angegossen.

3. ☐ An einer Pilzvergiftung kann man nach schweren Magenkrämpfen sterben.

4. ☐ Ein Schnupfen ermattet den ganzen Körper.

5. ☐ Die Herbstsonne verleiht dem Wein die letzte Reife.

6. ☐ Dieses Theaterstück verursacht eine gespannte Atmosphäre.

7. ☐ Schreiende Babys beruhigt man am besten durch Schaukeln.

4

W = wahr   F = falsch

1. ☐ Mit sechs Jahren ist jedes Kind in Deutschland schulreif.

2. ☐ Jeder Student ist dazu fähig, ein Hochschulstudium abzuschließen.

3. ☐ Vererbung und Umwelt haben Einfluß auf den Charakter.

4. ☐ Auch Tiere träumen manchmal.

5. ☐ Die Grundidee der Olympischen Spiele besteht darin, eine Medaille zu gewinnen.

6. ☐ Es wird schon bald eine neue Eiszeit geben.

7. ☐ Nicht nur die Armen, auch die Reichen haben Sorgen.

Sprachliche Intelligenz: Satztest

5

W = Wirklichkeit   **P = Phantasie**

1 ☐ Die Weltbevölkerung nimmt ständig zu.

2 ☐ Noch Ende dieses Jahrhunderts wird es keine Hungersnöte mehr geben.

3 ☐ Der menschliche Körper kann durch Ärger krank werden.

4 ☐ Es gibt Waschmittel, die weißer waschen als andere.

5 ☐ Werbung beeinflußt den Käufer nicht.

6 ☐ Der Mensch ist von seiner Umwelt nicht abhängig.

7 ☐ Glück und Zufriedenheit kann man nicht kaufen.

6

R = richtig   **F = falsch**

1 ☐ Eine Glühlampe brennt nur mit Strom.

2 ☐ Ohne elektrischen Strom gibt es kein Licht.

3 ☐ Wäre das Rad nie erfunden worden, gäbe es kein Radio.

4 ☐ Da das Gehirn Zentrum aller wichtigen Lebensvorgänge ist, können wir ohne Gehirn nicht leben.

5 ☐ Weil wir mit den Augen sehen, hören wir mit den Ohren.

6 ☐ Wären alle Menschen dumm, gäbe es nur dumme Staatsmänner.

7 ☐ Wären alle Kreise achteckig, wären auch alle Halbkreise eckig.

78   Teil 1: Intelligenztest   Test 3

7

T = Tatsache   **M = Meinung**

1   ☐   Die Deutschen sind ein reiselustiges Volk.

2   ☐   Die Demokratie ist die beste Staatsform.

3   ☐   Man kann sich besser am Meer als im Gebirge erholen.

4   ☐   Unsere Gesellschaft braucht Abiturienten.

5   ☐   Die Armen sind glücklicher als die Reichen.

6   ☐   Im Unterschied zum Tier hat nur der Mensch eine Religion.

7   ☐   Wahres Glück kann man nicht kaufen.

Die Testauswertung für den Satztest finden Sie auf Seite 80.

8

R = richtig   **F = falsch**

1   ☐   Ohne Sprache gibt es keine Verständigung.

2   ☐   Wenn alle Früchte gut schmecken würden, gäbe es keine giftigen Früchte mehr.

3   ☐   Gäbe es kein Wasser mehr, müßten wir sterben.

4   ☐   Ohne Uhren wüßten wir nie, wie spät es ist.

5   ☐   Hielten alle Lebewesen Winterschlaf, gäbe es kein Silvesterfeuerwerk.

6   ☐   Wären alle Bäume Nadelbäume, gäbe es keine Äpfel mehr.

7   ☐   Wenn jeder kluge Mensch ein Affe wäre, wären alle Affen klug.

Sprachliche Intelligenz: Testauswertung

Testauswertung sprachliche Intelligenz

1 Worttest

In der Lösungstabelle sind die richtigen Lösungen vermerkt. Kreuzen Sie jede Aufgabe an, die Sie richtig gelöst haben. Für jedes Kreuz erhalten Sie einen Punkt.

1	a ☐
2	b ☐
3	b ☐
4	a ☐
5	c ☐
6	d ☐
7	b ☐
8	d ☐
9	e ☐
10	b ☐

Ihre Punkte ☐

2 Zuordnungstest

Kreuzen Sie in der folgenden Tabelle – sie enthält die jeweils richtigen Buchstaben – die Fehler an. Zählen Sie dann alle Fehler zusammen.

1	B R B	4	E L L
	B R B		L E L
	R B R		E L E
	B B R		L E E
	R B B		L E L
	R R R		E L L

2	N M N	5	A P A
	N N M		A A P
	M N M		P P A
	N N N		A P P
	M N M		P P A
	M N N		A A P

3	V G V	6	G G V
	G G G		V V G
	G V V		V G G
	V G V		G V V
	V V G		G V V
	G G G		V V V

Ihre Fehler ☐

Ihre Punkte ☐

Punktetabelle für den Zuordnungstest

Suchen Sie in der Tabelle Ihre Fehlerzahl, dann erhalten Sie Ihre Punkte.

Fehler	Punkte
0	15
1	15
2	14
3	14
4	13
5	13
6	12
7	12
8	11
9	11
10	10
11	10
12	9
13	9
14	8
15	8
16	7
17	7
18	6
19	6
20	5
21	5
22	4
23	4
24	3
25	3
26	2
27	2
28	1
29	1
über 29	0

3 Satztest

Kreuzen Sie in der folgenden Tabelle – sie enthält die jeweils richtigen Lösungen – die Fehler an. Zählen Sie anschließend die Fehler zusammen.

1	W ☐ W ☐ F ☐ W ☐ F ☐ F ☐ W ☐
2	P ☐ W ☐ W ☐ P ☐ P ☐ W ☐ W ☐
3	F ☐ F ☐ G ☐ F ☐ G ☐ F ☐ G ☐
4	F ☐ F ☐ W ☐ W ☐ F ☐ F ☐ W ☐
5	W ☐ P ☐ W ☐ W ☐ P ☐ P ☐ W ☐
6	R ☐ F ☐ R ☐ F ☐ R ☐ R ☐
7	T ☐ M ☐ M ☐ T ☐ M ☐ T ☐ T ☐
8	F ☐ F ☐ R ☐ F ☐ R ☐ R ☐ F ☐

Ihre Fehler ☐

Punktetabelle für den Zuordnungstest

Suchen Sie in der Tabelle Ihre Fehlerzahl, dann erhalten Sie Ihre Punkte.

Fehler	Punkte
0 - 1	15
2	14
3	14
4	13
5	13
6	12
7	12
8	11
9	11
10	10
11	10
12	9
13	9
14	8
15	8
16	7
17	7
18	6
19	6
20	5
21	5
22	4
23	4
24	3
25	3
26	2
27	2
28	1
29	1
über 29	0

Ihre Punkte ☐

Zählen Sie die Punkte der drei sprachlichen Tests zusammen. Die Summe ergibt Ihre Punktzahl für die sprachliche Intelligenz.

Ihre Punktsumme

In der Bewertungstabelle für die sprachliche Intelligenz (Seite 100) können Sie unter Ihrer Punktzahl nachsehen, wie gut Sie im Vergleich zu Personen Ihres Alters und Ihrer Bildungsgruppe abgeschnitten haben. Sie erfahren außerdem, wieviel Prozent der Vergleichspersonen genauso gut, besser oder schlechter abgeschnitten haben als Sie.

Rechnerische Intelligenz

Diese Testgruppe besteht aus großen und kleinen Zahlenmustern. Die Zahlen sollen analysiert werden. Sie sind nach einfachen mathematischen Regeln aufgebaut. Um diese Regeln zu finden, ist Konzentration und logisches Denken erforderlich. Wer gerne und leicht mit Zahlen umgeht, hat bei diesem Test Vorteile, weil er an die Aufgaben unbefangener herangeht.

Diese vierte und letzte Testgruppe besteht aus einem

 Rechentest

In Zahlenmustern sollen Rechengesetze erkannt werden.
Auch wenn Sie ungern rechnen, sollten Sie an diesen Test ohne Vorbehalt herangehen. Es werden keine mathematischen Spezialkenntnisse verlangt. Bitte verwenden Sie Papier und Bleistift, aber keinen Taschenrechner.

1 Rechentest
Welche Gesetze stecken in den Zahlenmustern?

Bei diesem Test müssen Zahlenmuster, die nach bestimmten Gesetzmäßigkeiten aufgebaut sind, analysiert werden. Die Zahlen in den übereinanderliegenden Kästchen sind nicht als Bruch zu lesen. Alle Zahlen der oberen und unteren Kästchen sind, getrennt voneinander, nach einem Gesetz aufgebaut. Wenn Sie die Regeln erkannt haben, ist es keine Schwierigkeit mehr, die beiden fehlenden Zahlen zu erkennen, zu bestimmen oder auszurechnen.
Die Gesetzmäßigkeit im Beispiel sieht so aus: Die nächstfolgende Zahl ist immer um zwei größer als die Vorhergehende. Als Lösung muß deshalb in das obere Feld eine 14 und in das untere eine 17 geschrieben werden.

Beginnen Sie mit der ersten Aufgabe, wenn Ihnen das Testprinzip anhand des Beispiels klargeworden ist.

Sie haben für die folgenden 27 Aufgaben genau 25 Minuten Zeit. Wenn Sie früher fertig sind, können Sie mit der Punktauswertung beginnen. Sollten Sie in der vorgegebenen Zeit nicht ganz fertig werden, müssen Sie den Test abbrechen.

Beispiel

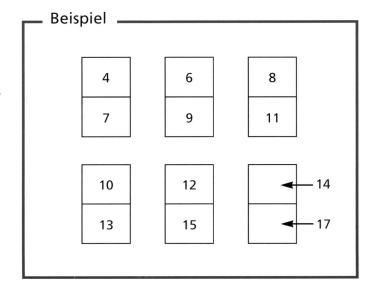

Rechnerische Intelligenz: Rechentest 83

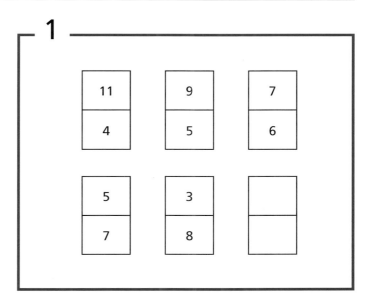

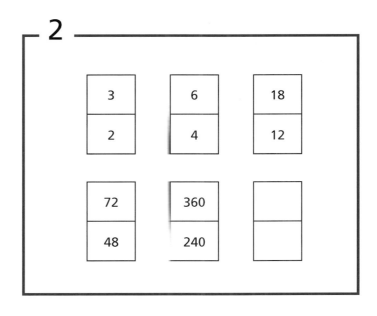

3

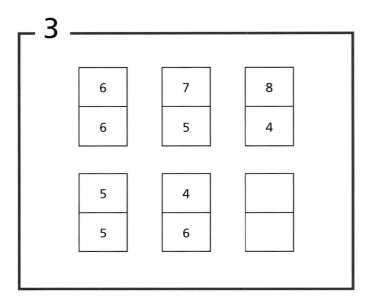

4

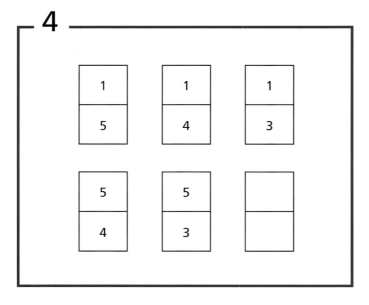

Rechnerische Intelligenz: Rechentest 85

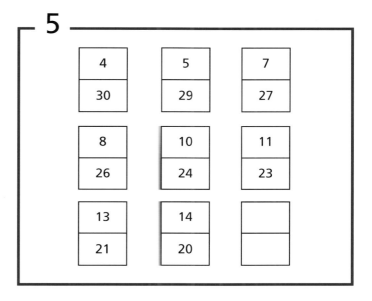

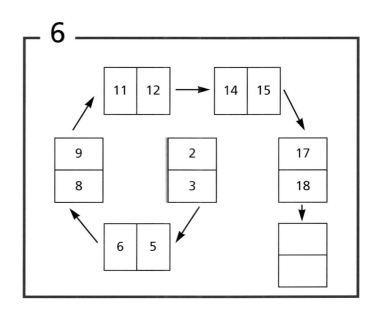

7

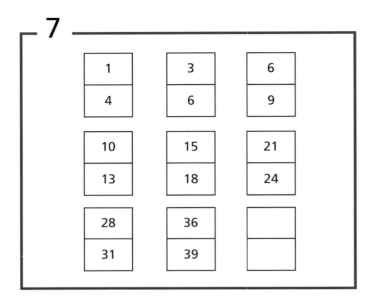

8

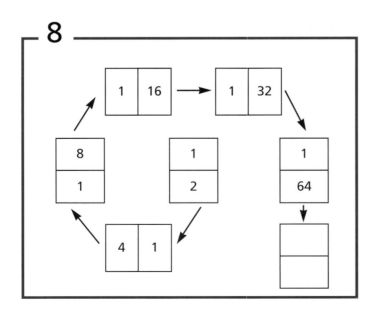

Rechnerische Intelligenz: Rechentest 87

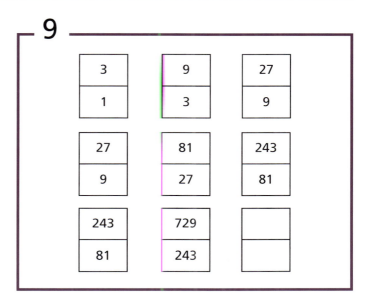

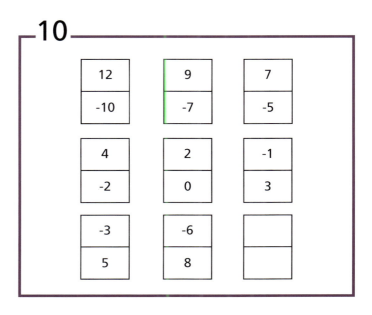

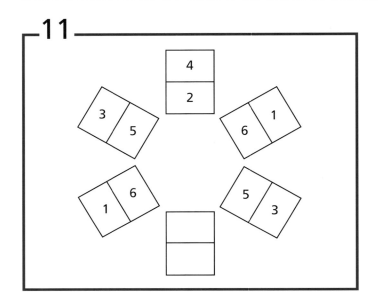

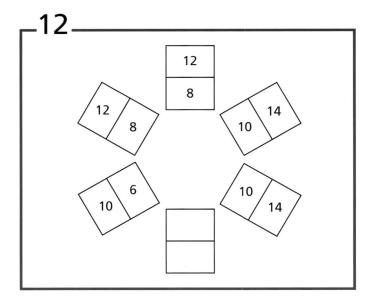

Rechnerische Intelligenz: Rechentest

13

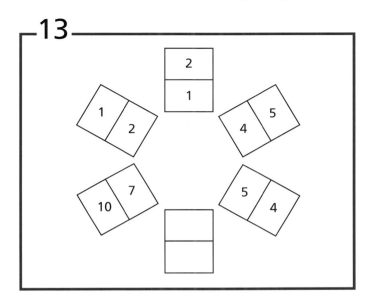

14

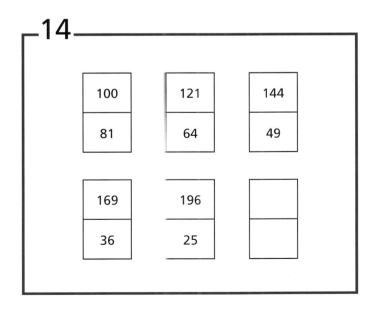

15

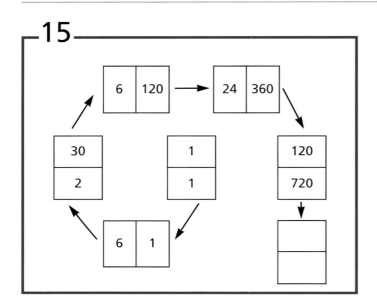

16

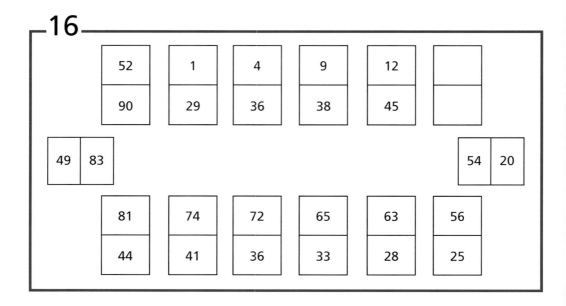

Rechnerische Intelligenz: Rechentest

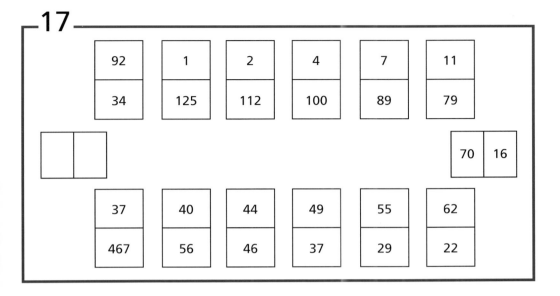

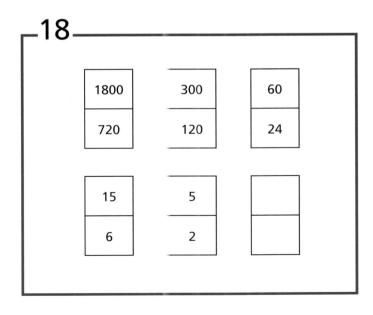

19

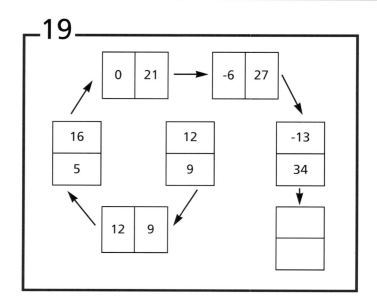

20

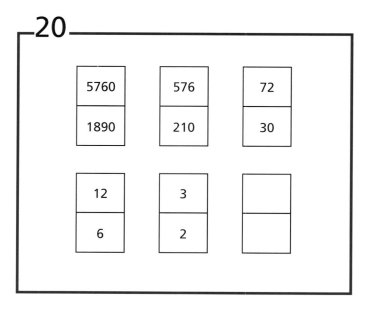

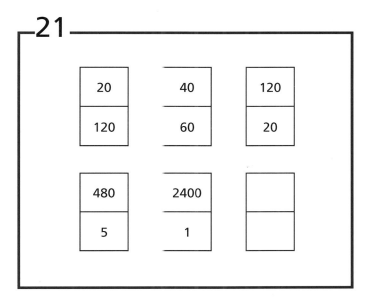

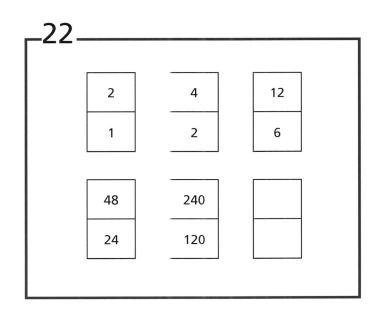

23

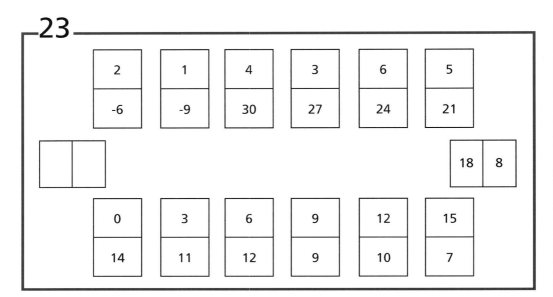

24

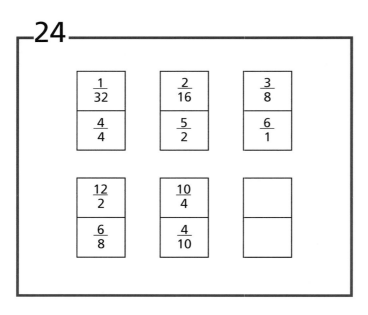

Rechnerische Intelligenz: Rechentest

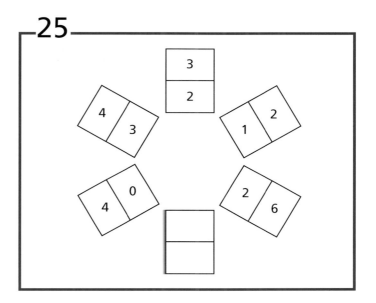

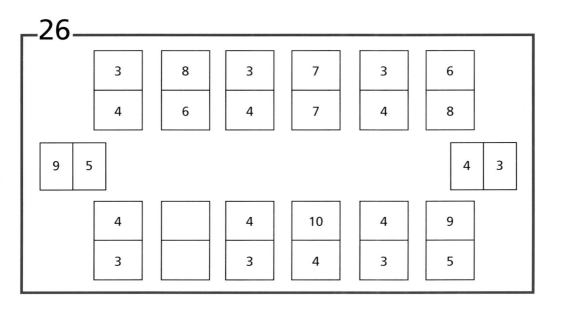

27

216	125	64
512	343	216

27	8	
125	64	

Die Auswertung des Rechentests finden Sie auf Seite 97.

Testauswertung rechnerische Intelligenz

1 Rechentest

In der Lösungstabelle sind die richtigen Lösungen angegeben. Bis Aufgabe 14 erhalten Sie einen Punkt, wenn Ihre Zahlen mit den richtigen übereinstimmen. Die Aufgaben 15 bis 27 werden mit zwei Punkten bewertet, wenn beide Zahlen richtig sind. Für eine richtige Zahl erhalten Sie einen Punkt.

	Ein-Punkt-Lösungen		Zwei-Punkt-Lösungen
1	1 / 9	15	720 / 720
2	2160 / 1440	16	17 / 47
3	3 / 7	17	79 / 35
4	5 / 2	18	2,5 / 1
5	16 / 18	19	-21 / 42
6	20 / 21	20	1,5 / 2
7	45 / 48	21	14400 / 1/6
8	1 / 128	22	1440 / 720
9	2187 / 729	23	13 / -3
10	-8 / 10	24	8/6 / 2/12
11	2 / 4	25	1 / 5
12	6 / 10	26	11 / 3
13	10 / 7	27	1 / 27
14	225 / 16		

Zählen Sie die Anzahl Ihrer Punkte zusammen. Die Summe ist Ihre Punktzahl für die rechnerische Intelligenz.

Ihre Punktsumme

In der Bewertungstabelle für die rechnerische Intelligenz (Seite 100) können Sie unter Ihrer Punktzahl nachsehen, wie gut Sie im Vergleich zu Personen Ihres Alters und Ihrer Bildungsgruppe abgeschnitten haben. Sie erfahren außerdem, wieviel Prozent der Vergleichspersonen genauso gut, besser oder schlechter abgeschnitten haben als Sie.

Auswertung: Ihr IQ

Auf den folgenden Bewertungstabellen für die vier Testgruppen erfahren Sie, wie gut Sie abgeschnitten haben. Sie sagen Ihnen auch, wie viele Personen (in Prozent) besser oder schlechter abgeschnitten haben als Sie. Beispiel: Wenn Sie die erste Testgruppe gemacht haben, berechnen Sie zuerst Ihre Punkte im Buch. Anschließend schauen Sie in der Tabelle für die »Optische Intelligenz« unter Ihrer Altersgruppe nach, welche Bewertung Ihre erzielten Punkte ergeben. Kreuzen Sie nun Ihre Bewertung an. Sie müssen dann nicht erneut nachschlagen, wenn Sie alle vier Bewertungen in die IQ-Karte (siehe Seite 103) übertragen.

Die Vergleichspersonen der Altersgruppe 14-16 Jahre sind Hauptschüler und Schüler des 10. Schuljahres.

Die Vergleichspersonen der Altersgruppe 17-21 Jahre sind gemischt: Personen mit Berufsschulabschluß, Mittelschüler, Gymnasiasten und Abiturienten.

Die Vergleichspersonen der Altersgruppe 22-27 Jahre sind Studenten. Die Altersgruppe 22-30 Jahre besteht wieder aus einer gemischten Bildungsgruppe, ebenso die Altersgruppe über 30 Jahre.

1. Testgruppe Optische Intelligenz

14-16 Jahre (Hauptschule) Punkte	17-21 Jahre (gemischt) Punkte	22-27 Jahre (Studenten) Punkte	22-30 Jahre (gemischt) Punkte	über 30 Jahre (gemischt) Punkte	Bewertung der optischen Intelligenz	Bitte an- kreu- zen	Prozentuale Verteilung der Bewertung
37 – 43	39 – 43	42 – 43	40 – 43	39 – 43	sehr gut		4,0 %
32 – 36	35 – 38	39 – 41	35 – 39	34 – 38	gut		13,0 %
23 – 31	26 – 34	35 – 38	30 – 34	29 – 33	überdurchschnittl.		33,5 %
14 – 22	15 – 25	28 – 34	22 – 29	21 – 28	unterdurchschnittl.		32,5 %
10 – 13	10 – 14	25 – 27	10 – 21	9 – 20	gering		14,5 %
0 – 9	0 – 9	0 – 24	0 – 9	0 – 8	sehr gering		2,5 %

2. Testgruppe Praktische Intelligenz

Halbe Punkte werden aufgerundet. Beispiel: 30,5 = 31 Punkte.

14-16 Jahre (Hauptschule) Punkte	17-21 Jahre (gemischt) Punkte	22-27 Jahre (Studenten) Punkte	22-30 Jahre (gemischt) Punkte	über 30 Jahre (gemischt) Punkte	Bewertung der praktischen Intelligenz	Bitte an-kreu-zen	Prozentuale Verteilung der Bewertung
33 – 41	39 – 41	39 – 41	39 – 41	37 – 41	sehr gut		5,5 %
22 – 32	33 – 38	37 – 38	33 – 38	32 – 36	gut		12,5 %
13 – 21	24 – 32	31 – 36	27 – 32	26 – 31	überdurchschnittl.		33,5 %
4 – 12	17 – 23	23 – 30	18 – 26	16 – 25	unterdurchschnittl.		30,5 %
2 – 3	3 – 16	7 – 22	9 – 17	8 – 15	gering		12,5 %
0 – 1	0 – 2	0 – 6	0 – 8	0 – 7	sehr gering		5,5 %

3. Testgruppe Sprachliche Intelligenz

14-16 Jahre (Hauptschule) Punkte	17-21 Jahre (gemischt) Punkte	22-27 Jahre (Studenten) Punkte	22-30 Jahre (gemischt) Punkte	über 30 Jahre (gemischt) Punkte	Bewertung der sprachlichen Intelligenz	Bitte an-kreu-zen	Prozentuale Verteilung der Bewertung
35 – 40	35 – 41	38 – 40	36 – 40	38 – 40	sehr gut		4,0 %
31 – 34	34	36 – 37	35	36 – 37	gut		12,0 %
21 – 30	30 – 33	32 – 35	31 – 34	32 – 35	überdurchschnittl.		36,0 %
10 – 20	21 – 29	28 – 31	22 – 30	26 – 31	unterdurchschnittl.		35,5 %
3 – 9	9 – 20	26 – 27	12 – 21	19 – 25	gering		10,0 %
0 – 2	0 – 8	0 – 25	0 – 11	0 – 18	sehr gering		2,5 %

4. Testgruppe Rechnerische Intelligenz

14-16 Jahre (Hauptschule) Punkte	17-21 Jahre (gemischt) Punkte	22-27 Jahre (Studenten) Punkte	22-30 Jahre (gemischt) Punkte	über 30 Jahre (gemischt) Punkte	Bewertung der rechnerischen Intelligenz	Bitte an-kreu-zen	Prozentuale Verteilung der Bewertung
36 – 40	38 – 40	40	39 – 40	38 – 40	sehr gut		6,0 %
31 – 35	34 – 37	38 – 39	35 – 38	34 – 37	gut		11,5 %
19 – 30	27 – 33	32 – 37	31 – 34	28 – 33	überdurchschnittl.		31,0 %
10 – 18	16 – 26	24 – 31	20 – 30	18 – 27	unterdurchschnittl.		33,5 %
5 – 9	9 – 15	17 – 23	11 – 19	11 – 17	gering		14,5 %
0 – 4	0 – 8	0 – 16	0 – 10	0 – 10	sehr gering		3,5 %

Auswertung: Ihr IQ **101**

IQ-Tabelle

Ermitteln Sie Ihren IQ. Zählen Sie Ihre erreichten Punkte aller vier Testgruppen zusammen. Ihre *Punktsumme* finden Sie in der IQ-Tabelle unter Ihrer Alters- oder Bildungsgruppe. Rechts können Sie dann Ihren IQ ablesen.

14-16 Jahre (Hauptschule) Punkte	17-21 Jahre (gemischt) Punkte	22-27 Jahre (Studenten)* Punkte	22-30 Jahre (gemischt) Punkte	über 30 Jahre (gemischt) Punkte	IQ	Bewertung des IQ	Prozentuale Verteilung der Bewertung
158 – 164	159 – 164	160 – 164	160 – 164	160 – 164	155		0,50 %
152 – 157	153 – 158	154 – 159	154 – 159	155 – 159	152,5	extrem hoch	0,50 %
145 – 151	148 – 152	151 – 153	151 – 153	150 – 154	150		
138 – 144	143 – 147	148 – 150	148 – 150	146 – 149	147,5		
135 – 137	140 – 142	146 – 147	146 – 147	143 – 145	145		
132 – 134	138 – 139	142 – 145	142 – 145	140 – 142	142,5		
129 – 131	136 – 137	139 – 141	139 – 141	137 – 139	140	sehr hoch	4,38 %
126 – 128	134 – 135	137 – 138	137 – 138	135 – 136	137,5		
123 – 125	132 – 133	134 – 136	134 – 136	132 – 134	135		
120 – 122	129 – 131	131 – 133	131 – 133	129 – 131	132,5		
119	128	130	130	128	130		
117 – 118	126 – 127	129	129	127	127,5		
115 – 116	124 – 125	128	128	126	125	hoch	12,25 %
113 – 114	123	127	127	125	122,5		
111 – 112	121 – 122	126	126	124	120		
109 – 110	119 – 120	124 – 125	124 – 125	122 – 123	117,5		
103 – 108	115 – 118	123	123	121	115		
97 – 102	112 – 114	121 – 122	121 – 122	119 – 120	112,5	über-	
92 – 96	109 – 111	119 – 120	119 – 120	117 – 118	110	durch-	33,50 %
87 – 91	106 – 108	117 – 118	117 – 118	115 – 116	107,5	schnittlich	
81 – 86	103 – 105	115 – 116	115 – 116	113 – 114	105		
76 – 80	99 – 102	113 – 114	113 – 114	111 – 112	102,5		
70 – 75	95 – 98	107 – 112	107 – 112	107 – 110	100	Durchschnitt	
65 – 69	92 – 94	104 – 106	104 – 106	103 – 106	97,5		
59 – 64	89 – 91	101 – 103	101 – 103	99 – 102	95	unter-	
53 – 58	86 – 88	98 – 100	98 – 100	95 – 98	92,5	durch-	33,00 %
48 – 52	83 – 85	95 – 97	95 – 97	91 – 94	90	schnittlich	
43 – 47	80 – 82	92 – 94	92 – 94	87 – 90	87,5		
40 – 42	77 – 79	88 – 91	88 – 91	83 – 86	85		
37 – 39	74 – 76	84 – 87	84 – 87	80 – 82	82,5		
34 – 36	71 – 73	81 – 83	81 – 83	76 – 79	80	gering	12,87 %
31 – 33	68 – 70	77 – 80	77 – 80	72 – 75	77,5		
28 – 30	65 – 67	72 – 76	72 – 76	69 – 71	75		
25 – 27	62 – 64	67 – 71	67 – 71	65 – 68	72,5		

* Studenten werden hier mit der gemischten Bildungsstufe verglichen, weil ein spezieller IQ für sie nicht üblich ist.

102   Teil 1: Intelligenztest   Auswertung

Fortsetzung der IQ-Tabelle

14-16 Jahre (Hauptschule) Punkte	17-21 Jahre (gemischt) Punkte	22-27 Jahre (Studenten)* Punkte	22-30 Jahre (gemischt) Punkte	über 30 Jahre (gemischt) Punkte	IQ	Bewertung des IQ	Prozentuale Verteilung der Bewertung
24	56 – 61	62 – 66	62 – 66	60 – 64	70		
23	50 – 55	58 – 61	58 – 61	56 – 59	67,5		
22	45 – 49	54 – 57	54 – 57	51 – 55	65	sehr gering	3,00 %
21	40 – 44	50 – 53	50 – 53	47 – 50	62,5		
20	35 – 39	45 – 49	45 – 49	43 – 46	60		
19	30 – 34	40 – 44	40 – 44	38 – 42	57,5		
13 – 18	21 – 29	27 – 39	27 – 39	26 – 37	55		
7 – 12	11 – 20	14 – 26	14 – 26	13 – 25	52,5	extrem gering	0,50 %
0 – 6	0 – 10	0 – 13	0 – 13	0 – 12	50		

Zeichnen Sie Ihr Intelligenzprofil in die IQ-Karte auf der
gegenüberliegenden Seite
(bitte ausschneiden).
Erklärung Seite 105.
Studenten können in der IQ-
Karte ihr Profil zum Vergleich
mit Studenten beispielsweise
rot zeichnen und zum Ver-
gleich mit der gemischten Bildungsgruppe beispielsweise
grün.

Hinweis: Ein überdurch-
schnittliches Profil kann sich
zu einem hohen IQ summie-
ren, wenn die Punkte häufig
an der Grenze von »über-
durchschnittlich« nach »gut«
liegen.

Papierquadrate für die zweite
Testgruppe Legetest (Seite 48)

Schneiden Sie die 16 Quadrate
bitte sorgfältig aus.

Ausschneidebogen

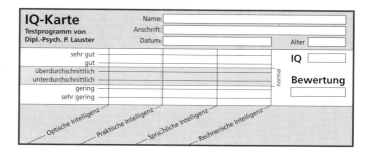

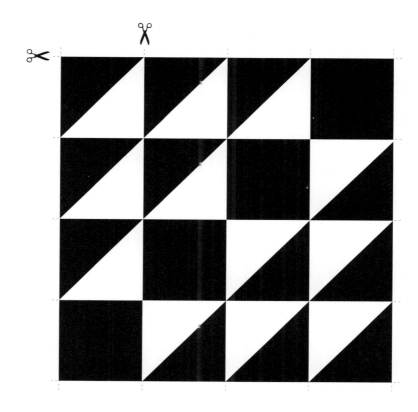

Diese Seite bleibt leer, weil sich auf der Rückseite die IQ-Karte und die 16 Quadrate zum Ausschneiden befinden.

Auswertung: Ihr IQ **105**

Zeichnen Sie Ihr Intelligenzprofil

Übertragen Sie jetzt die Ergebnisse der vier Testgruppen (optische, praktische, sprachliche und rechnerische Intelligenz) in die IQ-Karte auf Seite 103. Links außen stehen die sechs Bewertungsstufen von »sehr gut« bis »sehr gering«, die Sie aus den Bewertungstabellen bereits kennen. Wie Sie Ihre Testergebnisse in die IQ-Karte übertragen und Ihr Profil zeichnen, wird kurz an einem Beispiel erklärt.

Beispiel für ein Intelligenzprofil

Wenn Sie in der optischen Intelligenz sehr gut abgeschnitten haben, machen Sie in dieser Zeile bei der Reihe »optische Intelligenz« ein Kreuz. Wenn Sie in der praktischen Intelligenz überdurchschnittlich abgeschnitten haben, machen Sie in der zweiten Reihe in der Zeile »überdurchschnittlich« ein Kreuz. Mit den anderen Testgruppen verfahren Sie eber so. Nach diesem Prinzip kreuzen Sie Ihre Testergebnisse an. Wenn Sie Ihre Bewertungen auf der IQ-Karte eingetragen haben, können Sie die Kreuze

miteinander verbinden. So erhalten Sie Ihr Intelligenzprofil, das Ihre Stärken und Schwächen optisch sichtbar macht.
Das Profil zeigt Ihren gegenwärtigen Leistungsstand im Vergleich zu anderen Personen Ihres Alters und Ihrer Bildungsstufe. Ihr Profil ist keine konstante Schicksalskurve, denn Sie können jede der vier Intelligenzdimensionen durch Training verbessern. Das Profil dokumentiert also keine endgültigen Intelligenzgrenzen.

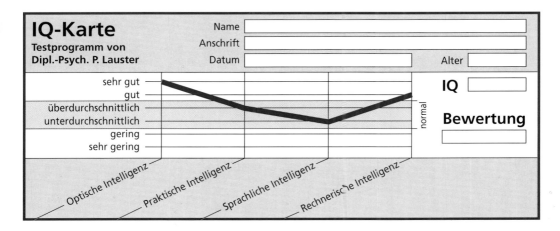

Wozu dient uns der IQ?

Intelligenz im Beruf

Auf den folgenden Seiten finden Sie verschiedene Intelligenzprofile. Sie zeigen anschaulich, welche Intelligenzdimensionen für bestimmte Berufsrichtungen besonders wichtig sind. Diese Fragen werden in Teil 3 dieses Buches ausführlich behandelt. Bedenken Sie bitte: Diese Profile repräsentieren den Idealfall, der selten in reiner Ausprägung vorkommt.

Wenn Sie die IQ-Karte auf Seite 103 ausschneiden, dann ist es für Sie leichter, Ihre mit der jeweils abgebildeten Karte zu vergleichen.

Verkauf (Außendienst)

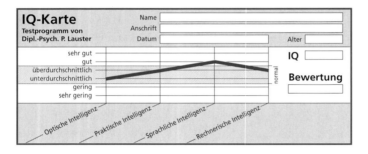

Verkäufer sollten vor allem in der sprachlichen Intelligenz gut abschneiden. Sie sollen sich gewandt ausdrücken können und benötigen deshalb sprachliche Kreativität. Ein Verkäufer kann auch mit einem durchschnittlichen IQ erfolgreich sein, wenn er kontaktfähig ist und diplomatisches Verhandlungsgeschick besitzt.

Werbung (Gestaltung)

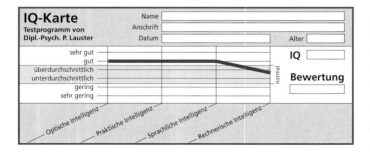

Für den Bereich »optische Gestaltung« sollten vor allem die optische und praktische Intelligenz gut ausgeprägt sein. Im Bereich »Textgestaltung« muß die Profilspitze bei der sprachlichen Intelligenz liegen. Ein wichtiger Begabungsfaktor, der in diesem Test nicht geprüft wurde, ist die Kreativität.

Wozu dient uns der IQ?

Kaufmännische und betriebswirtschaftliche Tätigkeit

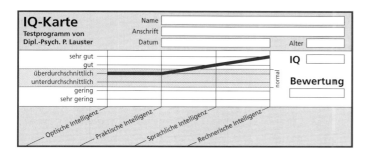

Bei kaufmännischen Berufen sollten zwei Profilspitzen bestehen: sprachliche und rechnerische Intelligenz. Für Bankleute mit Kundenkontakt sind zusätzlich zwei Begabungen nötig, die anhand von Intelligenztests nicht erfaßt werden können: Kontaktfähigkeit und Verhandlungsgeschick.

Sozialwesen

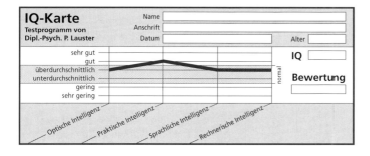

Zum Sozialwesen gehören folgende Berufe: Sozialarbeiter, Krankenschwester, praktischer Arzt, Psychologe, Hebamme, Sonderschullehrer usw. In sozialberatenden Berufen sollte die sprachliche Intelligenz gut ausgeprägt sein. Bei Ärzten und Psychologen ist außerdem praktische Intelligenz erforderlich. Aber genauso wichtig sind gute Kontaktfähigkeit und Einfühlungsvermögen.

Entwicklung und Konstruktion

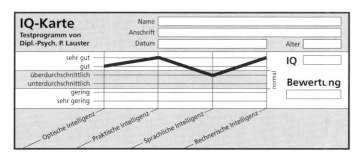

In diesem Tätigkeitsbereich arbeiten Ingenieure, Techniker, Konstrukteure, Chemiker, Physiker und Biologen. Sie müssen vor allem gute optische und sehr gute praktische Intelligenz besitzen. Das alleine reicht jedoch nicht aus. Wichtig ist außerdem der Begabungsfaktor Kreativität.

Forschung

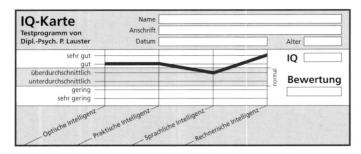

Im Bereich Forschung arbeiten vor allem Naturwissenschaftler: Mediziner, Biologen, Zoologen, Ingenieure, Physiker, Chemiker, Psychologen und Soziologen. Der IQ sollte zwischen 120 und 140 liegen. Vorteilhaft ist eine Profilspitze in der rechnerischen Intelligenz. Ein hoher IQ reicht für den Berufserfolg jedoch nicht aus, wenn ein Wissenschaftler keine Kreativität besitzt.

Lehrtätigkeit

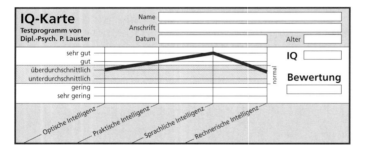

Die Profilspitze sollte vor allem in der sprachlichen Intelligenz liegen, denn der Unterricht basiert auf verbaler Kommunikation. Neben einem IQ zwischen 110 und 130 sollte ein Lehrer vor allem folgende Eigenschaften besitzen: Kontaktfähigkeit, Kreativität und seelische Ausgeglichenheit.

Handwerk

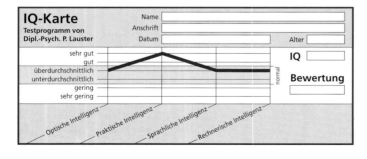

Zu diesem Tätigkeitsbereich gehören Elektriker, Schreiner, Schlosser, Mechaniker usw. Die Profilspitze sollte vor allem in der praktischen Intelligenz liegen.

Führungsposition

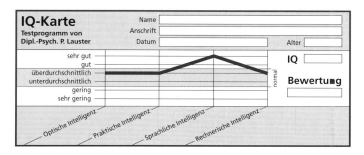

In Führungspositionen entscheidet über den Erfolg vor allem gutes Verhandlungsgeschick. Deshalb sollte eine Profilspitze in der sprachlichen Intelligenz vorhanden sein. Daneben sind jedoch viele andere Persönlichkeitseigenschaften wichtig: Kontaktfähigkeit, Belastbarkeit, Durchsetzungsvermögen, Initiative und Leistungsmotivation.

Sachbearbeiter

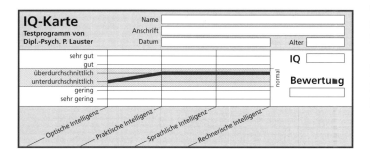

In dieser Position wird vor allem konzentriertes und zuverlässiges Arbeiten verlangt. Der IQ sollte zwischen 100 und 120 liegen. Das Intelligenzprofil kann im Normalbereich (graues Feld) schwanken.

In den einzelnen Tätigkeitsbereichen können verschiedene Positionen besetzt werden – etwa Abteilungsleiter, Sachbearbeiter, wissenschaflicher Mitarbeiter, Assistent. Dennoch sollen zwei Positionen nach ihren psychologischen Anforderungen in Idealprofilen dargestellt werden.

Zeigt ein Intelligenzprofil berufliche Erfolgschancen?

Die Idealprofile zeigen optimale Intelligenzvoraussetzungen. Wenn Ihr eigenes Profil mit einem der Berufsprofile übereinstimmt, bedeutet das jedoch noch lange nicht, daß Sie in diesem Arbeitsgebiet tatsächlich Karriere machen, denn der Erfolg hängt neben der Intelligenz noch von vielen anderen psychischen und physischen Eigenschaften ab. Folgende Karrierefaktoren sind besonders wichtig:

- Führungstalent
- Leistungsmotivation und Fleiß (Erfolgsstreben und das Bedürfnis, gute Arbeit zu leisten)
- Belastbarkeit (Streßstabilität und seelische Ausgeglichenheit)
- Vitalität (geistige und seelische Energie)
- Durchsetzungsfähigkeit
- Kontaktfähigkeit
- Initiative
- Verhandlungsgeschick
- Loyalität
- Beharrlichkeit, Ausdauer
- Anpassungsfähigkeit
- Optimismus

Wie Sie sehen, ist das eine lange Liste von Eigenschaften, die teilweise sogar wichtiger sind als ein hoher IQ. Wer die Mehrzahl dieser zwölf Eigenschaften besitzt, kann auch mit einem durchschnittlichen IQ beruflich erfolgreich sein.

In den Testbüros der Personalchefs und Personalberater werden Karriereeigenschaften mit Spezialtests erforscht. Dabei werden auch ganz anders strukturierte Test als in diesem Buch verwendet, so etwa der Rorschach-Test. Außerdem können auch verschiedene Persönlichkeitsfragebogen, graphologische Begutachtungen und Tiefeninterviews zur Bewertung herangezogen werden.

Intelligenzforschung

Zu Ihrer Information nun noch einige interessante wissenschaftliche Ergebnisse der Intelligenzforschung. Die Intelligenz entwickelt sich beispielsweise viel früher, als man bisher annahm.

Und bereits nach dem 26. Lebensjahr nimmt sie wieder ab – so jedenfalls meinen viele der Psychologen, die sich an den üblichen Intelligenztests orientieren.

Woher kommt die Bezeichnung Intelligenzquotient (IQ)?

In den Anfängen der Intelligenzforschung wurde das Intelligenzalter (jede Aufgabe entsprach einer bestimmten Altersstufe) durch das Lebensalter geteilt. Die Formel lautete:

$$IQ = \frac{IA \times 100}{LA} = \text{der Intelligenz Maßzahl}$$

IA = Intelligenzalter
LA = Lebensalter

Beispiel für einen zehnjährigen Jungen, der bereits die Aufgaben für Elfjährige lösen konnte (deshalb IA = 11):

$$IQ = \frac{11 \times 100}{10} = 110$$

Dieser Intelligenzquotient gibt an, daß das Kind um ein »Intelligenzjahr« seiner Altersgruppe (zehn Jahre) voraus ist. Ein durchschnittlich entwickelter Zehnjähriger hat also einen

$$IQ = \frac{10 \times 100}{10} = 100$$

In den modernen Intelligenztests wird der IQ anders berechnet. Er ist heute kein Quotient mehr, sondern eine statistische Vergleichszahl. Trotzdem wurde die Bezeichnung IQ aus Gewohnheit beibehalten. Heute wird bei der Aufstellung der IQ-Skala die »Normalverteilung« als Basis der Berechnung benutzt.

Die Intelligenz entwickelt sich sehr früh

Die Intelligenz entwickelt sich zu etwa 60 Prozent vor dem Schuleintritt. Das stellte der englische Psychologe Bloom 1964 aufgrund vieler Testuntersuchungen fest.

So früh entwickelt sich die Intelligenz:

Alter	Intelligenz im Vergleich zu 17jährigen
4 Jahre	50%
8 Jahre	80%
17 Jahre	100%

Die Tabelle zeigt, daß das Elternhaus die Intelligenz mehr beeinflußt als die Schule. In der zweiten Grundschulklasse sind bereits 80 Prozent der Intelligenzkapazität entwickelt. Für die Hauptschule oder das Gymnasium bleiben nur noch 20 Prozent übrig.
Das zeigt deutlich, wie entscheidend das Elternhaus für die Intelligenzentwicklung ist. Deshalb erfüllen Förderprogramme und Vorschulspiele für drei- bis sechsjährige Kinder eine wichtige pädagogische Funktion: Sie geben wichtige Impulse zur Intelligenzentfaltung.
Ist mit siebzehn Jahren die Intelligenzentwicklung endgültig abgeschlossen? – Nein. In anderen Tests (etwa dem HAWIE) wurde eine Intelligenzsteigerung bis zum 26. Lebensjahr festgestellt. Auch in einer Untersuchung des amerikanischen Intelligenzforschers Miles erreicht der IQ mit 26 Lebensjahren die maximale Höhe und sinkt dann langsam ab.

So steigt und sinkt die Intelligenz:

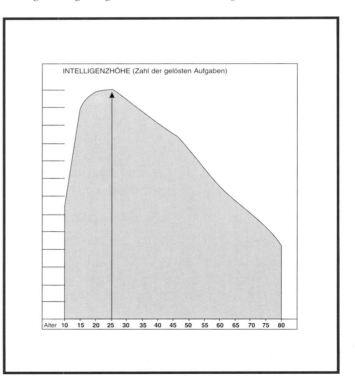

Intelligenzforschung

Nimmt die Intelligenz nach dem 26. Lebensjahr ab?

Was bedeuten diese Ergebnisse? Bedeuten sie, daß man nach dem 17. oder 26. Lebensjahr für seine Intelligenz nichts mehr tun kann? Bedeuten sie, daß ein Siebzehnjähriger mit einem IQ von 85 (unterdurchschnittlich) keine gute Intelligenzhöhe (IQ von 120) mehr erreichen kann?

In der Praxis ist diese Steigerung sehr selten, weil keine entsprechenden Förderprogramme existieren. Mit 26 Jahren hat sich die Intelligenz im Vergleich zur Kindheit auch schon stabilisiert. Es bedarf deshalb intensiver Motivationen (Lernfreude), um den IQ nach dem 17. Lebensjahr noch erheblich zu steigern.

Entscheidend sind auch folgende Persönlichkeitseigenschaften: Ehrgeiz, Ausdauer, Leistungswille, Lernenergie und emotionales Gleichgewicht. Diese Eigenschaften sind für den Schul- und Studienerfolg sogar wichtiger als ein hoher IQ.

Die Grafik auf Seite 112 zeigt, daß die Intelligenz mit 26 Jahren ihren Höhepunkt erreicht und dann langsam sinkt. Das widerspricht der alten Weisheit des athenischen Staatsmanns Solon, der lehrte: »Sechsmal sieben der Jahre entwickeln die Denkkraft im Manne.«

Nach Solon wäre die Denkkraft also erst mit 42 Jahren voll ausgeprägt.

Der amerikanische Testpsychologe Cattell glaubt nicht, daß die Intelligenz ab dem 26. Lebensjahr sinkt. Er hält jedoch die Grafik auf Seite 112 für zutreffend, denn der IQ sinkt tatsächlich, wenn er mit Intelligenztests, wie etwa dem HAWIE, gemessen wird. Das liegt an der Art der Testaufgaben, die Flexibilität und schnelles Einstellen auf neue Testprobleme verlangen. Nur deshalb »sinkt« der IQ mit steigendem Alter. Er steigt jedoch bei Testaufgaben, die Wortschatz, Allgemeinwissen, Sprachverständnis und/oder Erfahrungswissen prüfen. Ein weiterer Bremsfaktor für

die Älteren ist die Zeitbegrenzung. Wenn sie beseitigt wird, sinkt die Intelligenz nach dem 30. Lebensjahr nicht, denn die Älteren denken zwar langsamer, aber dafür exakter und sorgfältiger.

Der Psychologe Vernon stellte fest, daß der IQ im Laufe des Lebens steigt, wenn im Beruf die verschiedenen Intelligenzfaktoren geübt werden. Ein Intelligenzabfall ist nach dem 30. Lebensjahr vor allem nur dann zu erwarten, wenn der IQ mit 20 Jahren schon gering war und die Intelligenz nicht durch geistige Impulse angeregt wurde.

Sind Intelligenztests für Personalbüros sinnvoll?

Die üblichen Intelligenztests taugen nur zur Auswahl von Personen bis zum 30. Lebensjahr. Deshalb sind Personalchefs schlecht beraten, wenn sie bei der Personalauswahl von Bewerbern zwischen 30 und 50 Jahren nur durch IQ-Tests die »Spreu vom Weizen« trennen wollen.

Bei Bewerbern, die älter als 35 Jahre sind, sind andere psychische Faktoren entscheidend: Kreativität, Führungsqualitäten und praktische Erfahrung. Kreativität deshalb, weil mit zunehmendem Alter die Gefahr der Fixierung auf bestimmte Denkmethoden besteht.

Mit vierzig in Pension?

Der englische Personalberater Sir Rhys Williams will Manager, die bis zum 40. oder 50. Lebensjahr keine leitende Position erreicht haben, in Pension schicken. Er ist der Ansicht: »Es bringt niemandem etwas ein, wenn einer auch danach noch wie ein müdes Zirkuspferd seine alten Kunststücke zeigt.« Aufstiegschancen haben ältere Personen im Karrierekampf deshalb nur, wenn sie neben Intelligenz vor allem eine gute Portion Beweglichkeit, Einfallsreichtum und Kreativität, in erster Linie jedoch Persönlichkeit besitzen.

Ist Dummheit Schicksal?

Einige Psychologen, so etwa Hans Jürgen Eysenck, Professor in London, sind der Ansicht, daß Intelligenz in hohem Maße angeboren oder erbbedingt ist. In seinem 1971 erschienenen Buch *Rasse, Intelligenz und Bildung* behauptet Eysenck, es gebe zum Beispiel eine »angeborene Unterlegenheit« der farbigen Amerikaner. Denn nur wenig intelligente Menschen – in diesem Fall untüchtige Farbige – könnten sich von Sklavenhändlern verschleppen lassen. Deshalb lebe, so Eysenck, in Amerika eine negative Farbigen-Auslese.

In Irland sei es umgekehrt: Nur die tüchtigen Iren seien nach Amerika ausgewandert, die Untüchtigen zu Hause geblieben. Diese Untüchtigkeit schlägt sich nach Eysenck noch heute in den Ergebnissen von Intelligenztests nieder.

Auch in den Vereinigten Staaten gibt es Wissenschaftler, so etwa Prof. Dr. Arthur R. Jensen von der Berkeley Univer-

Richtige Schulung steigert den IQ

sity, die solch eine Auffassung teilen und der staunenden Öffentlichkeit kundtun: Wer wenig Intelligenz geerbt hat, dem nützt auch keine optimale Ausbildung etwas – er bleibt trotzdem mittelmäßig. Die Aussagen der Psychologen Eysenck und Jensen haben wichtige politische Konsequenzen. Sie dienen selbst heute noch als Rechtfertigung der Bildungsdeklassierung von Afro-Amerikanern. Und sie dienen in Deutschland – bei einigen »Bildungspolitikern« selbst heute noch – als Ausrede für ein ungerechtes Schulsystem: Wer »dumm« ist (und das wird mit schlechten Schulnoten beurteilt), soll auf der Hauptschule bleiben. Die Möglichkeit der Intelligenzentfaltung auf einer Realschule oder einem Gymnasium wird mit dem Argument verworfen: »Dumm bleibt dumm, das ist vererbt. – Die können ja nichts dafür.« Wer in der Grundschule schlechte Noten hat, ist so gut wie verloren. Er hat kaum

eine Chance, seine Intelligenz oder seine Begabung angemessen zu fördern, denn er wird von den meisten Lehrern nicht für das Gymnasium empfohlen. Und viele Eltern verlassen sich auf die Entscheidung des Lehrers, ohne Einspruch zu erheben. Wer in der Hauptschule bleiben muß, kann dann nur noch über den mühsamen zweiten Bildungsweg zu einer besseren Ausbildung kommen.

Haben diese Vererbungspessimisten recht? Nein. Klugheit oder Dummheit sind kein unabänderliches Schicksal. In den Vereinigten Staaten hat 1946 eine Untersuchung des Wissenschaftlers Schmidt Aufsehen erregt. Er hat 254 Jungen und Mädchen zwischen zwölf und vierzehn Jahren, deren IQ extrem gering war (im Durchschnitt 52), genau untersucht und drei Jahre lang trainiert. Das Ergebnis des Förderprogramms war überraschend: Der IQ war durchschnittlich um 40,7 Punkte gestiegen und lag nun bei 92. Auch die Schulleistungen stiegen: 79 der Kinder konnten in normale Klassen versetzt werden, und 27 Kinder absolvierten sogar mit Erfolg die »High School«. Dieses Resultat zeigt, daß mit entsprechenden Methoden auch »gering intelligente« Kinder (die zum Beispiel in sehr schlechten sozialen Verhältnissen aufgewachsen sind) durch eine entsprechend gute Ausbildung ihren IQ wesentlich steigern können. Ferner haben gründliche Untersuchungen erwiesen: Der Besuch einer höheren Schule fördert die positive Entwicklung des IQs. Der amerikanische Psychologe Newman hat das an eineiigen Zwillingen nachgewiesen. Er stellte fest, daß die Vererbung der Intelligenz keine starren Grenzen setzt. Zwischen erbgleichen Zwillingen bestanden durchaus Intelligenzunterschiede. In einem Fall betrug er 24 Punkte, weil einer der Zwillinge das College besuchen durfte, der andere dagegen nur vier Jahre in der Schule war. Das zeigt mehr als deutlich, daß eine intensive Ausbildung für die Entwicklung der geistigen Anlagen entscheidend und daß Intelligenz keine Laune der Vererbung ist.

Von wenigen Ausnahmen abgesehen (Schwachsinn und Idiotie aufgrund organischer Hirnschäden), bringen alle Menschen aller Rassen das gleiche geistige Rüstzeug für den Lernprozeß mit.

Deshalb müßten theoretisch auch alle psychisch und physisch gesunden Menschen den gleichen IQ haben. Das ist in Wirklichkeit nicht der Fall, wie die prozentuale Verteilung der Intelligenz zeigt. Der Grund für diese Verteilung liegt in der unterschiedlichen Förderung der Intelligenz. Viele wissenschaftlichen Untersuchungen haben gezeigt, daß vor allem vier Faktoren ausschlaggebend dafür sind, ob ein Kind »klug« wird oder »dumm« bleibt.

Was hemmt die Intelligenz?

1. Niederes soziales Milieu des Elternhauses

2. Seelische und körperliche Krankheiten

3. Liebloser und strafender Erziehungsstil der Eltern

4. Strafender und gleichgültiger Erziehungsstil der Lehrer

Was fördert die Intelligenz?

1. Höheres soziales Milieu des Elternhauses

2. Seelische und körperliche Gesundheit

3. Liebevoller und lobender Erziehungsstil der Eltern

4. Lobender und fördernder Erziehungsstil der Lehrer

Kinder begüterter Eltern haben Intelligenzvorteile

Kinder aus niederem sozialem Milieu verfügen über eine weniger differenzierte Sprache als Kinder aus der Mittel- und Oberschicht.
Das hat die Schweizerin Alice Descœudres nachgewiesen.

Reiche Kinder besitzen mehr sprachliche Kenntnisse

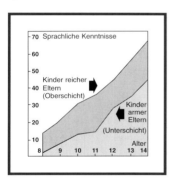

Die sprachliche Entwicklung spielt bei der Intelligenzmessung eine bedeutende Rolle. In fast allen IQ-Tests schneiden sprachgeübte Personen besser ab als sprachungeübte. Die Vererbungstheoretiker ziehen voreilige Schlüsse, wenn sie sagen, daß Unterschichtkinder weniger Intelligenz geerbt hätten. In Wirklichkeit sind sie weniger sprachlich geübt. Sie haben im Elternhaus zuwenig sprachliche Impulse und Anregungen erhalten.

Besitzen Männer mehr technische Intelligenz als Frauen?

In der Sowjetunion wurde 1928 und 1931 eine große Zahl Jungen und Mädchen auf ihre technische Intelligenz untersucht. Die Ergebnisse zeigten, daß die Mädchen 1928, zu Beginn des Fünfjahresplanes, den Jungen technisch leicht unterlegen waren. Drei Jahre später war der Unterschied nur noch minimal.
Der Schweizer Testpsychologe Professor Richard Meili führt dieses Ergebnis auf den sogenannten »polytechnischen Unterricht« zurück, der ohne Unterschied (für Jungen und Mädchen gleich) durchgeführt wurde, und er kommt zu der Schlußfolgerung: »Diese Resultate bedeuten, wenn sie sich weiter bestätigen, ein starkes Argument für die These der Umwelt- und Erziehungsbedingtheit gewisser psychischer Geschlechtsunterschiede.«
Fazit: Der Intelligenz- oder Begabungsunterschied zwischen Frauen und Männern ist ein gesellschaftliches Phänomen, aber kein real existie-

Das Menschenbild, das uns die Wissenschaft vermittelt

render biologischer Unterschied.

In einer Idealgesellschaft müßten alle Bürger (also auch Kinder mit schlechten Schulnoten) die gleichen Möglichkeiten zur Entfaltung ihrer Intelligenz haben. Kinder mit schlechten Schulnoten benötigen andere pädagogische Methoden als die üblichen Lerntechniken. Die psychologische Forschung hat diese neuen Lerntechniken entdeckt, aber sie werden nicht praktiziert. Schlechte Schüler werden also weiter benachteiligt. Im Vergleich zu diesem Ideal verhält sich unsere Gesellschaft am Ende des 20. Jahrhunderts asozial, vergleichbar einem Banausen, der nicht willens ist, Bildungseinrichtungen zu ermöglichen, die dringend notwendig sind.

Zwei Auffassungen von der psychischen Beschaffenheit des Menschen liegen im wissenschaftlichen Streit. Auf der einen Seite stehen die »Environmentalisten« oder Milieutheoretiker und auf der anderen die »Deterministen«. Die Milieutheoretiker halten den Menschen vorwiegend für ein Produkt der Gesellschaft und des sozialen Milieus, in dem er lebt. Sein Verhalten wird nach ihrer Auffassung von Erziehungseinflüssen stärker geprägt als von genetischen Vorprogrammierungen. Zu den Milieutheoretikern gehören die amerikanischen Behavioristen und zum Teil europäische Psychoanalytiker, Psychotherapeuten und Pädagogen. Die »Deterministen« halten sowohl die negativen wie die positiven Eigenschaften des Menschen für genetisch festgelegt und deshalb für unveränderbar, zumindest räumen sie den Erbeinflüssen auf die Persönlichkeitsstruktur eine größere Bedeutung ein als den Milieufaktoren. Zu den Determini-

sten zählen viele Zoologen, Biologen, Verhaltensforscher, Psychiater, Sozialpsychologen und Pädagogen. Insgesamt sind mehr Wissenschaftler zu den Deterministen als zu den Milieutheoretikern zu rechnen. Viele Forscher versuchen allerdings auch, sich neutral zu geben, wollen sich also weder zur einen noch zur anderen Richtung offen bekennen, neigen jedoch nach meiner Erfahrung insgeheim doch zum Determinismus. Das Menschenbild der beiden Auffassungen ist natürlich jeweils anders und schließt entsprechende politische Konsequenzen ein. Gesellschaftsveränderer, Sozialrevolutionäre, Humanisten, Utopisten, Weltverbesserer vertreten meist die Auffassung der Milieutheorie, während die Konservativen, Bewahrer und Traditionalisten auf die »natürliche, genetisch festgelegte« Struktur der bestehenden Verhältnisse verweisen, die determiniert ist und nicht geändert werden kann. Dies betrifft vor allem die Persönlichkeitsunterschiede der Menschen zwischen Klassen, Rassen, Bildungsschichten und Geschlechtern, die als unabänderlich festgelegt gesehen werden.

Ein Determinist verteidigt mit seiner biologischen und gleichzeitig politisch-ideologischen Auffassung eigene und Privilegien seines Standes, meist unbewußt, aber gerade deshalb um so heftiger. Der englische Philosoph und Sozialdarwinist Herbert Spencer (1820-1903) sprach sich beispielsweise ohne Skrupel gegen die Abschaffung der Armut aus, weil die »Armut der Unfähigen, die Not der Unklugen und der Hunger der Faulen« von der Vorsehung verordnet sei. Die Gesellschaft sollte nach seiner Auffassung die ungesunden, schwachsinnigen, trägen und untüchtigen Mitglieder in einem natürlichen Prozeß ausscheiden, da das eine natürliche und deshalb unumstößliche Ordnung sei.

So extrem spricht sich heute kein konservativer Determinist in einer öffentlichen Diskussion mehr aus, aber am Biertisch hört man oft noch deftige Worte: »Das Leben ist eben ein Ausleseprozeß, wie im Tierreich; die Starken kommen nach oben, die Schwachen und Dummen bleiben unten. Das ist ja auch richtig so.« Oder: »Die Bundesrepublik ist doch viel zu sozial. Im Grunde finanzieren wir die Dummen, Faulen und psychisch Kranken, die sich durchhängen lassen; im Tierreich würden die verhungern. Das ist richtig so, weil sie die Gemeinschaft der Lebenstüchtigen nur belasten.«

Dieses sozialdarwinistische Denken und deterministische Menschenbild ist weit verbreitet, und es ist deshalb psychologisch nicht verwunderlich, daß die Nationalsozialisten mit ihrer Rassenideologie weit offenstehende Meinungstüren einrannten.

Der Nationalsozialismus ist tot, aber der Rassismus lebt natürlich weiter, sowohl in Deutschland wie auch in anderen Ländern. Große Erfolge feierte gegen Ende der siebziger Jahre bei den englischen Kommunalwahlen die Partei »The National Front« (6 Prozent der Stimmen in London, bis zu 20 Prozent im übrigen England) mit ihrem Hauptanliegen, alle Farbigen aus England zu vertreiben, weil sie »unsere Zivilisation erniedrigen, denn sie hatten ihre Großmütter noch im Suppentopf«. Auch Einwanderer, die seit Generationen in England leben, sollten abgeschoben werden. Die »biologische Begründung«: »Wenn eine Katze Junge in einer Fischkiste kriegt, werden die dadurch keine Fische.« Ähnlich argumentieren auch die Deterministen, wenn es um die Verteilung von Privilegien der Klasse, Bildung, Intelligenzentfaltung geht: »Wenn ein Obdachlosenkind in einer Oberschichtfamilie aufwächst, wird es daduch keine echte Oberschicht-Persönlichkeit.«

Vor allem die Intelligenz ist ein wesentlicher Streitpunkt zwischen Milieutheoretikern und Deterministen. Die Milieutheoretiker sind Erziehungsoptimisten und glauben, daß jedes hirnorganisch gesunde Kind durch entsprechende Ausbildung einen hohen Intelligenzquotienten (IQ) erreichen kann (auch ein Kind aus der sozialen Unterschicht), wenn die negativen Milieufaktoren beseitigt werden.

Die Deterministen sind dagegen Erziehungspessimisten, da nach ihrem Denkmodell der Intelligenzentfaltung Erbgrenzen gesetzt sind, die auch durch Beseitigung von ungünstigen Milieufaktoren nicht übersprungen werden können. Die Deterministen sind der Ansicht, daß Intelligenz zu 80 Prozent erbbedingt und nur zu 20 Prozent von Umwelteinflüssen abhängig ist, daß es deshalb unbestreitbare und unüberwindbare IQ-Unterschiede zwischen einzelnen Bevölkerungsgruppen und Rassen gibt. Nach Untersuchungen von Deterministen schneiden beispielsweise in den Vereinigten Staa-

ten Schwarze in Intelligenztests durchschnittlich um 15 Punkte schlechter ab als die weiße Bevölkerung. Die Hauptvertreter dieser Auffassung sind Arthur R. Jensen, Professor an der Universität Berkeley in Kalifornien, und Hans Jürgen Eysenck, Professor für Psychologie an der Universität London. Wer sich für die Darstellung des deterministischen Standpunktes interessiert, dem sei das Buch Eysencks empfohlen, dessen Titel bereits zeigt, daß mit der Diskussion um die Intelligenzvererbung ideologisch viel auf dem Spiel steht: *Die Ungleichheit der Menschen* (München 1975). Eine umfassende Darstellung des Determinismusproblems gibt auch der Zeit-Journalist Dieter E. Zimmer in dem Buch *Der Streit um die Intelligenz, IQ: ererbt oder erworben?* (München 1975). Diese mehr journalistisch abgefaßte, übersichtliche und leicht lesbare Darstellung gibt dem Laien zunächst einen guten Überblick über den Streit um die

Vererbung der Intelligenz. Allerdings kommt Dieter E. Zimmer zu einem Schluß, den ich selbst nicht teile: »Den Glauben an die unbegrenzte Plastizität des Menschen, an die Omnipotenz des Gesellschaftlichen, hat der Jensenismus nachhaltig erschüttert. Die Natur spielt vorerst wieder mit.« Oder noch deutlicher: »Intelligenz ist nicht vorwiegend ein Produkt von Umwelteinflüssen: Familie, Milieu, Schule. Dem, was sich durch Umweltintervention erreichen läßt, setzen die Erbanlagen Grenzen.«

Ich bin Milieutheoretiker und deshalb ganz anderer Meinung. Nach der Lektüre von Eysencks Beweisführungen bin ich nach wie vor der Meinung, daß die IQ-Ungleichheit der Menschen sich zwar in Tests niederschlägt, weil sie in unserer Gesellschaft vorhanden ist, aber keineswegs auf eine achtzigprozentige Erbbeeinflussung zurückzuführen ist. Ich bin der Auffassung, daß die Intelligenzkapazität der Menschen prin-

Daten für ein gewünschtes Menschenbild

zipiell plastisch ist und nicht die Natur die Intelligenzunterschiede in den Testergebnissen schafft, sondern das soziale Milieu und unser Schulsystem. Die sogenannten »Grenzen der Erbanlagen« sind keineswegs so eng, wie dies von Jensen, Eysenck und anderen Deterministen behauptet wird. Hier wird Ideologie betrieben, teilweise aber auch sehr gezielt. Wissenschaftler sind nicht frei von Ideologien, weder Naturwissenschaftler noch Psychologen oder Philosophen. Sie sind Anhänger eines Menschenbildes, das sie in ihre Hypothesen hineinprojizieren, und sie beeinflussen damit mehr oder weniger bewußt die Ergebnisse ihrer Forschungen. Die objektiven Wissenschaften sind eben nicht so objektiv, wie sie sich selbst und anderen vormachen wollen. Selbst ein finanziell unabhängiger Privatforscher ist nicht frei von ideologischem Denken und dem Bedürfnis, seine Ideologie zu belegen. Der verstorbene

Tübinger Philosoph Ernst Bloch meint zu diesem Problem: »Wie zum Beispiel Ideologiebildung seit eh und je dem Interesse des Profits diente, indem sie die Sache in ihrem Sinne auslegte, die Frage in ihrem Sinne stellte und eine andere Fragestellung überhaupt nicht zur Tür hereinließ.« So wird die Sache im Sinne eines Menschenbildes, einer Weltanschauung und einer politischen Ideologie ausgelegt und die wissenschaftliche Frage in diesem Sinne gestellt. Manche Wissenschaftler gehen noch weiter. Sie manipulieren die Ergebnisse ihrer Forschung, um das zu beweisen, was sie sich zu beweisen vorgenommen haben, sind sogar bereit, ihre Ergebnisse zu fälschen, um ihr Menschen- und Weltbild zu stützen, abzusichern und weiter zu popularisieren – aus persönlichen Karrieregründen, aber auch, damit sie ihre Ideologie weiter aufrechterhalten können, wie der Fall Burt zeigt, der auf den folgenden Seiten beschrieben wird.

Der britische Psychologe Sir Cyril Burt (1883-1971) gilt als der Vater der englischen Erziehungspsychologie. Er entwickelte in England zur selben Zeit wie der Franzose Binet Testverfahren zur Messung der Intelligenz. Von 1924 bis 1931 war er Professor für Pädagogik an der Universität London, danach Professor für Psychologie am Londoner City College.

In den zwanziger Jahren formulierte er seine Intelligenztheorie, wonach Intelligenz eine »angeborene, allgemeine und kognitive Begabung« ist. Er ermittelte in Tests den durchschnittlichen IQ-Unterschied zwischen Arbeiterkindern (IQ = 92) und Selbständigen (IQ = 120) und führte diese Unterschiede auf die Vererbung zurück. 1943 zog er die typische Deterministenschlußfolgerung in dem Aufsatz *Ability and Income* (Fähigkeit und Einkommen), in dem er behauptete, die Verteilung des Einkommens sei ein Abbild von angeborenen Fähigkeiten in der Gesellschaft.

Seit den zwanziger Jahren untersuchte Burt eineiige Zwillinge, die in ihrer Erbausstattung gleich sind, um zu zeigen, welchen Einfluß verschiedene Umweltbedingungen auf den Intelligenzquotienten haben. Burts Hypothese lautete: Auch wenn die Umwelt und die Erziehungseinflüsse noch so verschieden sind, so setzt sich die vererbte Intelligenz doch durch. Eineiige Zwillinge sollten also in ihrer Intelligenz ähnlicher sein als andere Geschwisterpaare.

Was zu beweisen war, wurde von Burt auch bewiesen: Eineiige Zwillinge, die zusammen aufwuchsen (also identische Umweltbedingungen hatten), zeigten die höchste IQ-Übereinstimmung. Die nächsthöchste Übereinstimmung ermittelte er bei getrennt aufgewachsenen (also in verschiedenen Milieus lebenden) eineiigen Zwillingen, und dann folgten andere getrennt aufgewachsene Geschwisterpaare. Das wissenschaftliche Fazit aus Burts

Untersuchungsergebnissen lautete: In verschiedenen Milieus setzt sich die angeborene Intelligenz gegen die Umwelteinflüsse durch. Bildungspolitisches Fazit: Kostspielige Erziehungsprogramme für sozial benachteiligte Gruppen sind wenig empfehlenswert, da die Intelligenz durch die Vererbung festgelegt ist.

Burts wissenschaftliche Ergebnisse waren jahrzehntelang angesehene Grundlagestudien, die von Pädagogen, Psychologen und Soziologen an allen europäischen Universitäten zitiert, gelehrt und gelernt wurden.

Auch für die Deterministen Arthur Jensen und Hans Jürgen Eysenck war Burt Kronzeuge und Lehrer.

An deutschen Gymnasien wird Burts und Eysencks Lehre von der Vererblichkeit der Intelligenz in scheinwissenschaftlicher Formelsprache gelehrt, wie der folgende Brief eines Schülers zeigt, den ich im Oktober 1977 erhielt.

»Mein spezielles Problem: Sie

behaupten auf Seite 65 (meines Buches *Statussymbole*), daß alle Menschen – mit Ausnahme derer mit geistigem Handicap – ›mit dem gleichen geistigen Rüstzeug für die Entfaltung der Intelligenz auf die Welt kommen‹, Intelligenz also nicht erblich bedingt ist. Nun bin ich mir schon im klaren, daß die Reizfaktoren der Umwelt größte Bedeutung haben für die Ausprägung der Intelligenz eines Kindes, doch daß sie von alleiniger Bedeutung hierbei sein sollen, erstaunte mich sehr. Denn ich hatte in der Schule (ich bin Schüler der 13. Klasse eines humanistischen Gymnasiums) im Biologieunterricht von eben diesen 80 Prozent Erbeinfluß auf die Intelligenz (Eysenck) gehört. Und zwar komme man auf dieses Ergebnis aufgrund der Zwillingsforschung:

$$h^z = \frac{V_{ZZ} - V_{EZ}}{V_{ZZ}}$$

V_{ZZ} = Variation zwischen einem zweieiigen Zwillingspaar

V_{EZ} = Variation zwischen einem eineiigen Zwillingspaar

h^Z = Heritabilität = Anteil der genetischen an der gesamten phänotypischen Variation

Nun stimmten bei den eineiigen Zwillingen 92 Prozent in der Intelligenz überein, V_{EZ} sei also gleich 8 Prozent. Bei den zweieiigen Zwillingen stimmten 56 Prozent in der Intelligenz überein, V_{ZZ} sei also gleich 44 Prozent.

$$h^Z = \frac{44 - 8}{44} = 80 \text{ Prozent}$$

Beim Schulerfolg jedoch sei es genau anders: Da seien 16 Prozent erbbedingt (die genauen Werte beim Schulerfolg sind mir entfallen). Dieses Ergebnis verwunderte mich auch, zumal da doch der IQ nach den Früchten des Schulerfolgs bemessen wird, wie ich meine. Der IQ kann doch wohl erst gemessen werden, sobald das Kind eine gewisse Erziehung erfahren hat. Dies spräche für Ihre

Theorie der Nichtvererbung der Intelligenz, oder zumindest widerlegt es sie nicht. Außerdem gibt es einen Grundsatz in der Evolutionslehre, der besagt, daß Modifikationen nicht erbbar sind (also ein Holzfäller kann zum Beispiel seinem Kind nicht seine kräftigen Muskeln vererben). Ich weiß hier allerdings nicht genau, ob Intelligenz in die Reihe der Modifikationen gehört.
Kurz und gut: Ich fragte nach Beendigung der Lektüre von *Statussymbole* nochmals zwei Lehrer, um Gewißheit zu erlangen. Der eine antwortete auf meine Frage, ob Intelligenz denn nun wirklich erbar sei (ich hätte nämlich das Gegenteil gelesen): ›Wo haben Sie denn das aufgegabelt? Das wird schon so ein linker Sozi sein.‹ (So nach dem dargelegten Motto: Der weiß eh nichts, sonst würde er nicht opponieren.) Ich dankte für diese erschöpfende Auskunft und stellte meinen Sozialkunde- (zugleich Biologie-)Lehrer im Unterricht (wir

nahmen gerade die Schichtungsstruktur in der BRD durch) zur Rede, ob er denn wirklich mit Sicherheit behaupten könne, es gäbe eine vererbte Intelligenz. Sie hätten darauf die Gesichter einiger meiner Klassenkameraden sehen sollen: Sie verzogen ihr Gesicht zu einem milden, mitleidigen Lächeln, als wollten sie sagen: ›O ja, Gleichheit für alle.‹ (Sie sind wohl sehr stolz auf ihre hohe Rasse.)
Der Lehrer sagte nun, Intelligenz ließe sich bestimmt vererben, doch man dürfe die 80 Prozent nicht überbewerten, da dies nur sogenannte ›Testintelligenz‹ sei. Im selben Atemzug jedoch führte er ein Beispiel an: Man hat eineiige Zwillingspaare genommen und getrennt aufgezogen. Als diese beiden später jeweils erwachsen waren, machte man den Intelligenztest, und siehe da: Die verschiedenen Zwillingspaare unterschieden sich kaum im IQ. Folgerung: Die Umwelt hat kaum einen Einfluß auf die Intelligenz.

Ein anderes Beispiel: Bei der Spartakiade in der DDR hätte sich gezeigt, daß diejenigen erste Preise in Mathematik erhielten, deren Väter auch schon gute Mathematiker waren. Es gäbe also so etwas wie Reinerbigkeit für Mathematik.«

Ich antwortete dem Gymnasiasten mit dem Hinweis auf die Nachprüfung der Burtschen Theorie. Der amerikanische Psychologe Leon Kamin von der Princeton University überprüfte 1972 die wissenschaftlichen Untersuchungen Burts und kam zu dem Ergebnis, daß die Korrelationskoeffizienten der Intelligenz zwischen den Zwillingspaaren statistisch manipuliert sein müßten und wesentliche Daten fehlten. Sein Urteil über Burts Forschungsarbeiten zur Intelligenz formulierte er vernichtend: »Die Zahlen, die Professor Burt hinterlassen hat, sind keiner ernsthaften wissenschaftlichen Aufmerksamkeit wert.«

Warum wurden diese Zahlen vor Kamin von niemandem genau überprüft? Einmal, weil die wissenschaftliche Unantastbarkeit des angesehenen Psychologen Burt, der 1946 als erster Psychologe geadelt wurde, außer Frage stand. Zum anderen war sein Verdienst unausgesprochen weniger die statistisch und empirisch saubere Arbeit, sondern das Ergebnis, das eine Hauptstütze der Vererbungstheorie der Intelligenz darstellte und damit das Menschenbild der Bildungs- und Finanzoberschicht bestätigte, daß die Natur die Menschen durch angeborene Intelligenzgrenzen voneinander scheidet. Jedes wissenschaftliche Ergebnis, das diesen Nachweis erbringt, kann auf große Beachtung und Popularisierung hoffen. So kommt zum Menschenbild des Wissenschaftlers (es gibt angeborene Intelligenzunterschiede) noch das Karrieremotiv hinzu. Burt ist kein Einzelfall, allerdings ein besonders spektakulärer, weil seine Untersuchungen als Basisergebnisse auf der ganzen Welt von psychologischen Universitätsinstituten verbreitet werden.

In der Zwillingsforschung wurde auch von anderen Wissenschaftlern nicht sauber gearbeitet. Die Ergebnisse stehen und fallen in ihrer Beweiskraft mit dem getrennten Aufwachsen der eineiigen Zwillinge. Leon Kamin kritisiert drei weitere Zwillingsstudien, die 1937 von Newman, Freeman und Holzinger, 1962 von Shields und 1965 von Juet-Nielsen durchgeführt wurden. Er beanstandet, daß die Zwillinge nicht in wirklich getrennten Umwelten, sondern meist in sehr ähnlichen Umwelten (zum Beispiel ein Haus weiter von Verwandten) aufgezogen wurden. Damit aber steht und fällt das Hauptargument der Vererbungstheorie. Beweiskraft hätte nur eine Untersuchung, die eineiige Zwillinge in deutlich unterschiedlichem Milieu, das genau definiert wird, in der Intelligenz- und Persönlichkeitsentwicklung erfaßt.

In meiner Verwandtschaft konnte ich ein eineiiges Zwillingspaar seit zwanzig Jahren bewußt beobachten, das zusammen aufwuchs, nach dem zwanzigsten Lebensjahr getrennte Wege ging, aber danach im gleichen sozialen Milieu blieb. Die Persönlichkeitsentwicklung verlief sehr unterschiedlich, genauso unterschiedlich, wie sie bei zweieiigen Zwillingen oder anderen Geschwisterpaaren verlaufen würde. Auch die Intelligenz hat eine unterschiedliche Ausprägung erreicht, wie eine Intelligenzmessung mit dem IST-Test ergeben hat. Der Intelligenzunterschied kann nicht auf einen Wechsel des sozialen Milieus zurückgeführt werden, sondern auf Unterschiede in der gesamten Persönlichkeitsentwicklung. Der eine Zwilling heiratete und fand Erfüllung in Ehe und Familie, der andere Zwilling blieb Junggeselle, wurde insgesamt skeptischer, ängstlicher, vorsichtiger, eigenbröt-

lerischer, egozentrischer, introvertierter als der andere Zwilling, der aufgeschlossener, kontaktaktiver, optimistischer, mutiger, weltzugewandter wurde. Diese Charakter- und Persönlichkeitsentwicklung hat einen Einfluß auf die Intelligenzentwicklung. Vor allem die Erfolgs- und Mißerfolgserlebnisse durch die Lebensumstände (in gleichem sozialen Milieu) und die erworbene Fähigkeit, mit der Angst fertig zu werden sind Faktoren, die nach meiner Erfahrung die Intelligenzentwicklung besonders stark beeinflussen.

Es wachsen mitunter im Unterschichtmilieu psychisch unbeschadete Menschen heran, die relativ frei von Angst sind und ihre Intelligenz ungestört entfalten können, und im Oberschichtmilieu wachsen gar nicht so selten psychisch sehr lädierte ängstliche Menschen heran, die sich sehr schwer tun, ihre Intelligenzkapazität zu entwickeln. Mit diesem Hinweis möchte ich keinesfalls sagen,

daß es gleichgültig wäre, in welchem sozialen Milieu jemand heranwächst, denn sicherlich haben es Arbeiterkinder schwerer und Unternehmerkinder leichter, mit unserem Schulsystem zurechtzukommen, aber es gibt Ausnahmen, und sie lassen sich auf Erziehungskonstellationen zurückführen, die einmal günstig und einmal ungünstig (auch unabhängig vom sozialen Milieu) verlaufen können. Optimal ist natürlich für das Heranreifen eines Kindes ein Milieu, das finanziell alle Förderungsmöglichkeiten bietet und eine freie, kreative Entwicklung ohne Angst und Unterdrückung zuläßt. Diese optimale Entwicklungsmöglichkeit ist jedoch auch im Oberschichtmilieu oft ein seltener Glücksfall.

In der psychologischen Eignungsberatung wurde ich häufig mit Abiturienten aus Unternehmerfamilien konfrontiert, die finanziell alle Chancen hatten: eigenes Stockwerk mit drei Zimmern in der elterlichen Villa, also die Möglichkeiten der räumlichen Selbstentfaltung; Musikinstrumente, Bücher, Malkasten, Fotolabor, eigener Sportwagen, ausgedehnte Sommer- und Winterurlaube, Sport, Segeln und Skilaufen; und doch waren sie teilweise mit achtzehn Jahren bereits psychosomatisch schwer gestört, waren nervös, gehemmt, schreckhaft, schwitzten an den Händen, litten unter Spannungskopfschmerzen und hatten Konzentrationsprobleme. Die Intelligenzkapazität war da, und trotzdem erzielten sie in Intelligenztests nur Durchschnittswerte (IQ = 98 bis 107). Die Intelligenz ist eine sensible Leistungsfähigkeit, und sie reagiert sehr störanfällig, wenn in der Persönlichkeitsentwicklung und seelischen Gesamtstruktur Probleme auftreten.

Diese Abschweifung soll darauf hinweisen, mit welcher Vorsicht die IQ-Messung in der unter anderem von Burt durchgeführten Art zu interpretieren ist. Solange die Persönlichkeitsfaktoren nicht mit einbezogen werden, sind gemessene Intelligenzunterschiede von Personen wenig aussagekräftig über die Vererbung der Intelligenz. Psychologen sind keineswegs die einzigen Wissenschaftler, die Daten »frisieren«. Das englische Wissenschaftsmagazin *New Scientist* veranstaltete im September 1976 eine Umfrage, wie häufig Manipulationen entdeckt wurden. Das Ergebnis ist für mich nicht überraschend.

Wissenschaftler	*gemeldete Fälle*
Physiker	20
Psychologen	14
Biochemiker	13
Chemiker	12
Biologen	11

Der britische Biochemiker Robert Gullis gestand in der Zeitschrift *Nature*, mehrere Jahre lang gefälschte Meßergebnisse veröffentlicht zu haben. »Er sei von seinen Hypothesen über die Wirkung von Opiaten auf den Zellmechanismus so überzeugt gewesen, daß er sie als Meßwerte niedergeschrieben habe.« Er meinte also, die Meßwerte ruhig niederschreiben zu können, da sie sich so oder ähnlich bestätigen müßten.

Diese Gefahr der Manipulation besteht vor allem bei Wissenschaftlern, die ein festgefügtes Welt- und Menschenbild haben, das nach ihrer Auffassung so oder so bestätigt werden kann, nicht aber in Frage zu stellen ist. Wenn die Realität sich trotzdem bockig verhält – »um so schlimmer für die Realität«. So werden Fakten zu Artefakten, nach dem Duden »das durch menschliches Können Geschaffene, Kunsterzeugnis«.

Wieviel Freiheit können wir erwarten?

Wir können nicht mehr politische und persönliche Freiheit erwarten, als unser Menschenbild zuläßt. Unser Gesellschaftssystem – Schule, Beruf, Partnerschaft – ist vom deterministischen Menschenbild bestimmt; es läßt deshalb der Persönlichkeit und Individualität nur wenig Spielraum. Der Mensch wird nach diesem Menschenbild vorwiegend in den Grenzen der Vererbung geprägt. Persönlichkeitseigenschaften – wie Introversion, Extraversion, »typische« weibliche oder männliche Eigenschaften, Initiative, Trägheit, Fleiß, Ausdauer, Führungseigenschaften – sind danach genetisch vorgegeben. Vor allem der Bereich der geistigen Leistungsfähigkeit – wie Intelligenz, Kreativität, Gedächtnis, Begabungen und Talente – sollen bis zu 80 Prozent bei der Geburt durch die Vererbung festgelegt sein. Auch die Tendenzen zu Kriminalität, Genialität oder Psychopathie sollen durch Vererbung stark determiniert sein.

Dem einzelnen seien von der Natur relativ enge Grenzen gesetzt, in denen er sich entwickeln kann. Die Aufgabe der Erziehung bestehe darin, bei den »Minderbegabten« und wenig Intelligenten durch Förderung einen möglichst durchschnittlichen Stand zu erreichen. Für die Begabten und Intelligenten bestehe die Möglichkeit einer weiteren Förderung und Auslese, denn ihre Erbanlagen ermöglichen eine höher differenzierte Selbstentfaltung. Sie werden einmal zur Elite gehören, einer Pyramide, die zwangsläufig nach oben immer enger werden muß – ein Naturgesetz, das angeblich durch die Vererbung vorgegeben ist. Das deterministische Menschenbild macht dem Menschen angst, weil es enge Grenzen setzt und dadurch ein Gefühl der Enge erzeugt. Vor allem im schulischen und beruflichen Ausleseprozeß werden Grenze und Beengung der Möglichkeiten des Aufstiegs erlebt, und dies weckt zwangsläufig Angst. Auf Enge sowohl im körperlichen als auch im seelischen und geistigen Bereich reagiert der Mensch mit Angstgefühlen, die den Sinn haben, die ängstigende Situation zu verändern oder zu verlassen. Wenn aber Veränderung und Flucht nicht möglich sind, wird die Angst chronisch und mit Abwehrtechniken verarbeitet. Zum deterministischen Menschenbild gehört die Angst und alle damit zusammenhängenden psychischen Folgen der Deformierung.

Das milieutheoretische Modell des Menschen ist ganz anders beschaffen. Es geht von der Entwicklungsfähigkeit des Menschen aus, seiner Plastizität, und sieht keine Grenzen der Vererbung. Die Milieutheorie führt die Ausprägung von Eigenschaften und Fähigkeiten nicht auf unabänderliche Naturgegebenheiten zurück und neigt deshalb zu einem Gesellschaftsmodell, das mehr Einkommens- und somit mehr Bildungsgerechtigkeit anstrebt.

Für die Entfaltung der Persönlichkeitseigenschaften besteht zunächst größtmögliche Freiheit. Danach ist jeder Mensch befähigt, Intelligenz, Kreativität und Begabungen zu entfalten, wenn er die Ausbildung dafür erhält. Die Grenze liegt nicht in der Vererbung, sondern in den gegebenen Voraussetzungen und Möglichkeiten des Milieus. Diese sind veränderbar, gestaltbar, dem Menschen frei verfügbar, hängen vom Erziehungsstil der Erziehungspersonen ab. Dieser Erziehungsstil kann fördernd, freiheitlich, aber auch unterdrückend eng sein. Ist er eng, entsteht die Begrenzung der Entfaltung durch Dressur, Unterdrückung, Diktatur, Versklavung, gesetzte Anpassungsnormen und Regeln. Die Milieutheorie bedingt keineswegs zwangsläufig mehr Weite, sondern führt häufig zur Enge eines »optimalen« Erziehungsstils. Die Folgen für das Kind sind hier wieder Angst, Abwehrtechniken und psychische Deformierung.

Das milieutheoretische Modell wird deshalb in der Erziehung nur dann fruchtbar, wenn zu der erkannten plastischen Persönlichkeitsstruktur des Menschen ein variationsreicher, plastischer Erziehungsstil hinzukommt. Was nützt die beste Milieutheorie, wenn nach Regeln der Verhaltensforschung das Kind wie eine Maschine zu optimaler Funktion gebracht, wenn streng das Reglement der Lerntheorie angewandt wird? Auch die Techniken der Konditionierung helfen da nicht weiter. Sie lassen sich bei Menschen und Tieren zwar anwenden, sie sind teilweise auch erfolgreich, aber sie werden der plastischen Struktur des Menschen nicht gerecht. Das kann nur ein variationsreicher Erziehungsstil, der wissenschaftlich so schwer faßbare Kriterien wie Liebe, Einfühlung und Lebensfreude verlangt.

Überbewertung
der Intelligenz

Der Mensch ist eine Einheit von Körper, Seele und Geist. Der Geist, auf der Basis der Gehirnfunktionen, wird in unserer Gesellschaft einseitig als ein Werkzeug trainiert. Gefördert und geschult wird in erster Linie eine einzige Leistungsfähigkeit: Intelligenz. Die Intelligenz steht auf der pädagogischen Rangskala ganz oben. Sicherlich ist die Unterscheidung des Menschen vom Tier vor allem durch seine Intelligenz gegeben. Die Fähigkeit, das Werkzeug Intelligenz einzusetzen und zu schärfen, hat dem Menschen auf diesem Planeten zu seiner Überlegenheit gegenüber den anderen Lebewesen verholfen. Er konnte mit diesem Werkzeug schon in Urzeiten sämtliche hochstrukturierten Säugetiere »zur Strecke bringen«, eben weil diese nicht in der Lage waren, sich plastisch und flexibel auf die menschliche Intelligenz reagierend einzustellen, da sie auf ihre Spezialisierung, auf ein starres Instinktschema festgelegt waren (und noch sind). Es ist deshalb verständlich, daß der Mensch dieses besondere Werkzeug Intelligenz hoch einschätzt und auf seine Ausbildung besonderen Wert legt. Die Förderung der Intelligenz wurde im Laufe der Geschichte für den Menschen immer wichtiger und hat ihren Höhepunkt im technischen Industriezeitalter erreicht. Ohne Schulung seiner Intelligenz ist der einzelne nicht in die heutige Gesellschaft voll integrierbar. Er braucht diese Schulung, damit er mit der komplizierten technischen Umwelt zurechtkommt.

Die Intelligenz ist die Fähigkeit des Gehirns, mit optischen, sprachlichen, akustischen oder abstrakten Symbolen nach Regeln in Systemen umzugehen. Besonders wichtig ist die sprachliche Intelligenz, um Sinnzusammenhänge zu verstehen und verbal verständlich zu machen. Das Schulsystem fördert die Intelligenz bis zum Exzeß. Was zählt, ist Logik und Rationalität. Wir betreiben einen Vernunftkult und vernachlässigen dabei den Menschen in seiner Gesamtheit, zu der auch die Emotionalität gehört. Die Intelligenz wird so intensiv trainiert, daß die Ganzheit des Seelischen außer acht gelassen wird.

Die Intelligenz ist aber nur Teil einer Ganzheit von Körper, Seele und Geist. Die Rationalität kann zwar abgespalten werden, aber das hat zur Folge, daß die seelischen Bereiche mißachtet oder gar unterdrückt werden. Die Emotionalität wird oft sogar zum Gegner der Rationalität erklärt. In meiner Praxis erlebe ich Menschen, die hochintelligent sind und mit ihrer intellektuellen Leistungsfähigkeit viel Geld verdient haben, aber andererseits emotional sehr hilflos sind. Ein Patient sprach dieses Problem einmal deutlich aus: »Ich bin zwar erfolgreich, aber trotzdem nicht glücklich. Ich habe mit meiner Vernunft und Disziplin beruflich alles erreicht, was ich wollte und mir gewünscht habe. Ich bin verheiratet, habe zwei Kinder, ein Haus gebaut, Vermögen angesammelt, und nach außen hin sollte man meinen, ich müßte der glücklichste Mensch sein; aber das ist nicht so. Ich habe den Eindruck, daß mir etwas Wichtiges fehlt. Ich lebe an der Oberfläche; es funktioniert zwar alles, aber ich komme mit meinen Gefühlen nicht klar. Ich glaube, ich habe Angst davor. Mitunter überfällt mich ein undefinierbares Angstgefühl, das sich auf nichts Konkretes bezieht; es ist einfach nur Angst, ein Gefühl, und damit werde ich nicht fertig, das kann ich mit der Intelligenz nicht in den Griff bekommen. Ich bin ein rationaler Mensch und gewohnt, mit Systematik eine Sache zu analysieren, aber hier kam ich bisher nicht weiter.« Die Ganzheit des Menschseins kam bei diesem Patienten nicht zur Entfaltung, denn die Gefühle wurden immer verdrängt. Wenn ein Gefühl auftauchte, ging er

nicht auf dieses Gefühl zu, sondern schob es als »Gefühlsduselei« ab, um »tüchtig und diszipliniert zur Tagesordnung überzugehen«. Gefühle paßten nicht in sein Konzept von optimaler Leistung und Funktion. Der Erfolg gab ihm nach außen hin zunächst recht, denn es ging ja stetig bergauf; er verdiente mehr und mehr Geld, weil er pünktlich, genau, diszipliniert, sachlich, zuverlässig und intelligent funktionierte. Gefühle waren für ihn Störungen, die er »sofort vom Tisch wischte«. Er wurde zu einem reinen Kopfmenschen; seine gesamte Lebensenergie verlagerte er in den Kopf, und der Erfolg verstärkte durch Konditionierung dieses Verhalten.
Die tieferen Schichten seiner Seele – Sehnsucht nach Erleben, nach sinnlichen Erfahrungen und Gefühlen – waren dadurch jedoch nicht beseitigt; er war nur immer wieder täglich aufs neue brutal über sie hinweggegangen. Aber diese Schichten melde-

ten ihre Existenz an, verdichteten sich zu einem für ihn undefinierbaren Angstgefühl. Ich möchte auf keinen Fall die Intelligenz abwerten oder verteufeln und statt dessen das Gefühl überbetonen. Worauf es mir letztlich aber ankommt, ist, den Menschen in seiner psychophysischen Ganzheit zu betrachten. Wenn die Lebensenergie nur in ein Spezialgebiet geleitet wird, dann ist zwar eine Leistung möglich, die, oberflächlich betrachtet, imponieren mag, aber hinter dem so erreichten Erfolg lauert schließlich die Katastrophe, der psychische Zusammenbruch oder die seelische Verhärtung, lauern Freudlosigkeit und Depression. Es stellt sich am Ende als große Dummheit heraus, die gesamte Lebensenergie in den Intellekt fließen zu lassen. Es ist klüger, den Kopf nur als ein simples Werkzeug zu sehen, das ich aufgreife, wenn es nötig ist, aber danach wieder zur Seite lege. Das Leben spielt sich nicht allein im

Intellekt ab, sondern primär im seelischen Bereich. Wenn ich das erkannt habe, dann bin ich viel klüger als der intelligenteste Rationalist, weil ich nur dann wirklich gesund und vital bleibe. Je einseitiger ich den Intellekt herausstelle, um so mehr entferne ich mich von der Basis meiner Existenz. In der Basis liegt aber die Voraussetzung für Glück, nicht im Intellekt. Der Kopf kann nur denken, Ergebnisse feststellen, über Lösungswege nachgrübeln, aber er kann nicht glücklich sein. Zuerst muß ich mit meinen Gefühlen leben, mich ihnen stellen; erst dann sollte ich den Intellekt einsetzen. Erst fühlen, dann denken! Wenn ich mit meinen Gefühlen klarkomme, wenn ich aus dem Herzen, aus den Wurzeln meiner Existenz heraus an die Lösung von rationalen Problemen herangehe, bin ich in Einklang mit mir selbst und fühle mich ganz. Wenn ich den Intellekt abspalte und die Gefühle beiseite schiebe, muß ich früher

oder später psychosomatisch erkranken, weil sich die Basis dagegen zur Wehr setzt. Wir müssen zuerst die Erfahrung machen, daß wir zu unserem Herzen finden, »aus dem Bauchraum heraus« empfinden und agieren; erst danach hat die Intelligenzleistung einen Sinn für uns, erst danach setzen wir das Werkzeug als bloßes Werkzeug ein. Wir müssen in die Tiefen unserer Seele hineingehen, dann verliert der Intellekt an Macht, und wir sind innerlich ruhig und ausgeglichen; wir spüren dann, was wirklich gut und falsch für uns ist. Unser Gefühl »weiß«, was wir wirklich wollen, aber der kluge Verstand weiß es nicht; er betrügt uns mit seinen rationalen und logischen Argumenten, und er entfernt uns dadurch immer mehr von dem, was wir wirklich wollen, aber der kluge Verstand weiß es nicht; er betrügt uns mit seinen rationalen und logischen Argumenten, und er entfernt uns dadurch immer mehr von dem, was wir

eigentlich wollen, was uns glücklich machen würde. Der Intellekt muß entmachtet werden, der »Diktator« gestürzt sein, damit sich die Seele entfalten kann.

Sicherheitsstreben durch Rationalität

Die Überbewertung der Intelligenz und der Rationalität ist verständlich, weil die intellektuelle Arbeit darauf abzielt, Sicherheit zu erzeugen. Durch gedankliche, logische Durchdringung und Lösung eines Problems wird ein Ergebnis angestrebt, auf das ich mich »verlassen« kann.

Zwei und zwei ist vier; kein Gefühl kann das Ergebnis ändern. Auf diese Intelligenzleistung kann ich mich verlassen; heute und morgen, ein Leben lang. Insofern hat die Denkfunktion etwas Beruhigendes. Auf Gefühle kann ich mich weniger verlassen; sie ändern sich von einer Stunde zur anderen, sind nicht objektiv, sondern subjektiv. Die Rationalität macht Objektivität erst möglich; je rationaler ich also bin, desto objektiver kann ich etwas beurteilen. Das ist sicherlich richtig und sinnvoll, wenn ich eine Brücke bauen will, die nicht einstürzen darf, aber das ist nicht mehr sinnvoll, wenn es um mein Leben geht, um die Entfaltung meiner Individualität. Rationalität verschafft Objektivität und damit Sicherheit. Das Bedürfnis nach Sicherheit ist so groß, weil die Angst vor der Unsicherheit so belastend ist. Ein Werkzeug soll sicher funktionieren; das ist verständlich. Kann ich mit dem Werkzeug Intelligenz auch an meiner Seele arbeiten, um Sicherheit zu erlangen? Ich werde es natürlich versuchen und komme damit in das typische »Grübeln«. Ich grüble über mein Selbst nach, mit Worten und Erklärungen, und finde doch keinen Zugang zu meiner Seele, denn die Seele ist nicht mit Worten und Erklärungen zu fassen; sie entzieht sich dem Intellekt, denn sie ist ein ganz anderer Bereich, von der Intelligenz unabhängig.

Im Raum der Intelligenzentfaltung existieren Regeln und Gesetze, auf die ich mich verlassen kann. Im Bereich des Seelenlebens gibt es keine Sicherheit; hier fühle ich mich ausgeliefert, hilflos, haben die Worte keine Bedeutung mehr, beginnt alles zu verschwimmen und sich zu verkomplizieren, wenn ich die Maßstäbe des Denkens anlege. »Ich denke, also bin ich«. Das sagte der Philosoph Descartes. »Ich fühle, also bin ich.« Diese Aussage ist viel elementarer. Gefühle aber sind subjektiv und daher etwas Unsicheres, Unwägbares, Unstetes. Das Augenmaß ist ein unsichereres Maß als der geeichte Zollstock. Für die Partnerschaft gibt es aber keinen Zollstock. Was soll ich tun, wenn ich meinen Partner, in den ich einmal verliebt war, nicht mehr liebe? Wie soll ich wissen, ob ich ihn wirklich nicht mehr liebe? Ich kann es nicht ausrechnen und auch nicht mit Worten aufklären.

Die seelischen Probleme des täglichen Lebens müssen wir ohne Zollstock und ohne Worte lösen. Hier müssen wir uns auf unser subjektives inneres Maß verlassen. Wir müssen den Mut aufbringen, von Herzen subjektiv zu sein, uns zur Subjektivität zu bekennen, und je bewußter und direkter wir das tun, um so besser. Mut zur Subjektivität ist Mut zur Unsicherheit. Wenn ich einer Regel gehorche, dann fühle ich mich sicher, denn ich kann mich an die Regel klammern und ihr die Schuld geben, wenn etwas schiefgeht. Liefere ich mich aber dem Leben aus, dann muß ich subjektiv sein, denn hier gibt es keine Sicherheit. Wir haben nicht gelernt zu sagen: Ich empfinde so und so, das ist mein Gefühl, ich stehe dazu, auch wenn die anderen etwas anderes fühlen. Wir haben leider nur sehr selten erfahren, welche Sicherheit in der Unsicherheit entstehen kann. Die Sicherheit, die aus dem Kopf kommt, ist doch nur ein Strohhalm, an den ich mich klammere, also eine Scheinsicherheit, um mich zu beruhigen. Der Intellekt ist ein Beruhigungsmittel. Ich klammere mich an das Denken und glaube, dann könnte mir nichts geschehen. Aber das Denken enttäuscht mich

immer wieder, denn es führt nicht weit.
Ich muß in meinem Leben aber den Sprung der Erkenntnis machen, daß alles Denken keine Basis hat, auf die ich mich wirklich verlassen kann, also nur eine Scheinsicherheit vermittelt, denn wirkliche existentielle Sicherheit gibt mir nur der Sprung in die Unsicherheit, dann, wenn ich mich dem Strom des Lebens ausliefere, mit dem Strom mitgehe; dann fühle ich mich auf mich selbst und die augenblickliche Situation bezogen. Je näher ich dem Augenblick bin und mich zu dem Moment bekenne, gleichgültig, was geschieht, unabhängig von allen Meinungen und Regeln, um so näher bin ich bei mir selbst. Wenn ich die Unsicherheit akzeptiere und annehme, dann stehe ich mir selbst am nächsten. In der Sicherheit liegt Starre und Blockierung, ein Sichklammern an eine Erwartung. In der Unsicherheit liegt die Bereitschaft zur absoluten, totalen Akzeptierung dessen, was geschieht.

Wer Sicherheit sucht, möchte sich dahinter verstecken und in Ruhe gelassen werden. Ist das nicht ein trauriges Zeichen? Bringt die Unsicherheit nicht in Wirklichkeit mehr? Ein Künstler beispielsweise, der die Sicherheit eines Stils sucht, möchte in Ruhe sein Geld verdienen; er wird deshalb zum Sklaven dieses Stils, muß Tag um Tag, Jahr um Jahr immer wieder dieselben Bilder malen, dieselben Lieder trällern, um sicherzugehen, daß er »ankommt«. Das Abenteuer des Stilwandels, das ihm die Erfahrung der Unsicherheit bringt, bleibt ihm aber versagt.
Wenn wir Sicherheit suchen, werden wir zu Sklaven dieser Sicherheit, da wir das Experiment vermeiden. Je mehr wir nach Sicherheit streben, desto stärker schwindet aus unserem Leben die Spontaneität des Augenblicks, desto starrer stehen wir im Wind, desto zerbrechlicher werden wir. Warum lassen wir uns nicht vom Wind davontragen, mitten hinein in die Unsicher-

Begabungen

heit, in das, was im Augenblick geschieht? In dieser Lebendigkeit liegt das Abenteuer des Lebens; nur hier können wir tiefe innere Sicherheit finden, auf die es ankommt – auf das Vorstoßen zu uns selbst. Ich bin ich, egal, was geschieht, ich bin bei meinem Kern. Je stärker sich das Chaos um mich herum entfaltet, um so bewußter bin ich meiner inneren Mitte. Wir sollen also erkennen, daß erst in der Unsicherheit unsere innere Mitte für uns selbst sichtbar werden kann. Wir sollten die Unsicherheit als etwas Positives begreifen. Je intensiver und bewußter wir in das Unsichere hineingehen, desto stärker kann die innere Sicherheit des Subjektiven und Individuellen wachsen. Der Kern muß erfahren werden, muß wachsen, damit ich mir selbst sicher bin. Oberflächliche Sicherheit durch Anklammerung an Regeln und Systeme versklavt mich, raubt mir die Chance, mich wirklich zu erfahren. Das

Befolgen von Regeln und guten Ratschlägen mag mich beruhigen, aber ich gehe schwach daraus hervor und versäume die Chance zum inneren Wachstum und zur Entfaltung meiner seelischen Vitalität. Doch es ist gerade diese seelische Vitalität, es ist die Offenheit, die uns dazu bringt, neue Ufer zu erreichen, Unbekanntes zu entdecken, Verschüttetes und bisher Verborgenes zu befreien.

Der Mensch kommt als ein leeres Gefäß zur Welt, das nach und nach mit seelischgeistigen Inhalten aufgefüllt wird. Die Aufnahmekapazität ist nicht begrenzt. Der Vorgang der Aufnahme und Verarbeitung ist im Gehirn erst mit dem Tod des Körpers abgeschlossen.

Die menschliche Gehirnfunktion ist im Vergleich mit sämtlichen Lebewesen auf dieser Erde am höchsten entwickelt. Es existieren zwar Tiere mit einer besseren Spezialisierung und höheren Leistungsfähigkeit des Nervensystems und der Sinnesorgane, aber hierin liegt auch ein Nachteil. Der Mensch bringt bei Geburt wenig angeborene Reaktionsschemata mit, zeichnet sich im Vergleich zu anderen Lebewesen nicht durch Spezialisierungen aus, sondern durch seine Offenheit und Plastizität. Der Mensch ist also nicht festgelegt auf einige wenige Verhaltensmuster, sondern er kann nahezu unendlich viele Fähigkeiten entfalten und Fertigkeiten entwickeln, je nach vorliegendem Lernangebot. Er ist aufgrund seines Gehirns das lernfähigste Wesen auf diesem Planeten. Der Mensch bringt den Ansatz für viele Gaben mit, die »begabt« werden müssen, damit die Begabung sichtbar wird und sich verwirklichen kann. Was sind Begabungen? Die psychologische Forschung unterscheidet zum Beispiel Sprachbegabung, mathematische Begabung, technische Begabung, gestalterische Begabung usw. Mit psychologischen Tests können Begabungsschwerpunkte in ihrem Ausprägungsgrad gemessen werden. Es wird allerdings nur ein momentaner Ist-Zustand festgestellt, der nur schwer Prognosen für die Zukunft erlaubt. Der Begabungsforscher Lehmann hat die Höchstleistungen bekannter Persönlichkeiten aus verschiedenen Berufen untersucht, und er kam zu dem Resultat, daß erst zwischen dem 25. und 44. Lebensjahr die volle Leistungsreifung erfolgt – und

die sich danach noch weiter steigern kann.

Begabung entwickelt sich durch äußere Einflüsse, durch Bedingungen, die einen günstigen Entwicklungsprozeß anstoßen und weiter motivieren. Zunächst muß das Gehirn eine Anregung erhalten, etwa im sprachlichen, gestalterischen oder musikalischen Bereich, so daß Interesse an einem bestimmten Gebiet wach und das Bedürfnis nach Information und Lernen geweckt wird.

Je früher Anregungen erfolgen, desto besser. Durch Beschäftigung mit einem Lerngebiet wächst die Leistungsfähigkeit mehr und mehr, damit auch das Selbstvertrauen. Das Sachgebiet wird vertrauter, der Umgang mit Wörtern, Zahlen oder technischen Dingen fällt leichter und leichter; schließlich wird eigene schöpferische Produktivität entfaltet, und der Betreffende wächst in neue, selbstentwickelte Erkenntnisse hinein. Jetzt ist die entwickelte Fähigkeit für

jedermann sichtbar, und es wird gesagt: »Er hat seine Begabung entfaltet.« Das klingt so, als hätte er mit der besonderen Begabung bereits die Welt betreten, als ein Begnadeter, der die Begabung wie aus einem tiefen Brunnen einfach nur hochzuziehen brauchte.

Ich bin der Auffassung, daß alle Menschen zunächst einmal mit den gleichen Möglichkeiten, alle Begabungen zu entdecken, zur Welt kommen. Auf welches Gebiet jemand stößt, hängt von der Umwelt ab, die ihn fördert oder blockiert. Jedes Kind malt zunächst gerne mit Farben; das ist etwas ganz Normales und Natürliches. Aber nicht in jeder Familie wird die Lust zum Malen entsprechend unterstützt und gefördert. Picasso beispielsweise wurde von seinem Vater, einem Zeichenprofessor, gelobt und unterstützt. Der kleine Picasso erhielt jede Hilfe, die er brauchte. So war stets genug Papier und Farbe da, und er konnte sich auf dem Papier austoben, wann und wie oft er wollte. Kein Wunder also, daß er schon sehr früh Farbgefühl und einen »lockeren Strich« entwickelte.

Der Düsseldorfer Künstler Joseph Beuys sagte einmal: »Jeder Mensch ist ein Künstler.« Er provoziert noch heute mit diesem Satz, weil sich die Mehrzahl der Menschen mit dieser Aussage nicht identifizieren kann. Und doch hat Beuys recht, wenn man seine Feststellung etwas genauer betrachtet. Jeder Mensch könnte ein Künstler sein, wenn er sich künstlerisch betätigen würde, denn in jedem steckt die Gabe dafür, wenn er be-gabt wird, wenn die vorhandene Gabe angeregt, gefördert und zur Entfaltung motiviert wird. Ich habe selbst die Erfahrung gemacht, daß jeder Mensch malen und zeichnen kann, wenn man ihm Mut macht und sein Interesse weckt. Jeder freut sich, wenn er mit Wasserfarben auf das Papier einen roten Klecks setzt und

einen schwarzen Klecks dazu, der in den roten Klecks hineinläuft. Es gibt keinen Menschen, der nicht ganz spontan Freude und Interesse verspürt, wenn er mit verschiedenen Farben malt, die sich durch das Wasser miteinander verbinden. Was uns davon abhält zu malen, ist der hohe Leistungsanspruch, den wir von Lehrern und Erziehungspersonen übernommen haben. Wir sind mutlos, glauben, Malen wäre sinnlos, weil wir die Könnerschaft der »Großen« ja doch nicht erreichen. Wir vergleichen uns mit den »Genies« und verlieren deshalb die Freude am Spiel, an der Entdeckung unserer eigenen Leistungsmöglichkeiten. Keiner sagt uns: »Du kannst das auch erreichen, wenn du lange genug Spaß an der Malerei hast. Die Möglichkeit ist in dir, wenn sie dich interessiert. Du entwickelst dich, du wirst von Tag zu Tag lockerer, freier und leichter, wenn du dich einfach nur aus Freude damit beschäftigst.«

Statt dessen wird mit Benotung, Bewertung, ja mit Tadel und Strafe die Freude am spielerischen Lernen unterdrückt. Welch ein Glück für ein Kind, wenn es in einer Familie heranwächst, die das Experimentieren mit den vielen Gaben, die wir haben, unterstützt. Das Kind hat noch die ursprüngliche Lust, alles auszuprobieren, ohne Angst davor, zu versagen; es möchte malen, kneten, schrauben, analysieren, mit Worten spielen, musizieren, rechnen, Theater spielen und dergleichen mehr. Die Aufgabe der Erwachsenen ist es, diese Aktivitäten zu unterstützen, ohne Leistungen zu fordern, die an Wertmaßstäben des Erwachsenen gemessen sind. Das Kind möchte spielen, will experimentieren, möchte selbst herausfinden können, wo seine besondere Befriedigung liegt. Wir sollten das Kind gewähren lassen, seine Versuche fördern, ihm helfen, sich selbst zu verwirklichen, gerade weil wir selbst uns in der Kindheit danach

Intelligenzforschung

gesehnt haben, aber vieles nicht entdecken durften, weil die Eltern andere Vorstellungen von Begabung, Erziehung, Disziplin und Leistung hatten. Die Entwicklung einer Begabung wird blockiert, wenn die Möglichkeit des Ausprobierens unterbunden wird. Prinzipiell sind wir für alles begabt, wenn man uns gewähren läßt. Eine Gabe hervorzuholen, dazu ist es wirklich nie zu spät. Wir können noch mit sechzig anfangen zu malen, zu musizieren oder Gedichte zu schreiben. Werfen wir alle Leistungsansprüche über Bord, und beginnen wir einfach damit, in jedem Augenblick des Lebens das, was uns interessiert, intensiv auszuleben – und in diesem Moment kann ein Wachstumsprozeß einsetzen. Es kommt auf das Wachstum an, nicht auf das Siegerpodest. Individuelles Wachstum macht glücklich – das Siegerpodest ist eine Perversion der Leistungsgesellschaft.

Hinweis: Die Texte von Seite 118, mittlere Textspalte, bis Seite 137 sind meinem Buch *Lebenskunst*, ECON Verlag 1982, S. 16 bis 29 entnommen.

Teil 2

Begabung

Eine kurze Einleitung: Was ist Begabung?

Der nun folgende Begabungstest ist einem praktischen »Diagnostik-Handbuch« vergleichbar, mit dem Sie Ihre Fähigkeiten und Talente selbst erforschen und entdecken können. Folgende zehn elementare Begabungsschwerpunkte werden hier erfaßt: Verhandlungsgeschick, Kontakt, logisches Denken, Kreativität, Konzentration, technisches Verständnis, Rechentalent, praktische Intelligenz und ästhetischer Geschmack.

Bitte tragen Sie die einzelnen Testergebnisse in die »Diagnosekarte« ein, die Sie auf Seite 257 finden. Ein individuelles Begabungsprofil zeigt Ihnen schließlich alle Stärken und Schwächen, die dann mit Berufsgruppen und Positionsprofilen verglichen werden. So erhalten Sie mehr Klarheit über Ihre Begabungen und Talente hinsichtlich Ihrer Berufs- und Studienwahl. Außerdem erfahren Sie, auf welchen Gebieten Sie sich durch Training noch verbessern können.

Die Durchführung der einzelnen Tests dient vor allem auch dem Vertrautwerden mit Leistungstests.

Millionen Nervenzellen speichern im Gehirn Worte, Bilder, Zahlen, Rechenregeln und Gesetzmäßigkeiten. Man weiß heute, daß sich die Struktur der Hirnzellen durch Lernen ständig verändert, das heißt, daß Begabungen und Talente langsam entstehen. Auch ein hochbegabter Musiker muß viel lernen, bevor er seine Hirnzellen so weit trainiert hat, daß er eine Symphonie komponieren kann. Besitzen begabte Menschen ein größeres Gehirn als Durchschnittspersonen? Normalerweise wiegt ein Gehirn 1350 bis 1400 g. Die Hirnforscher stellten fest, daß Turgenjew 2012 g Hirngewicht hatte, Bismarck 1807 g, Kant 1600 g und Schiller 1580 g. Der Maler Raffael wurde jedoch sogar mit nur 1161 g Hirngewicht ein großer Künstler. Ob das Gehirn der

Begabten im Durchschnitt tatsächlich mehr wiegt, ist noch nicht eindeutig geklärt. Die Psychologen streiten mittlerweile immer noch um die Frage, was Begabung überhaupt ist. Manche setzen Begabung einfach mit Intelligenz gleich. Andere glauben, daß es Personen gibt, die Spezialtalente besitzen, sonst aber geradezu unintelligent sind.
Durch meine eigenen Erfahrungen konnte ich feststellen, daß bestimmte Talente und Intelligenzfaktoren identisch sind. Beispiel: Ein Rechentest mißt einerseits die rechnerische Intelligenz, andererseits auch die mathematische Begabung. Viele Begabungen unterscheiden sich jedoch von der Intelligenz, wie sie von den Wissenschaftlern bisher definiert wurde, erheblich, z.B. die Kreativität. Intelligenz und Kreativität sind nicht voneinander abhängig. Wer also in einem Kreativitätstest brilliert, hat unter Umständen trotzdem einen miserablen Intelligenzquotienten (IQ). Der umgekehrte Fall ist auch möglich: Es gibt viele hochintelligente Leute, die überhaupt nicht kreativ sind.
Für dieses Testbuch wurden zehn elementare Bereiche der Begabung ausgesucht.
Sie repräsentieren die fundamentalen Fähigkeiten für verschiedene Berufs- und Studienrichtungen.
Die ersten drei Tests messen Begabungsfaktoren, die in Kontaktberufen eine große Rolle spielen (Verkäufer, Betriebsleiter, Manager, Lehrer). Die nächsten drei Tests strapazieren vor allem die allgemeine Leistungsfähigkeit des Gehirns (logisches Denken, Kreativität und Konzentration). Die letzten vier Tests prüfen Spezialbegabungen: technisches Verständnis, Rechnen, praktische Intelligenz und Geschmack.

So sind die Begabungen voneinander abhängig:

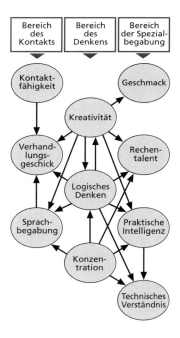

Die Pfeile in der Grafik zeigen, wie die Begabungsfaktoren voneinander abhängig sind. Die Richtung der Beeinflussung wird durch die Pfeilspitze gekennzeichnet. Das logische Denkvermögen beeinflußt z.B. das Rechentalent, die praktische Intelligenz, das technische Ver-

Begabung und Intelligenz sind kein Zufall

Kein Grund zum Vererbungspessimismus

ständnis, die Sprachbegabung und auch das Verhandlungsgeschick.

Der Geschmack und die Kontaktfähigkeit stehen dagegen ziemlich isoliert. Die Fähigkeiten des Denkens (Kreativität, logisches Denken und Konzentration) stehen im Mittelpunkt, denn sie steuern und beeinflussen einerseits den Kontaktbereich und andererseits die Spezialbegabungen.

Wenn zwei Jungen im Alter von 14 Jahren genau gleich begabt sind – welcher hat die größeren Erfolgschancen im Beruf? Diese Frage beantworten die meisten mit der Vermutung, daß der Zufall oder Beziehungen entscheiden. Das ist ein Irrtum. Ein Junge, der studieren darf, ist im Vorteil, denn seine Begabung kann sich besser entwickeln. Das haben auch wissenschaftliche Untersuchungen des Psychologen Lorge gezeigt. Die Intelligenz und Begabung 14jähriger Schulabgänger sinkt sogar im Vergleich zu gleich begabten Kindern, die weiterführende Schulen besuchen. Bisher glaubte die Wissenschaft an erbbestimmte, endgültige Intelligenzgrenzen und nahm an, daß sich Begabungen nach unbeeinflußbaren Regeln und Gesetzen entfalten. Heute wissen wir, daß der Mensch sehr viel Zeit für seine Ausreifung braucht und daß sich nur durch ständige Lernanregungen Begabungen voll entfalten können.

Die Vererbungsforschung untersuchte vor allem eineiige Zwillinge, weil sie völlig erbgleich sind. Es wurde vermutet, daß dann auch Intelligenz und Begabung gleich sein müßten. Das klingt sehr plausibel. Gründliche Untersuchungen zeigten jedoch, daß der Einfluß von Lernanregungen (z.B. der Besuch einer höheren Schule) ein höheres Intelligenzniveau zur Folge hat.

Der amerikanische Psychologe H. H. Newman fand einen krassen Fall: Zwilling A besuchte nur vier Jahre regulär die Schule, während Zwilling B auf das College durfte.

Newman machte mit beiden einen Intelligenztest und entdeckte, daß der College-Zwilling 24 Punkte besser war. Diese Differenz entscheidet zwischen »fähig für ein Universitätsstudium« und »nicht fähig«. Das zeigt deutlich, wie wichtig eine längere Ausbildung für die Entwicklung der geistigen Anlagen ist. Trotz dieser Ergebnisse gibt

Kein Grund zum Vererbungspessimismus

es immer noch Vererbungstheoretiker, z.B. Professor Dr. Arthur R. Jensen (Berkeley-Universität), die der Auffassung sind: Wer wenig Begabung oder Intelligenz geerbt hat, dem nützen auch keine anregende Umwelt und optimale Ausbildung – er bleibt mittelmäßig.

Doch die meisten Psychologen sind anderer Meinung. Sie glauben, daß, von wenigen Ausnahmen abgesehen, alle Kinder etwa das gleiche geistige Rüstzeug für den Lernprozeß mitbringen. Dieser Optimismus scheint berechtigt; viele wissenschaftliche Untersuchungen sprechen dafür.

Dr. Harald M. Skeels hat z.B. für die »Society for Research in Child Development« 26 Kinder untersucht. Ihre Begabung wurde als »erziehbar, aber geistig unentwickelt« bezeichnet (ihr IQ lag bei 65). Sie wohnten in einem Waisenhaus, das nur das Nötigste zum Leben bot, aber nicht mehr. Als 13 Kinder in ein Internat mit Lernanregung für geistig schwache Kinder überwechselten, steigerte sich deren Intelligenz erheblich. Sie brachten es später im Beruf sogar auf ein mittleres Jahreseinkommen. Die 13 Kinder, die in dem Waisenhaus bleiben mußten, wurden dagegen berufliche und soziale Versager.

Der amerikanische Ethnologe A. Vellard suchte und fand einen interessanten Beweis für die erstaunlichen Möglichkeiten der richtigen Begabungsförderung. Er adoptierte ein zweieinhalbjähriges Guayanki-Indianermädchen aus einem Stamm, der noch auf der Steinzeitstufe lebte. Durch seine behutsame Erziehungsweise brachte er das »Mädchen aus der Steinzeit« bis zum Universitätsstudium.

Die Entfaltung der Begabungsfaktoren ist für Vellard kein Zufall. Jeder kann klüger weren, wenn seine Anlagen gefördert werden.
Wer das Pech hat, keinen Ethnologen als Vater zu haben, sollte selbst die Initiative ergreifen und seine Talente trainieren.

Das Elternhaus beeinflußt die geistige Entwicklung. Das haben Düsseldorfer Schulpsychologen in statistischen Erhebungen festgestellt. Nach bereits zwei Volksschuljahren war an den Zensuren ersichtlich, ob ein Kind aus einem Milieu mit geringer oder hoher Bildungsstufe stammte. Kinder aus höheren Bildungsschichten haben einen deutlichen Vorsprung in ihren Leistungen. Vielleicht liegt das allerdings auch daran, daß Lehrer Kinder aus Oberschichten oft unbewußt besser benoten.

Vor 100 Jahren war die soziale Herkunft noch viel entscheidender. Das entdeckte Fritz Maas, der die »Allgemeine Deutsche Biographie« und das »Biographische Jahrbuch« auswertete, um die soziale Herkunft von 4421 berühmten Persönlichkeiten (die zwischen 1700 und 1910 lebten) zu untersuchen. Seine Statistik zeigt, daß 83,2 Pro-

Intelligenz bildet sich früh

Begabungen reifen langsam

zent der Erfolgreichen der oberen sozialen Schicht angehören und nur 16,8 Prozent der unteren Schicht. Die Vorteile eines sozial gehobenen Elternhauses (anregendes Milieu, finanzielle Vorteile) beeinflussen auch heute noch den Berufs- und Lebenserfolg. Wer mehr lernen kann und darf, hat später bessere Startbedingungen.

Die Intelligenz entwickelt sich viel früher, als man bisher dachte. Der Psychologe B. S. Bloom stellte 1964 fest, daß Vierjährige bereits 50 Prozent und Achtjährige 80 Prozent ihrer späteren Intelligenz entwickelt haben. Die verbleibenden 20 Prozent reifen zwischen dem 8. und 17. Lebensjahr. (Zu diesem Ergebnis kam Bloom allerdings mit den herkömmlichen Intelligenztests, die nur elementare Intelligenzleistungen prüfen.) Das Resultat zeigt jedoch, daß Kinder, deren Intelligenz bis zum 8. Lebensjahr durch viele Anregungen von ihren Eltern gefördert wurde, im Vorteil sind. Danach kann man zwar noch vieles nachholen, aber es fällt schwerer. Die Grundlagen werden früh gelegt – der Samen geht später auf. Talente reifen nur bei »Wunderkindern« bereits in der Jugend in besonderer Weise aus.

Der deutsche Forscher H. B. Lehmann hat die Höchstleistungen von bekannten Personen aus verschiedenen beruflichen Gebieten statistisch verrechnet. Er kam zu dem Resultat, daß viele Begabungen erst zwischen dem 25. und 44. Lebensjahr voll ausreifen und zur Entfaltung gelangen.

Berufliches Gebiet	Alter
Medizin	35-39
Physik, Chemie	30-34
Lyrik	25-29
Romanliteratur	30-39
Romanliteratur (Bestseller)	40-44
Philosophie	35-39
Malerei	36-39

Begabungen reifen und entfalten sich in einem langen Prozeß, der nichts anderes als geduldiges, ausdauerndes und schließlich erfolgreiches Lernen ist.

1. Stufe: Interesse an bestimmten Sachgebieten und dadurch eine frühe und leichte Ansprechbarkeit auf

Zeigen Schulzeugnisse die Begabung?

entsprechende Lernanregungen.

2. Stufe: Das Lernen auf dem interessierenden Gebiet fällt leicht und macht Spaß.

3. Stufe: Freiwillige Opfer an Zeit und Energie werden zum weiteren Lernen aufgebracht. Es entsteht eine intime Vertrautheit mit dem Sachgebiet.

4. Stufe: Die produktive Unzufriedenheit gegenüber der eigenen Leistungsfähigkeit wächst. Man strebt nach schöpferischen Auseinandersetzungen mit speziellen Problemen aus dem Sachgebiet.

5. Stufe: Das Selbstvertrauen gegenüber den Kenntnissen wächst. Das Sachgebiet ist völlig vertraut geworden. Es entsteht das Gefühl der Überlegenheit über Erkenntnisse und Arbeitsweisen.

6. Stufe: Es wird eine schöpferische Produktivität entfaltet. Man strebt nach neuen, selbstentdeckten Erkenntnissen.

Die meisten glauben, daß gute und schlechte Noten Begabungsschwerpunkte widerspiegeln. Das ist jedoch ein gefährlicher Irrtum. Der Psychologe Dr. Karlheinz Ingenkamp (Leiter der Abteilung Pädagogische Psychologie am Pädagogischen Zentrum Berlin) zensierte die Zensuren. Er mußte feststellen, daß man ihnen nur eine geringe Bedeutung beimessen kann.

Der Beweis ist ein Experiment, bei dem der Abituraufsatz eines Primaners vervielfältigt und von 42 Studienräten unabhängig voneinander bewertet wurde. Das Ergebnis war erschreckend: Die Lehrerurteile streuten von »sehr gut« bis »ungenügend« quer durch die ganze Notenskala. Ob jemand Journalist werden kann oder nicht, sollte man also nach Aufsatznoten besser nicht entscheiden.

Daß Aufsätze subjektiv zensiert werden, ist noch einigermaßen verständlich. Aber auch Rechenleistungen, die nur nach »richtig« und »falsch« ausgewertet werden

müssen, werden von Klasse zu Klasse und von Schule zu Schule unterschiedlich zensiert. Dr. Ingenkamp ließ in 39 sechsten Klassen eines Berliner Bezirks genau die gleichen Rechenarbeiten schreiben, die von den einzelnen Lehrern wie üblich benotet wurden.

Die Notenverteilungen zeigten, daß sich die Lehrer nur an ihrer eigenen Klasse orientieren können. Deshalb differierten die Zensuren von Klasse zu Klasse gewaltig. Ein Schüler, der in der einen Klasse (bei Lehrer X) eine Zwei schrieb, hatte lediglich viel Glück. In einer anderen Klasse (bei Lehrer Y), hätte er – mit derselben Rechenleistung – nicht einmal eine Vier bekommen. Aus diesem Grund sind standardisierte Rechentests (wie z.B. Test 8) brauchbarer, weil sie objektiv ausgewertet werden können und die Leistungsnormen an einer Stichprobe statistisch ermittelt werden.

Es gibt noch einen zweiten Grund, warum man sich auf

Schulnoten nicht verlassen kann: Lehrer zensieren beliebte Schüler besser als unbeliebte. Und ein dritter Grund ist wichtig: Schlechte Schüler werden insgesamt strenger benotet. Das hat die Österreicherin Maria Zillig bereits 1928 nachgewiesen. Sie kontrollierte bei 18 Lehrern die Diktathefte ihrer zwei besten und ihrer schlechtesten Schüler und stellte fest, daß bei den besten Schülern von den Lehrern wesentlich mehr Fehler übersehen wurden als bei den schlechten.

Ein schlechter und unbeliebter Schüler ist in einem deprimierenden Teufelskreis gefangen, aus dem er (bei demselben Lehrer) kaum noch herauskommt.

Sitzenbleiber sollten nicht die Hoffnung auf eine erfolgreiche berufliche Karriere aufgeben. Professor Hitpass (PH Köln) verfolgte den Aufnahmejahrgang 1956 ins Gymnasium bis Ende Quarta. Dann waren bereits insgesamt 58 Prozent durchgefallen. In 90 Prozent der Fälle waren Deutsch und die Fremdsprachen schuld. Professor Udo Undeutsch (Universität Köln) stellte resigniert fest: »Wer also nicht in der Lage ist, Fremdsprachen ›more philologico‹ zu erlernen, dem bleibt auf unseren höheren Schulen der Erfolg versagt ... Die ›philologische Intelligenz‹ wird auf Kosten anderer Begabungstypen bevorzugt.« Später erfolgreiche Personen kann man nicht an ihren Schulzeugnissen erkennen. Auch erfolgreiche Manager kann niemand an ihren Examensnoten erkennen. Personalchefs, die sich auf Diplomzeugnisse verlassen, sind verlassen. Der Würzburger Unternehmensberater und Direktor der »inlingua«-Sprachschule, Dr. Günther Stückmann, testete 149 Studenten höherer Wirtschaftsfachschulen mit einem Bildertest, um etwas über ihre Leistungsmotivation zu erfahren, und ließ sich ihre Abschlußzeugnisse zeigen. Nach viereinhalb Jahren überprüfte er, welchen Erfolg sie im Beruf hatten. Er stellte fest: Die Gruppe mit überdurchschnittlichem Aufstieg bestand vor allem aus Personen, die ehrgeizig und erfolgsmotiviert waren. Nur drei davon hatten gute und sehr gute Examensnoten, der Rest hatte befriedigende und ausreichende Zensuren. Das ist der Beweis dafür, daß man auch mit ausreichenden Noten erfolgreich sein kann. Eine Bedingung ist allerdings wichtig: Man muß einen starken Erfolgs- und Leistungswillen besitzen.

Warum psychologische Tests?

Gute Tests sind Meßinstrumente, mit denen man die Ausprägung einer Fähigkeit messen, das heißt vergleichen kann. Test 7 vergleicht beispielsweise Ihr technisches Verständnis mit dem technischen Verständnis der Durchschnittsbevölkerung. Auf diese Weise erfahren Sie, wie gut Sie im Vergleich zu anderen Personen technische und physikalische Vorgänge analysieren und verstehen können.

Wegen dieser Vergleichsmöglichkeit sind standardisierte und normierte Tests brauchbarer als andere Methoden. Nie kann und will jedoch ein Test die ganze Individualität eines Menschen voll ausschöpfen. Testergebnisse dürfen deshalb nicht als absolute Maßstäbe verstanden werden. Ein Test liefert nur eine zeitlich begrenzte Wahrscheinlichkeitsaussage. Wäre das nicht so, würden Lernimpulse sinnlos verpuffen, und keiner könnte durch Übung klüger werden.

Die zehn Tests in diesem Buch basieren auf erprobten deutschen, amerikanischen und englischen Verfahren der psychologischen Diagnostik. Jeder Test wurde nach den neuesten Erkenntnissen wissenschaftlich entwickelt und überprüft. Zuerst mußten insgesamt 331 Aufgaben einer umfangreichen Aufgabenanalyse unterworfen werden, um zu schwere oder zu leichte Aufgaben auszusortieren. Dann wurden die endgültigen Aufgaben gedruckt und an einer Stichprobe der Durchschnittsbevölkerung (zwischen 14 und 30 Jahren) getestet. Erst nachdem diese statistischen Ergebnisse vorlagen, konnten die Bewertungstabellen mit der Punktbewertung erstellt werden.

Die zehn Tests messen nicht alle Variationsmöglichkeiten eines Begabungsfaktors. Die Kreativität ist beispielsweise überaus kompliziert. Neben der sprachlichen Kreativität gibt es auch rechnerischen, technischen und künstlerischen Einfallsreichtum. Und die Phantasie kann in bestimmten Sachgebieten, für die ein besonderes Interesse besteht, ausgeprägter sein als sonst. Wenn Sie Ihre Kreativität in allen Details testen wollten, müßten Sie sich eine Woche täglich acht Stunden vor Testbogen setzen.

Ein Test ist eine Prüfsonde. Er nimmt aus einem definierten Begabungssektor nur eine Stichprobe Ihrer Leistungsfähigkeit unter die Lupe. Deshalb wurden vor allem grundlegende Aufgaben ausgewählt, damit mit möglichst großer Wahrscheinlichkeit allgemeine Rückschlüsse auf die Begabung aus dem Testergebnis gezogen werden können.

Die richtige Berufswahl ist entscheidend für die psychische Zufriedenheit und das Lebensglück. Man sollte sich deshalb intensiv beraten lassen und dafür weder Zeit noch Kosten scheuen.

Fast jeder dritte Lehrling im Handwerk wechselt nach seiner Gesellenprüfung den

Beruf. Die Begründung lautet meist: »Dieser Beruf liegt mir nicht!« Mehr als eine Million hat also in der Bundesrepublik zunächst einmal den Beruf verfehlt und kostbare Jahre verloren.

Es wäre sehr töricht, Verkäufer zu werden, wenn man leicht Kontaktschwierigkeiten hat, oder Zahnarzt zu werden, wenn man eine zittrige Hand hat. Aber diese Fehlentscheidungen passieren täglich. Es gibt sehr viele Unzufriedene, die mit 30 Jahren plötzlich feststellen, daß sie den richtigen beruflichen Weg nicht gefunden haben. Die meisten Menschen besitzen viele Begabungen und Anlagen. Daraus das Richtige herauszufinden ist schwer.

Die staatlichen Berufsberater der Arbeitsämter testen und beraten kostenlos. Der Andrang ist deshalb in den letzten zehn Jahren ständig gewachsen.

Der Arbeitsamt-Psychologe kann sich dem Ratsuchenden leider nicht einen ganzen Tag persönlich widmen. Das wäre jedoch notwendig, um eine intensive Berufsberatung durchzuführen. In den letzten Jahren erstellen deshalb immer mehr freiberufliche Psychologen Begabungsgutachten. Die Kosten für eine Tageskonsultation sind allerdings hoch. Wenn jedoch durch die Begabungsdiagnose ein falsches Studium verhindert werden kann, lohnt sich dieser Preis.

Für den Berufsberater ist die Diagnose der Fähigkeiten nur ein Entscheidungskriterium – allerdings ein wichtiges. Interesse und gefühlsmäßige Ausgeglichenzeit (z.B. keine Minderwertigkeitsgefühle und keine Labilität) sind zwei weitere wichtige Kriterien, weil davon die Leistungsfähigkeit sehr abhängig ist.

Begabungen werden von der Gesamtpersönlichkeit stark beeinträchtigt oder gefördert. Die folgende Grafik zeigt, von welchen positiven und negativen Persönlichkeitsfaktoren der elementare Bereich des Denkens (Kreativität, logisches Denkvermögen, Konzentration) beeinflußt wird.

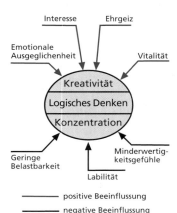

Positive und negative Beeinflussung des Denkens

Was bedeuten die Testergebnisse?

Die Testauswertung können Sie sofort nach jedem Test vornehmen. Zuerst werden die Punkte gezählt, und dann erfahren Sie aufgrund Ihrer Punktsumme in der Bewertungstabelle Ihr Testergebnis. Sie können unter Ihrer Punktzahl (je nach Ihrer Altersgruppe) nachsehen, wie gut z.B. Ihre Sprachbegabung ist und wieviel Prozent der Vergleichspersonen genauso gut, besser oder schlechter sind als Sie.
Wenn Sie beispielsweise so viel Punkte erzielt haben, daß Ihre Sprachbegabung »sehr gut« (Leistungsgruppe A) ist, sagt Ihnen die letzte Spalte, daß nur 3 Prozent genauso gut sind wie Sie. Die restlichen 97 Prozent schneiden schlechter ab.
Wenn Ihre Sprachbegabung normal (überdurchschnittlich) ist, sind 33 Prozent in Ihrer Leistungsgruppe. Besser als Sie sind 14 Prozent + 3 Prozent = 17 Prozent.
Schlechter sind 33 Prozent + 14 Prozent + 3 Prozent = 50 Prozent.

Die Prozentangaben sollen Ihnen als eine Vergleichsbasis dienen. Die Bewertung und prozentuale Verteilung unter der Bevölkerung kann auch mit einer Grafik dargestellt werden.

Die Verteilung der Begabung in Prozent

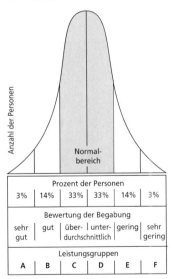

So führen Sie die Tests durch

1.
Beginnen Sie die Tests nur, wenn Sie dazu genügend Ruhe finden und sicher sind, daß Sie von niemand unterbrochen werden. Jede Störung kann das Testergebnis verfälschen.

2.
Für einige Tests müssen Sie eine genaue Zeit einhalten, sonst ist Ihr Testergebnis wertlos. Damit Sie die Testzeit beachten, steht bei jeder Zeitbegrenzung eine Uhr.

3.
Lesen Sie die jeweilige Testanweisung aufmerksam durch, damit Sie genau verstehen, worum es geht.

4.
Die Aufgaben besitzen verschiedene Schwierigkeitsgrade. Es kann also vorkommen, daß Sie manche Aufgaben nicht lösen können. Dann sollten Sie nicht verzweifeln, sondern zur nächsten Aufgabe übergehen.

5.
Sie können die zehn Tests in beliebiger Reihenfolge machen. Beginnen Sie mit den Tests, die Sie am meisten interessieren. Für Ihr Begabungsprofil brauchen Sie die Ergebnisse von allen zehn Tests. Erst dann gewinnen Sie einen Überblick über Ihre Stärken und Schwächen in den zehn Begabungsfaktoren.

6.
Bedenken Sie bitte, nur wenn Sie die Testanweisung konkret befolgen, ist das Auswertungsergebnis zutreffend. Wenn Sie mogeln, bemogeln Sie sich selbst.

7.
Machen Sie auf keinen Fall alle zehn Tests auf einmal. Nach drei Tests ist die Ermüdung schon so stark, daß Sie nicht mehr Ihre volle Leistungsfähigkeit entfalten können.

8.
Testen Sie sich nicht, wenn Sie Ärger hatten oder durch viel Arbeit erschöpft sind. Ihr Testergebnis leidet darunter.

1 Sprachbegabung

Sprachbegabung ist bei Journalisten und Werbetextern eine Voraussetzung ihres Berufserfolgs. Aber auch in den meisten anderen qualifizierten Berufen ist die flüssige Beherrschung der Sprache eine wichtige Bedingung für den Aufstieg, denn häufig entscheidet auf Konferenzen und in Geschäftsbriefen ein treffend ausgewähltes Wort über den Erfolg.

Je höher man die »Karriereleiter« hinaufklettert, um so wichtiger wird überdurchschnittliches Sprachtalent. Manager z.B. müssen ihren Arbeitstag zu 80 Prozent mit Telefonaten, Verhandlungen und Diktaten ausfüllen. Personalchefs raten deshalb aus Erfahrung: Wer kein ausreichendes Sprachtalent besitzt, wird leicht überfordert und scheitert.

Der folgende Sprach-Test besteht aus drei Teilen:

1 Teil 1 prüft, ob Sie fehlende Wörter treffend ergänzen können

2 Teil 2 untersucht, wie gut Sie Wortbeziehungen aufdecken können

3 Teil 3 testet die Fähigkeit, Gegensätze zu finden

Sprachbegabt?
Teil 1

Bei den folgenden acht Sätzen sollen Sie das fehlende Wort ergänzen. Drei Wörter werden jeweils zur Auswahl vorgeschlagen. Kreuzen Sie bitte das passendste an. Achten Sie darauf, daß Ihr ausgesuchtes Wort im Satzzusammenhang
- gut klingt,
- aber auch treffend ist.

1
In der Nacht rollte eine Verhaftungswelle über das Land, Armee-Offiziere ... alle Zeitungsredaktionen, Nachrichtenagenturen und Fernsehstationen.

a stürmten
b eroberten
c besetzten

2
Früher benützte man die Geburtshelferzange, wenn ein Kind nicht ... kommen wollte.

a gut
b richtig
c normal

3
Die harten Männer, die in dem ... Sand arbeiten, suchen nach Öl.

a glühendheißen
b feinkörnigen
c gelbweißen

4
Mehr als tausend Zukunftsforscher ... in Amerika, Frankreich, England, Japan und Osteuropa über die Welt im Jahre 2000.

a grübeln
b knobeln
c denken

Sprachbegabt? Teil 1   **153**

5

Keine der Schallplatten,
die auf dem Höhepunkt
des ... Mitte der sechzi-
ger Jahre auf den Markt
kamen, wurde weniger
als eine Million mal
verkauft.

a   Beatle-Fiebers
b   Beatle-Ruhms
c   Beatle-Erfolgs

7

Ihn ärgert, daß Fidel
Castro die Reklame-
schilder internationaler
Markenfirmen ... ließ.

a   beseitigen
b   abreißen
c   abmontieren

6

Diesmal ... das Verhalten
der englischen Fußballelf
Deutschlands Boulevard-
presse.

a   erschütterte
b   ärgerte
c   erregte

8

Alle Lastzüge sollen
künftig farbenfroh ...
und mit bunten Planen
ausstaffiert werden.

a   angemalt
b   gestrichen
c   lackiert

Die Auswertung für Test 1/
Teil 1 finden Sie auf
Seite 160.

Sprachbegabt?
Teil 2

Analysieren Sie zwölf Wortkombinationen. Die Wörter vor und hinter dem Gleichheitszeichen stehen zueinander in Beziehung. Sie sollen das fehlende vierte Wort (?) herausfinden. Kreuzen Sie unter fünf möglichen Lösungen die richtige an. An dem folgenden Beispiel wird Ihnen das Prinzip der Aufgaben sofort klar.

Beispiel:
Sommer: Regen =
Winter: ?
a   Ofen
x   Schnee
c   Frühling
d   Weihnachten
e   weiß

Sie haben für die folgenden zwölf Aufgaben sechs Minuten Zeit. Wenn Sie früher fertig sind, können Sie mit Teil 3 beginnen. Sollten Sie nach sechs Minuten erst bei Aufgabe 8, 9 oder 10 sein, müssen Sie aufhören.

1
Auto : Straße =
Eisenbahn : ?
a   Damm
b   Brücke
c   Schiene
d   Bahnhof
e   Weiche

2
Maschine : Metall =
Mensch : ?
a   Seele
b   Geist
c   Kind
d   Fleisch
e   Hände

3
Krug : Töpferscheibe =
Auto : ?
a   Straße
b   Fließband
c   Werkstatt
d   Tankstelle
e   Hebebühne

4
Kind : Familie =
Stadt : ?
a   Rathaus
b   Bürger
c   Landschaft
d   Dorf
e   Staat

5

Natur : Urwald =
Kultur : ?

a   Axt
b   Acker
c   Forst
d   Wege
e   Bauer

6

Stuhl : Sessel =
Garten : ?

a   Park
b   Wald
c   Wiese
d   Gartenbank
e   Zaun

7

Auge : Gemälde =
Ohr : ?

a   Geräusch
b   Lied
c   Ton
d   Note
e   Klang

8

Flamme : Kerze =
Krebs : ?

a   Wasser
b   Tumor
c   Bazillus
d   Meer
e   Gewebe

156   Teil 2: Begabung   Test 1

9

Erzeugung : Vernichtung =
Produktion : ?

a   *Konstruktion*
b   *Destruktion*
c   *Desintegration*
d   *Konfusion*
e   *Verbrennung*

10

Uhr : Zeit =
Thermometer : ?

a   *Sonne*
b   *Fieber*
c   *Frost*
d   *Wärme*
e   *Jahreszeit*

11

fliegen : stürzen =
schwimmen : ?

a   *ertrinken*
b   *abtreiben*
c   *sinken*
d   *ersticken*
e   *tauchen*

12

Himmel : Wolke =
Erde : ?

a   *Wald*
b   *Wiese*
c   *Haus*
d   *Menschen*
e   *See*

Die Auswertung für Test 1/
Teil 2 finden Sie auf
Seite 160.

Sprachbegabt?
Teil 3

Finden Sie zu einem Testwort unter fünf Vorschlägen das Wort heraus, das am ehesten sein Gegenteil bedeutet.

Beispiel
lernen
a informieren
b pauken
c studieren
d repetieren
✗ vergessen

Wenn Ihnen das Testprinzip klar ist, können Sie mit Aufgabe 1 beginnen. Sie haben neun Minuten Zeit.

1
Rache
a Vergebung
b Sühne
c Genugtuung
d Recht
e Vergeltung

2
konvex
a gewölbt
b konkret
c konkav
d konfus
e konform

3
gehen
a anhalten
b sitzen
c laufen
d stehen
e tanzen

4
Freude
a Schmerz
b Sorge
c Leid
d Unzufriedenheit
e Unglück

5
fallen
a steigen
b aufstehen
c marschieren
d auffangen
e auftauchen

6
gefangen
a fliehen
b flüchten
c rennen
d wehren
e entkommen

7

Zeit

a Vergänglichkeit
b Zukunft
c Weltall
d Ewigkeit
e Raum

10

Egoismus

a Freundlichkeit
b Demut
c Güte
d Altruismus
e Sanftmut

13

Feigheit

a Heldentum
b Kampflust
c Forschheit
d Mut
e Wut

8

Karriere

a beruflicher Aufstieg
b Berufserfolg
c Mißerfolg
d beruflicher Abstieg
e Rüge

11

labil

a charakterstark
b selbstbewußt
c beherrscht
d fragil
e stabil

14

herrschen

a arbeiten
b dienen
c ausführen
d sich einfügen
e abstimmen

9

sensibel

a kaltschnäuzig
b willensstark
c unempfindlich
d unbeeinflußbar
e sentimental

12

lose

a massiv
b fest
c angebunden
d integriert
e stabil

15

Schande

a Ehre
b Lob
c Stolz
d Begnadigung
e Reue

Sprachbegabt? Teil 3   **159**

16

sprechen

a singen
b reden
c schweigen
d brummen
e lachen

19

Geiz

a Reichtum
b Verschwendung
c Armut
d Gönnerhaftigkeit
e Mäzenat

22

Provinz

a Stadt
b Region
c Capitale
d Dorf
e Kolonie

17

Bewegung

a Halt
b Ruhe
c Stille
d Stand
e Geschwindigkeit

20

Evolution

a Revolution
b Regression
c Restriktion
d Rezession
e Repression

18

konkret

a undeutlich
b abstrakt
c ungenau
d absurd
e abwegig

21

Angst

a Zuversicht
b Arglosigkeit
c Zutrauen
d Mut
e Bravour

Die Auswertung für Test 1/
Teil 3 finden Sie auf der
nächsten Seite.

160　　　　　　　　　　　　　　　　　Teil 2: Begabung　　Testauswertung: Test 1

Testauswertung Test 1
Sprachbegabung

In der Punktetabelle sind die richtigen Lösungen eingetragen. Kreuzen Sie bitte jede richtige Aufgabe an. Jedes Kreuz zählt einen Punkt.

Zählen Sie jetzt die Anzahl Ihrer Kreuze in allen drei Testteilen zusammen. Die Summe ergibt Ihre Punktzahl bei Test 1.

In der Bewertungstabelle für Test 1 (Seite 253) können Sie unter Ihrer Punktzahl (je nach Altersgruppe) nachsehen, wie gut Ihre Sprachbegabung ist und wieviel Prozent der Vergleichspersonen genauso gut, besser oder schlechter sind als Sie.

Teil	1	2	3
	1 c ☐	1 c ☐	1 a ☐
	2 c ☐	2 d ☐	2 c ☐
	3 a ☐	3 b ☐	3 d ☐
	4 a ☐	4 e ☐	4 c ☐
	5 a ☐	5 c ☐	5 a ☐
	6 c ☐	6 a ☐	6 e ☐
	7 a ☐	7 b ☐	7 d ☐
	8 c ☐	8 e ☐	8 d ☐
		9 b ☐	9 c ☐
		10 d ☐	10 d ☐
		11 c ☐	11 e ☐
		12 e ☐	12 b ☐
			13 d ☐
			14 b ☐
			15 a ☐
			16 c ☐
			17 b ☐
			18 b ☐
			19 b ☐
			20 b ☐
			21 a ☐
			22 c ☐

Ihre Punkte ☐ ☐ ☐

Ihre Punktsumme ☐

2 Verhandlungsgeschick

In vielen Berufen müssen Sie sich auf Konferenzen und bei Verhandlungen bewähren. Die Argumente Ihrer Gesprächspartner sind oft unsachlich und dienen nur dem Zweck, Sie zu überrumpeln. Anstatt überzeugender Argumente werden häufig auch emotionale Motive ins Spiel gebracht. Darauf sollten Sie gefaßt sein und diplomatisch reagieren können.

Der amerikanische Test-Pionier Saul Rosenzweig hat 1948 einen Test entwickelt (Picture-Frustration-Test), der das Verhalten unter seelischer Belastung prüft. Die folgende Variante des Rosenzweig-Tests analysiert das Verhalten in ausgewählten schwierigen Gesprächssituationen, die diplomatisches und einfühlsames Verhandlungsgeschick erfordern.

Lesen Sie die Testsituationen bitte genau durch, und kreuzen Sie die Antwort an, die Sie persönlich für passend halten. Vielleicht hätten Sie ganz anders reagiert. Entscheiden Sie sich dann für die Antwort, die Sie am ehesten gegeben hätten. Das ist nicht immer einfach.
Die Gesprächssituationen sind schwer zu bewerten, weil Sie z.B. nicht wissen, wie es zu der Situation gekommen ist. Aber darum geht es bei diesem Test nicht.
Wie Sie die Testsituation verstehen, ist für das Testergebnis von Bedeutung.

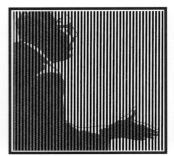

1 Ein Kollege sagt zu Ihnen: »Bedenken Sie einmal, welche beruflichen Schwierigkeiten Herr Tarnowsky bekommen würde, wenn Sie das erzählen. Er könnte dadurch in schwere Konflikte mit den Anweisungen aus der Verkaufsabteilung geraten.«

a »Das ist in diesem Fall gleichgültig. Sie wissen ganz genau, daß ich im Recht bin und nach meinen Anweisungen handle.«

b »Vergessen Sie bitte nicht: Es geht überhaupt nicht darum, daß ich Herrn Tarnowsky Schwierigkeiten machen will, es geht um den korrekten Betriebsablauf.«

c »Sie haben Recht. Wir sollten diese Angelegenheit besser verschweigen und vorerst niemandem davon erzählen.«

2 Sie äußern gegenüber einem Kollegen aus einer anderen Abteilung, daß Sie seine Terminangabe (18. Januar) für falsch halten. Er antwortet Ihnen in aggressivem Ton: »Wenn Sie mir nicht glauben, können Sie sich beim Chef erkundigen. Der wird sich ziemlich wundern, wie wenig Sie Bescheid wissen.«

a »Darum geht es doch nicht. Die Hauptsache ist, daß wir den richtigen Termin einhalten.«

b »Was wollen Sie mit diesen versteckten Drohungen sagen? Zum Chef habe ich schließlich einen besseren Kontakt als Sie.«

c »Wenn Sie es genau wissen, daß der 18. Januar als Termin festgelegt wurde, dann überlasse ich Ihnen die ganze Verantwortung.«

Verhandlungsgeschick

3 In einer Konferenz fragen Sie, ob die Ungefährlichkeit einer chemischen Substanz erwiesen sei, die in Zukunft in größeren Mengen von Ihrer Firma gekauft werden soll. Der Chef sagt zu Ihnen: »Niemand kam bisher auf die Idee, daß schädliche Auswirkungen auf die Haut möglich sind. Sie können sicher sein, daß man das längst entdeckt hätte.«

a »*Das ist wahrscheinlich richtig. Es ist zu erwarten, daß irgend jemand bereits geprüft hat, ob schädliche Reaktionen entstehen.*«

b »*Bevor diese Chemikalien gekauft werden, könnte man zur Sicherheit von der Firma eine schriftliche Garantie fordern.*«

c »*Man sollte nicht zu vertrauensselig sein. Ein Verkäufer sagt von Komplikationen natürlich* nichts, *und nachher laufen unsere Leute mit Hautausschlag herum.*«

4 Sie wollen zum Chef, weil in Ihrer Abteilung etwas schiefgegangen ist. Die Sekretärin hält Sie am Arm zurück und sagt: »Ich bitte Sie, diesen Vorfall dem Chef heute nicht zu berichten. Da er in letzter Zeit stark belastet ist, sollten Sie diese Nachricht einige Tage zurückhalten.«

a »*Meist ist der Überbringer unangenehmer Nachrichten nur ein Blitzableiter. Ich komme gelegentlich wieder vorbei.*«

b »*Sie wollen an mein Mitleid mit dem Chef appellieren. Aber mit uns hat der Chef auch kein Mitleid, wenn etwas versiebt wird.*«

c »*Warten wir eine gute Gelegenheit ab. Rufen Sie mich bitte heute vormittag noch an, wenn Sie den Moment für günstig halten.*«

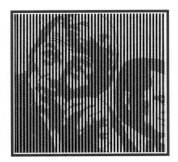  

5 In einer Verhandlung sagt ein Kunde einer Firma zu Ihnen: »Es wundert mich, daß Sie dieses Produkt so billig verkaufen können. Hoffentlich leidet dabei nicht die Qualität.«

a »Wir produzieren mit neuentwickelten Maschinen und können durch unsere rationellen Methoden den Preis niedrighalten.«

b »Das ist eine Unterstellung, die Sie nicht machen sollten. Unsere Erzeugnisse sind selbstverständlich von hoher Qualität.«

c »Die Konkurrenz ist teilweise genauso billig. Ich kann Ihnen versichern, daß die Qualität darunter nicht leidet. Das kann sich unsere Firma nicht leisten.«

6 Sie beschweren sich beim Personalchef über den Lehrling Schmidt. Der Personalchef antwortet: »Er hat zwar einen großen Fehler begangen, aber bedenken Sie seine Unerfahrenheit. Außerdem ist er durch seine Hasenscharte besonders mit Komplexen behaftet.«

a »Das spielt hierbei doch keine Rolle. Wichtig ist mir in erster Linie, daß er keine gute Arbeit geleistet hat.«

b »Sie appellieren an mein Mitleid. Ich bin jedoch nach wie vor der Meinung, daß mit Schmidt ein ernsthaftes Gespräch geführt werden sollte.«

c »Sie haben recht. Der Schmidt ist ein armer Kerl, aber man sollte ihm trotzdem einen Denkzettel verpassen.«

7 Sie verhandeln mit einem Verkäufer über eine Büromaschine. Er sagt: »Davon verkaufen wir täglich allein in Deutschland 5000 Stück zu einem Preis von 950 Mark. Daraus können Sie schließen, daß Sie etwas Gutes kaufen.«

a »Wieviel Sie davon täglich verkaufen, ist mir gleichgültig. Die Hauptsache ist, daß Sie uns einen guten Preis machen.«

b »Das kann ich daraus nicht schließen. Sie sollten mir deshalb die Maschine einige Tage zur Prüfung überlassen.«

c »Das ist allerdings erstaunlich. Wie funktioniert eigentlich Ihr Kundendienst, falls einmal etwas defekt wird?«

Verhandlungsgeschick **165**

8 Ein Kollege sagt zu Ihnen in unfreundlichem Ton: »Ihr antiautoritäres Verhalten gegenüber den Lehrlingen spricht sich im Betrieb herum. Sie gefährden dadurch Ihren Ruf und eventuell eine Gehaltserhöhung.«

a »Kümmern Sie sich um Ihre eigenen Probleme. Über mein Gehalt müssen Sie sich keine Sorgen machen.«

b »Das ist doch nur ein dummes Gerede, auf das man nicht viel geben sollte.«

c »Wahrscheinlich haben Sie das von Herrn Maier gehört, der mich anschwärzen will.«

9 In einer Diskussion schlagen Sie eine Verbesserung vor. Ihr Chef sagt: »Ich bin jetzt zwölf Jahre Betriebsleiter. Bisher hat niemand diese Ansicht vertreten. Daraus ersehen Sie, daß Ihre Ansicht falsch sein muß.«

a »Wir sollten es wenigstens einmal genau überprüfen, dann kann objektiv festgestellt werden, daß mein Vorschlag etwas taugt.«

b »Das ist unlogisch und engstirnig. Wenn etwas zwölf Jahre nach einer bestimmten Methode gemacht wird, kann es trotzdem noch verbessert werden.

c »Erklären Sie mir bitte, was gegen meinen Vorschlag spricht.«

10 Ein Kollege sagt zu Ihnen: »Sie sollten mich bei dieser Idee unterstützen. Sie wissen ja, daß mein Einfluß beim Chef sehr groß ist. Sie werden es also nicht bereuen.«

a »Es ist recht nett, daß Sie mich bei dieser Idee ins Vertrauen ziehen wollen. Allerdings handle ich grundsätzlich nur nach meiner eigenen Überzeugung.«

b »Ich werde Sie unterstützen, wenn Sie mir einige überzeugende Argumente nennen.«

c »Erklären Sie mir bitte zunächst genau, wie Sie diese Idee realisieren wollen.«

Teil 2: Begabung   Test 2

11 Der Chef sagt zu Ihnen zwei Tage vor Ihrem Urlaub: »Aufgrund wichtiger Aufträge sollten Sie Ihren Urlaub 14 Tage später als vorgesehen beginnen.«

a »Daß Sie auf meine Mitarbeit nicht verzichten können, ehrt mich. Ich werde selbstverständlich den Urlaub verschieben.«

b »Mein Urlaub ist über das Reisebüro bereits festgelegt. Deshalb läßt sich das schwer realisieren, es sei denn, Sie tragen die Unkosten.«

c »Mein Urlaub wurde vor zwei Monaten ordnungsgemäß angemeldet. Das läßt sich nicht rückgängig machen. Der Flug ist bereits gebucht.«

12 Der Chef sagt zu Ihnen: »Ich habe Ihren Brief an die Firma Däumler gelesen. Ich muß Ihnen sagen, daß er in einem etwas zu aggressiven Stil gehalten ist.«

a »Sie sollten sich den kompletten Briefwechsel des letzten halben Jahres anschauen, dann können Sie verstehen, daß ich etwas schärfer als sonst antworte.«

b »Das ist mir überhaupt nicht aufgefallen. Ich werde den Brief nochmals durchsehen.«

c »Vielleicht hätte ich Ihnen den Brief besser zuvor gezeigt. Aber nach den bisherigen Erfahrungen mit der Firma Däumler glaubte ich, daß es richtig sei, so zu schreiben.«

13 In einer Besprechung äußern zwei Kollegen unsachliche Argumente gegen Ihre Vorschläge. Einer sagt: »Diese Idee wird sich nicht durchsetzen, weil sie in der Luft hängt.«

a »Sie sollten keine oberflächlichen Urteile fällen.«

b »Ich kann Ihnen viele Beweise für die Richtigkeit meiner Ansicht nennen. Darüber sollte zuerst sachlich diskutiert werden.«

c »Wenn Sie die Unterlagen gewissenhaft und intensiv studiert hätten, wüßten Sie, daß alle Schlußfolgerungen auf meinen Vorschlag hinauslaufen.«

Verhandlungsgeschick **167**

14 Sie haben schriftlich gekündigt. Ihr Chef läßt Sie rufen und sagt: »Sie sind jetzt drei Jahre bei uns beschäftigt. Wenn Sie kündigen, ist das für uns eine Katastrophe. Ein neuer Mann braucht mindestens ein halbes Jahr, bis er eingearbeitet ist.«

a »*Das ist richtig. Außerdem wird er sicherlich mehr Gehalt fordern.*«

b »*Wenn Sie mir 200,-- DM mehr Gehalt bieten, dann bleibe ich.*«

c »*Leider wartete ich vergeblich auf eine Gehaltserhöhung. Wahrscheinlich hätte ich dann nicht gekündigt.*«

15 Sie diskutieren in einer Verhandlung über eine schwierige juristische Frage. Ihr Gesprächspartner droht: »Sie sollten vorsichtig sein. Unsere Firma läßt sich von Rechtsanwalt Riedel beraten. Ich empfehle Ihnen deshalb, Ihren Antrag zurückzunehmen.«

a »*Ihre Rechtsauffassung ist falsch, da kann auch Anwalt Riedel nicht daran rütteln.*«

b »*Es hat keinen Sinn, darüber weiter zu diskutieren, bevor unsere Rechtsexperten den Fall geprüft haben.*«

c »*Wir sollten jetzt einmal versuchen, eine Lösung zu finden, wie wir dieses Problem ohne Herrn Riedel aufklären können.*«

16 Ein Gesprächspartner sagt zu Ihnen: »Jetzt diskutieren wir bereits zwei Stunden, ohne uns einigen zu können. Das ist mir in meiner bisherigen Praxis noch nie passiert.«

a »*Ich glaube nicht, daß das meine Schuld ist.*«

b »*Lassen Sie uns, um eventuell einen Kompromiß schließen zu können, die Voraussetzungen für eine Einigung nochmals gegeneinander abwägen.*«

c »*Wir sollten unser Gespräch heute beenden und eine Nacht darüber schlafen.*«

168   Teil 2: Begabung   Testauswertung: Test 2

Testauswertung Test 2
Verhandlungsgeschick

In der Punktetabelle sind die richtigen Lösungen eingetragen. Kreuzen Sie bitte jede richtige Aufgabe an. Jedes Kreuz zählt einen Punkt.

Zählen Sie jetzt die Anzahl Ihrer Kreuze zusammen. Die Summe ergibt Ihre Punktzahl bei Test 2.

1	b	☐
2	a	☐
3	b	☐
4	c	☐
5	a	☐
6	b	☐
7	b	☐
8	a	☐
9	a	☐
10	c	☐
11	b	☐
12	a	☐
13	b	☐
14	c	☐
15	c	☐
16	b	☐

In der Bewertungstabelle für Test 2 (Seite 254) können Sie unter Ihrer Punktzahl (je nach Altersgruppe) nachsehen, wie gut Ihr diplomatisches Verhandlungsgeschick ist und wieviel Prozent der Vergleichspersonen genauso gut, besser oder schlechter sind als Sie.

Ihre Punktsumme ☐

3 Kontaktfähigkeit

Haben Sie in den ersten beiden Tests gut abgeschnitten? Wenn ja, dann besitzen Sie zwei wichtige Talentvoraussetzungen für den Berufserfolg. Wenn Sie sich außerdem bei Test 3 bewähren, ist die Prognose für Ihre Karrierechancen noch günstiger, denn Verhandlungsgeschick und Sprachtalent werden durch eine gute Kontaktbereitschaft ideal ergänzt.

Der folgende Porträttest basiert auf psychologischen Untersuchungen, wonach die Beurteilung von unbekannten Gesichtern vor allem die positive und negative Einstellung zu Personen deutlich macht. Das Testprinzip wurde 1969 von einer deutschen Firma an 123 Jungverkäufern mit Erfolg ausprobiert. Davor existierte auf dem internationalen Testmarkt nur ein psychologischer Test, der die Kontaktfähigkeit aufdeckt: die zehn Klecksbilder des Schweizer Psychiaters Hermann Rorschach.

Beurteilen Sie jedes der 17 Gesichter nach sechs verschiedenen Eigenschaften. Kreuzen Sie immer eines der beiden Felder (ja oder nein) an. Entscheiden Sie gefühlsmäßig und spontan nach Ihrem ersten Eindruck, ob Sie die angegebenen Eigenschaften vermuten oder nicht. Lassen Sie bitte keine Eigenschaft aus, sonst kann der Test nicht korrekt ausgewertet werden.

1

	ja	nein
sympathisch	y	z
eingebildet	z	y
optimistisch	y	z
rücksichtslos	z	y
einsichtig	y	z
aggressiv	z	y

2

	ja	nein
sympathisch	y	z
eingebildet	z	y
optimistisch	y	z
rücksichtslos	z	y
einsichtig	y	z
aggressiv	z	y

Kontaktfähigkeit 　　　　　　　　　　　　　　　　　　　　　　　　　　　　　　　**171**

3　　　　　　　　　　**4**　　　　　　　　　　**5**

	ja	nein
sympathisch	y	z
eingebildet	z	y
optimistisch	y	z
rücksichtslos	z	y
einsichtig	y	z
aggressiv	z	y

	ja	nein
sympathisch	y	z
eingebildet	z	y
optimistisch	y	z
rücksichtslos	z	y
einsichtig	y	z
aggressiv	z	y

	ja	nein
sympathisch	y	z
eingebildet	z	y
optimistisch	y	z
rücksichtslos	z	y
einsichtig	y	z
aggressiv	z	y

Teil 2: Begabung   Test 3

6

	ja	nein
sympathisch	y	z
eingebildet	z	y
optimistisch	y	z
rücksichtslos	z	y
einsichtig	y	z
aggressiv	z	y

7

	ja	nein
sympathisch	y	z
eingebildet	z	y
optimistisch	y	z
rücksichtslos	z	y
einsichtig	y	z
aggressiv	z	y

8

	ja	nein
sympathisch	y	z
eingebildet	z	y
optimistisch	y	z
rücksichtslos	z	y
einsichtig	y	z
aggressiv	z	y

Kontaktfähigkeit 173

9

	ja	nein
sympathisch	y	z
eingebildet	z	y
optimistisch	y	z
rücksichtslos	z	y
einsichtig	y	z
aggressiv	z	y

10

	ja	nein
sympathisch	y	z
eingebildet	z	y
optimistisch	y	z
rücksichtslos	z	y
einsichtig	y	z
aggressiv	z	y

11

	ja	nein
sympathisch	y	z
eingebildet	z	y
optimistisch	y	z
rücksichtslos	z	y
einsichtig	y	z
aggressiv	z	y

Teil 2: Begabung Test 3

12

	ja	nein
sympathisch	y	z
eingebildet	z	y
optimistisch	y	z
rücksichtslos	z	y
einsichtig	y	z
aggressiv	z	y

13

	ja	nein
sympathisch	y	z
eingebildet	z	y
optimistisch	y	z
rücksichtslos	z	y
einsichtig	y	z
aggressiv	z	y

14

	ja	nein
sympathisch	y	z
eingebildet	z	y
optimistisch	y	z
rücksichtslos	z	y
einsichtig	y	z
aggressiv	z	y

Kontaktfähigkeit 175

15

	ja	nein
sympathisch	y	z
eingebildet	z	y
optimistisch	y	z
rücksichtslos	z	y
einsichtig	y	z
aggressiv	z	y

16

	ja	nein
sympathisch	y	z
eingebildet	z	y
optimistisch	y	z
rücksichtslos	z	y
einsichtig	y	z
aggressiv	z	y

17

	ja	nein
sympathisch	y	z
eingebildet	z	y
optimistisch	y	z
rücksichtslos	z	y
einsichtig	y	z
aggressiv	z	y

176   Teil 2: Begabung   Testauswertung: Test 3

Testauswertung Test 3
Kontaktfähigkeit

Zählen Sie jetzt bitte bei allen 17 Porträts sämtliche Kreuze zusammen, die Sie in einem y-Feld gemacht haben. Die Summe ergibt Ihre Punktzahl bei Test 3.

In der Bewertungstabelle für Test 3 (Seite 254) können Sie unter Ihrer Punktzahl (je nach Altersgruppe) nachsehen, wie gut Ihre Kontaktfähigkeit ist und wieviel Prozent der Vergleichspersonen genauso gut, besser oder schlechter sind als Sie.

Ihre Punktsumme

Logisches Denken

Der folgende Denktest ist eine Weiterentwicklung des »Test of ›g‹: Culture Faire, Test 1« des Testpsychologen Raymond B. Cattell. Er wird in Amerika vor allem von Personalchefs und Berufsberatern benützt.

Die Testaufgaben sind nicht immer einfach, aber wenn Sie sich intensiv damit beschäftigen, bereiten sie Ihnen viel Spaß. In der Auswertung wird berücksichtigt, wie schnell und wie genau Sie logisch denken können. Am besten ist natürlich hohe Genauigkeit in kurzer Zeit.

178   Teil 2: Begabung   Test 4

Jede Aufgabe besteht aus zwei Reihen mit vier nebeneinanderstehenden Kästchen. Drei Kästchen (obere Reihe) zeigen Figuren, die sich gesetzmäßig verändern. Das letzte Kästchen ist leer.
Sie sollen herausfinden, nach welchem Prinzip sich die drei Figuren in der oberen Reihe verändern und wie logischerweise das vierte (leere) Kästchen aussehen müßte. Von den vier Lösungsmöglichkeiten in der zweiten Reihe (a, b, c, d) kreuzen Sie die eine an, die Sie für richtig halten.

Sie haben für die 24 Aufgaben insgesamt 30 Minuten Zeit.

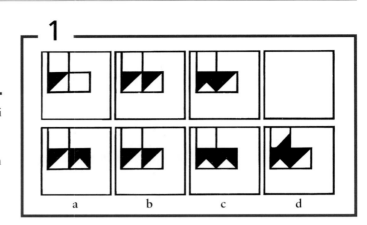

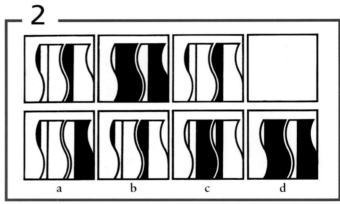

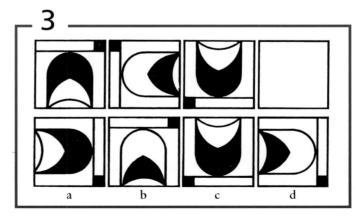

Logisches Denken **179**

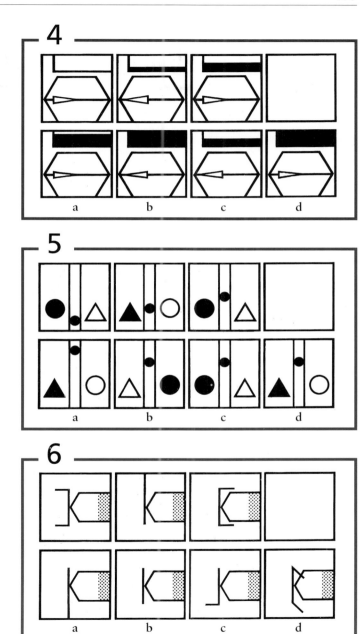

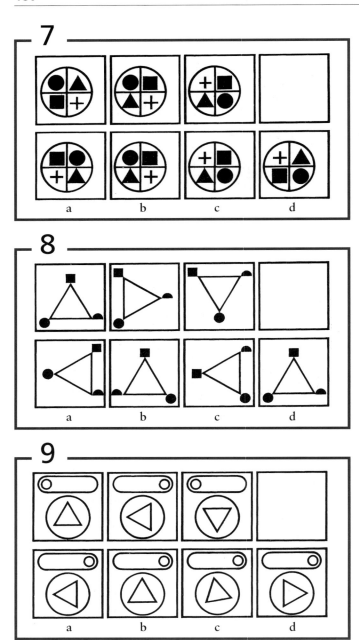

Logisches Denken 181

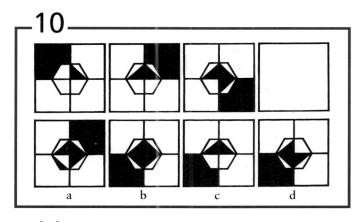

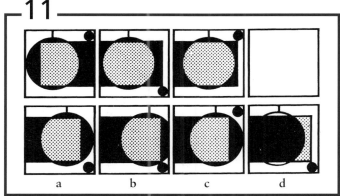

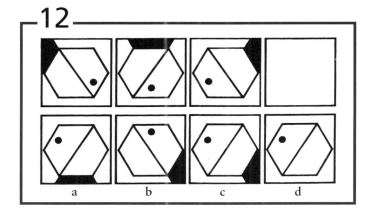

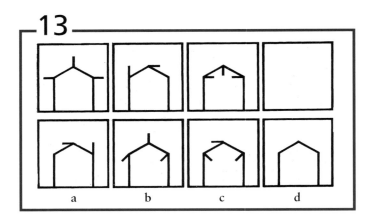
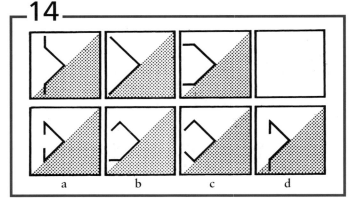
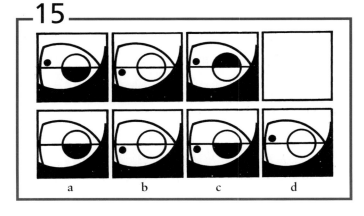

Logisches Denken 183

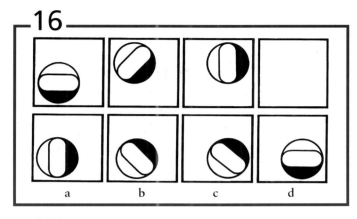

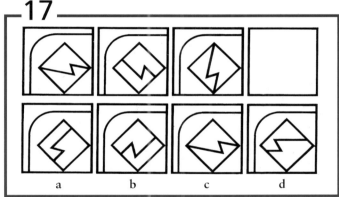

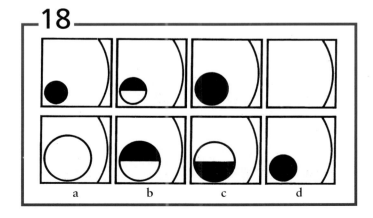

184 Teil 2: Begabung Test 4

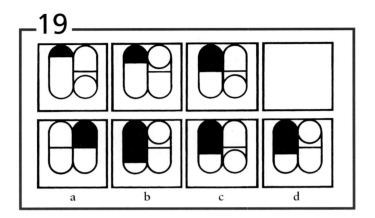

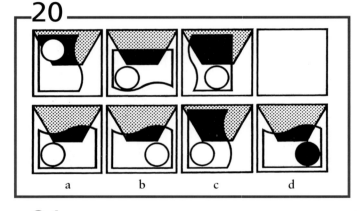

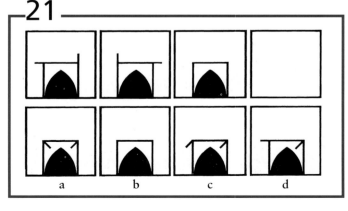

Logisches Denken **185**

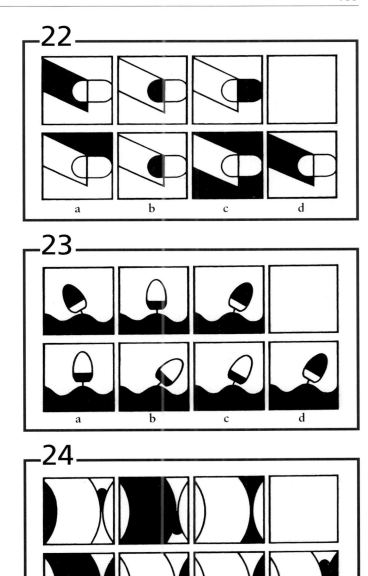

Testauswertung Test 4
Logisches Denken

In der Punktetabelle sind die richtigen Lösungen eingetragen. Kreuzen Sie bitte jede richtige Aufgabe an. Jedes Kreuz zählt einen Punkt.

Zählen Sie jetzt die Anzahl Ihrer Kreuze zusammen. Die Summe ergibt Ihre Punktzahl bei Test 4.

In der Bewertungstabelle für Test 4 (Seite 254) können Sie unter Ihrer Punktzahl (je nach Altersgruppe) nachsehen, wie gut Ihr logisches Denkvermögen ist und wieviel Prozent der Vergleichspersonen genauso gut, besser oder schlechter sind als Sie.

1	c	☐
2	d	☐
3	d	☐
4	b	☐
5	d	☐
6	a	☐
7	d	☐
8	c	☐
9	d	☐
10	b	☐
11	a	☐
12	c	☐
13	a	☐
14	c	☐
15	b	☐
16	c	☐
17	a	☐
18	b	☐
19	d	☐
20	b	☐
21	b	☐
22	c	☐
23	b	☐
24	b	☐

Ihre Punktsumme ☐

5 Kreativität

Das Wort »kreativ« bedeutet ideenreich, produktiv oder schöpferisch begabt. Die Hauptmerkmale der Kreativität sind »Einfallsreichtum« und »flexibles Denken«. Der Kreative findet mehr und originellere Ideen oder Gesichtspunkte als der Durchschnittsmensch.

Die meisten haben keinen Mut zur Kreativität. Sie setzen ihrer Phantasie starre Grenzen und wagen nur selten, unkonventionell zu denken. Wer kreativ denken kann, ist im Vorteil: Weil er mehr Lösungsmöglichkeiten zu einem Problem findet, steigt die Wahrscheinlichkeit, daß auch einige brauchbare Lösungen dabei sind.

Kreativität ist kein Monopol der Werbeleute. Auch Naturwissenschaftler, Techniker und Manager müssen einfallsreich sein, um neue Methoden entwickeln zu können.

Der folgende Kreativitätstest wurde in drei Teile gegliedert, die die

1 **sprachliche,**

2 **optische** und

3 **projektive** Kreativität messen.

In der Auswertung werden alle drei Testteile zusammengefaßt. Wenn Sie in diesem Test nicht gut abschneiden, sollten Sie sich nicht ärgern, denn durch unser traditionelles Schulsystem ist das kreative Denken bei den meisten leider sehr unterentwickelt.

Teil 2: Begabung Test 5

1a

Ergänzen Sie bitte die folgenden unvollständigen Vergleiche durch möglichst viele Eigenschaftswörter, die sinnvoll dazu passen. Der unvollständige Vergleich »... wie ein Rad« kann beispielsweise durch »rund« oder »schnell« ergänzt werden.

Sie haben für Ihre Einfälle bei den Aufgaben 1-6 insgesamt 13 Minuten Zeit.

1 ...... wie ein Vogel

2 ...... wie ein Goldstück

3 ...... wie ein Ganove

4 ...... wie ein Draht

5 ...... wie eine Strafe

6 ...... wie ein Erfolg

Kreativität: Teil 1 189

1b

Schreiben Sie jetzt möglichst viele Wörter auf, die mit der angegebenen Vorsilbe beginnen. Sie dürfen Hauptwörter, Eigenschaften und Tätigkeiten notieren. Zum Beispiel bei der Vorsilbe »Silber« könnte Ihnen Silberling, Silberlack, Silberschmuck und so weiter einfallen.

Sie haben zur Lösung der Aufgaben 7-12 insgesamt 20 Minuten Zeit.

7 Gold-......

8 Kon-......

9 Fern-......

10 Kreis-......

11 Streit-......

12 Teil-......

2a

Ergänzen Sie jetzt die unfertigen Figuren auf dieser und der nächsten Seite. Die Testfigur soll möglichst oft in verschiedene gegenständliche Zeichnungen eingebaut werden. Zeichnen Sie ohne Hemmungen, denn es kommt nicht auf Schönheit und Genauigkeit an. Man sollte nur erkennen, was gemeint ist.

Sie haben 4 Minuten Zeit.

Kreativität: Teil 2

2b

Nach demselben Prinzip funktioniert auch die Aufgabe auf dieser Seite. Sie haben sechs Minuten Zeit, um Ihre Einfälle aufzuzeichen.

Beispiel

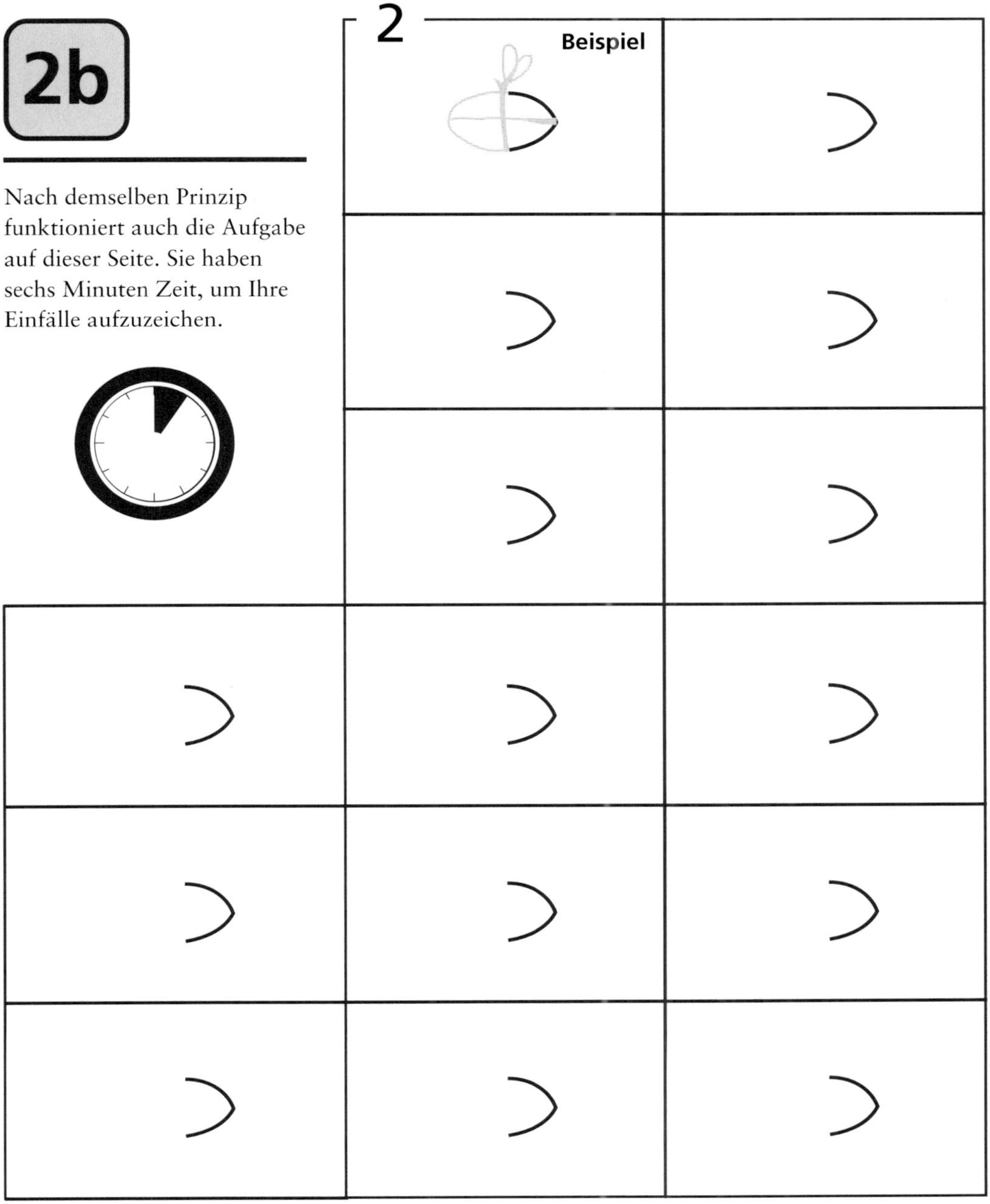

192 Teil 2: Begabung Test 5

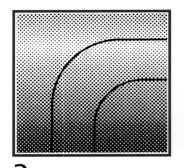

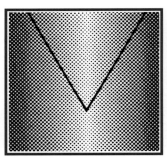

Die folgenden vier Bilder (3-6) zeigen Ausschnitte. Überlegen Sie, zu welchen verschiedenen Gegenständen das abgebildete Detail gehören könnte.
Rohr zum Waschbecken, Bumerang und so weiter könnte z.B. die Abbildung 3 darstellen. Schreiben Sie jetzt so viele Deutungen in die freien Felder, wie Ihnen einfallen.

Sie haben für die Aufgaben 3-6 insgesamt 15 Minuten Zeit.

3

4

Erklärungsmöglichkeiten

Erklärungsmöglichkeiten

Kreativität: Teil 2 **193**

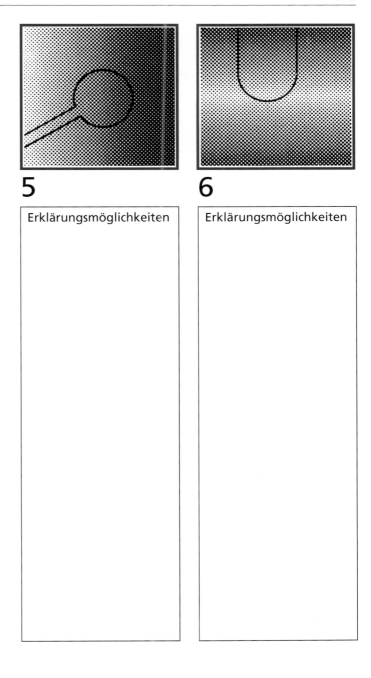

5

Erklärungsmöglichkeiten

6

Erklärungsmöglichkeiten

Teil 2: Begabung Test 5

Eine Situation kann man oft unterschiedlich deuten und erklären. Notieren Sie alle Erklärungsmöglichkeiten, die Ihnen für die folgenden Situationen einfallen. Schreiben Sie nur die entsprechenden Stichworte auf.

Sie haben für die folgenden vier Situationen insgesamt 20 Minuten Zeit.

1 In der Ecke eines Restaurants sitzt eine junge Frau. Sie trinkt einen Kaffee und wischt sich manchmal eine Träne von der Wange.

2 Herr R. kauft zwei Flaschen Whisky, um sich zu betrinken.

Erklärungsmöglichkeiten

Erklärungsmöglichkeiten

Kreativität: Teil 3 195

3 Herr W. war immer sehr schweigsam und ernst. Seit einiger Zeit ist er wie umgewandelt. Er wirkt erleichtert und lächelt häufig vor sich hin.

4 Herr L. ist zwei Tage im Urlaub. An der Rezeption sagt der Portier zu ihm: »Ihre Firma läßt ausrichten, Sie sollen heute nachmittag unbedingt zurückrufen.«

Erklärungsmöglichkeiten	Erklärungsmöglichkeiten

Testauswertung Test 5
Kreativität

1

Teil 1
Zählen Sie die Anzahl Ihrer verschiedenen Einfälle bei den zwölf Aufgaben zusammen. Die Summe ergibt Ihre Punktzahl bei Teil 1.

Ihre Punktzahl ☐

2

Teil 2
Zählen Sie die Anzahl Ihrer verschiedenen gezeichneten und notierten Einfälle bei den Aufgaben 1-6 zusammen. Die Summe ergibt Ihre Punktzahl bei Teil 2.

Ihre Punktzahl ☐

3

Teil 3
Zählen Sie die Anzahl Ihrer gefundenen Erklärungsmöglichkeiten (Aufgaben 1-4) zusammen. Die Summe ergibt Ihre Punktzahl bei Teil 3.

Ihre Punktzahl ☐

In der Bewertungstabelle für Test 5 (Seite 255) können Sie unter Ihrer Punktzahl (je nach Altersgruppe) nachsehen, wie gut Ihre Kreativität ist und wieviel Personen genauso gut, besser oder schlechter sind als Sie.

Zählen Sie die Punkte der drei Testteile zusammen.
Die Summe ergibt Ihre Punktzahl bei Test 5.

Ihre Punktsumme ☐

Konzentration

Bei Test 5 sollten Sie möglichst entspannt Ihr Gehirn nach vielen Einfällen suchen lassen. Jetzt wird das Gegenteil verlangt: Sie sollen zeigen, daß Sie sich auch intensiv auf eine Tätigkeit konzentrieren können.

Wer das schlecht kann, ist für viele Berufe ungeeignet (z.B. Programmierer, Wissenschaftler im Bereich Forschung). Auch Erfinder und kreative Werbeleute kommen nicht ohne Konzentration aus. Sie müssen diszpliniert und hartnäckig eine Aufgabe zu Ende führen können. Die Auswertung (der Vergleich Ihrer Konzentrationsfähigkeit mit Ihrer Altersgruppe) ist deshalb für Sie sehr interessant.

Lesen Sie den Text auf den folgenden Seiten bitte aufmerksam durch. Diese Symbole müssen Sie sich merken:

A, a = △
E, e = ○
I, i = ∔
M, m = □
R, r = ‥

(Den Buchstaben »ä« können sie unbeachtet lassen.) Immer, wenn Sie in den Wörtern einen dieser Buchstaben sehen, schreiben Sie ein Symbol darunter. Die erste Zeile zeigt, wie es gemacht wird. Beginnen Sie deshalb den Test mit der zweiten Zeile. Beim Start notieren Sie bitte die genaue Uhrzeit.

Zeit = . . . Uhr

Der folgende Test ist entnommen aus: Werner Kirst/Ulrich Diekmeyer, »Intelligenztraining«, Deutsche Verlags-Anstalt, Stuttgart 1970.

Begabung wurde bisher allgemein angesehen
○ △   ‥ ○ ∔ ○‥△   ○□○∔   △ ○○○
als die Summe aller Anlagen, die ein Mensch

bei seiner Geburt mit auf die Welt bringt.

Übereinstimmend mit den Annahmen der

Wissenschaftler waren wir bis vor einigen

Jahren der Überzeugung, daß sich diese

Begabung bei jedem von uns im Laufe seines

Wachstums und seiner Entwicklung so ent-

faltet, wie es in dieser Begabung für ihn eben

angelegt sei. Man nahm an, dieses Reifen sei

vor allem eine Frage der Zeit. Und in einem

gewissen Alter erreiche der Mensch eben

seine ihm vorgegebene Intelligenz. Und zwar

so oder so, ganz gleich, was auch kommen

möge.

Wir wissen heute, daß diese Annahme falsch

ist, daß sie von falschen Voraussetzungen

ausgeht. Wissenschaftler haben inzwischen nämlich nach umfangreichen Forschungen eine neue Ansicht über die Begabung des Menschen entwickelt. Diese neue Ansicht deckt sich mit vielen Erfahrungen aus dem Alltag, aus Familie, Schule und Beruf. Sie hat alle Aussichten, viele der noch gültigen Grundannahmen in diesen Lebensbereichen ernsthaft in Frage zu stellen.

Unser Intelligenztraining geht von dieser neuen Sichtweise aus, in der uns der Begriff der Begabung jetzt erscheinen muß. Begabung, so werden wir künftig sagen müssen, bezeichnet nicht länger einen Vorrat verschiedenster Leistungsfähigkeiten, des Könnens schlechthin. Begabung ist vielmehr ein Vorgang. Und der beginnt mit der Geburt, eigentlich schon vor der Geburt eines Menschen. Er umfaßt die Voraussetzung seiner allgemeinen Lernfähigkeit einerseits und die im Laufe der Zeit sich ansammelnden Lernerfahrungen in seinen verschiedensten Lern- und Erlebnisbereichen andererseits. Was dabei herauskommt, das nennen wir dann die Tüchtigkeit oder, genauer, die vielen verschiedenen Tüchtigkeiten eines Menschen. Denken wir

z. B. an die musikalische Begabung. Aus vielen wissenschaftlichen Untersuchungen wissen wir ebenso wie aus den Erfahrungen mit Musikschülern, daß es sich hierbei nicht um etwas handeln kann, das entweder vorhanden ist (und zwar von Anfang an in ganz bestimmter und immer reifer werdender Form) oder aber nicht vorhanden ist (und dann auch niemals und unter gar keinen Umständen entfaltet werden kann). Nein, es verhält sich doch etwas komplizierter mit dieser musikalischen Begabung. Mit ganz wenigen Ausnahmen dürften alle Menschen für nahezu alle Lernbereiche, also auch für den musikalischen, eine allgemeine Lernbereitschaft in ihren Anlagen mit zur Welt bringen. Art und Umfang der musikalischen Erfahrungen während der ersten Lebensjahre des Menschen bestimmen dann die Entfaltung seiner Fähigkeiten im musikalischen Bereich. Seine Begabung entsteht in diesem ersten Lebensabschnitt sozusagen im Dialog seiner Lernbereitschaft mit den ganz bestimmten Erfahrungen oder Lernangeboten, die seine Umwelt für ihn bereithält. Viele und gut abgewogene musikalische Erfahrungen führen deshalb einfach zu einer besseren musikalischen Begabung. Wir sehen: Begabung ist das Ergebnis einer langen Kette günstiger Lernschritte.

Nun ist es aber nicht so, daß der Alltag uns im »natürlichen Lernen« überall dort bildet, wo unser Wissensdurst und unsere Interessen angesprochen werden, kurz: überall dort, wo wir lernen, ohne es eigentlich zu beabsichtigen. So lernen wir z.B. einen neuen Schlagertext ganz im Vorbeigehen. Wenigstens zehn Werbeslogans kann jeder von uns auswendig hersagen, ohne sich überhaupt zu erinnern, bei welcher Gelegenheit er sie aufgeschnappt hat. Nun, sie sind schließlich auch so gemacht, daß sie uns wie Honig eingehen. So lernen wir also stets und ständig – und werden doch nicht viel klüger dabei. Das liegt einfach daran, daß diese Lerninhalte weder aufeinander abgestimmt noch besonders sinnvoll sind. Und übrigens auch daran, daß sie nichts für uns bedeuten. Schließlich vergessen wir denn auch vieles von diesen Lerninhalten wieder. Und das ist vielleicht auch recht gut so.

● Da sieht es schon ganz anders aus bei unseren Hobbies. Was lernt doch ein Kurzwellenamateur alles, um in seinem Hobby vorne dran zu bleiben! Ihm kommt einerseits sein Interesse und andererseits die Logik des Sachzusammenhangs, des Gebietes, in das er sich immer mehr einspielt, sehr zu Hilfe. Für ihn spielen drei Dinge tatsächlich eine große Rolle: eben die Abstimmung der Lerninhalte aufeinander, ihr sinnvoller Gehalt und schließlich die Bedeutung, die sie für den Kurzwellenamateur haben. Und so kommt es, daß der Kurzwellenamateur wirklich ständig ein wenig klüger wird, wenn er sich mit seinem Hobby beschäftigt. Ihm geht es ähnlich wie dem interessierten Schüler im vernünftigen Unterricht. Er steigert tatsächlich seine Intelligenz immer und immerzu. Natürlich nur um geringe Beträge gegenüber einem kleinen Kind, das ja seine Lehrstoffe mit viel größerer Intensität aufnimmt. Und das tatsächlich auch eine bedeutend größere Lernfähigkeit besitzt als der interessierteste Schüler oder der Kurzwellenamateur, von dem wir eben gesprochen haben.

Kind, Schüler und Funkamateur veranschaulichen uns aber noch etwas anderes, das uns viel Mut zum Intelligenztraining gibt. Denn sie trainieren ihre Intelligenz in der Tat erfolgreich. Und die Einsichten der Intelligenzforscher sagen uns einstimmig, daß die Intelligenz des Menschen sich bis etwa in sein 16. Lebensjahr merklich steigert, danach aber wenig oder gar nicht mehr. Das ist ein statistisches Durchschnittsalter. Und es gibt uns nichts anderes an als den Durchschnittswert des Schulabganges, bezogen auf eine große, repräsentative Bevölkerungsstichprobe. ●

Das besagt: Intelligenz entwickelt sich und läßt sich steigern, solange wir sie im konsequenten Lernen herausfordern. Und tatsächlich steigt die Intelligenz auch bei denjenigen über diesen Alterszeitpunkt hinaus noch an, die länger in die Schule oder danach noch auf die Universität gehen. Und danach hört es auch bei diesen wenigen mit dem Intelligenzanstieg auf, weil sich ihre Intelligenz nun mehr mit Routine als mit neuartigen Aufgaben beschäftigen muß.

Notieren Sie jetzt wieder die Uhrzeit.

Zeit = ... Uhr   Gesamtzeit = ... Minuten

Testauswertung Test 6
Konzentration

Zählen Sie jetzt die Anzahl Ihrer Symbole aus einer Stichprobe des Textes. Die Stichprobe beginnt bei der Zeile mit dem schwarzen Punkt »Da sieht es schon ...« und endet mit »... repräsentative Bevölkerungsstichprobe«. Zählen Sie die Anzahl Ihrer Symbole in diesem Text. Gültig ist natürlich nur das richtige Symbol unter dem richtigen Buchstaben.

△	=	Stück
○	=	Stück
+.	=	Stück
□	=	Stück
··	=	Stück
Summe =		Stück

Die richtige Gesamtsumme ist 555 Stück. Die Differenz zu Ihrem Ergebnis ergibt die Anzahl Ihrer Fehlerpunkte. Wenn Sie also insgesamt nur 520 Symbole gezählt haben, notieren Sie sich 35 Fehlerpunkte.

Fehlerpunkte ☐

Die Gesamtzeit haben Sie bereits auf der vorhergehenden Seite notiert. Die Anzahl Ihrer Minuten ist die Zahl Ihrer Zeitpunkte. Wenn Sie für den Test 40 Minuten benötigt haben, notieren Sie sich also 40 Zeitpunkte.

Zeitpunkte ☐

In der Bewertungstabelle für Test 6 (Seite 255) können Sie unter Ihrer Punktzahl (je nach Altersgruppe) nachsehen, wie gut Ihr Konzentrationsvermögen ist und wieviel Prozent der Vergleichspersonen genauso gut, besser oder schlechter sind als Sie.

Zählen Sie jetzt die Fehlerpunkte und die Zeitpunkte zusammen. Die Summe ergibt Ihre Punkte bei Test 6.

Ihre Punktsumme ☐

7 Technisches Verständnis

Der Psychologische Dienst der Arbeitsämter benützt sehr gute Tests zur Prüfung des technischen Verständnisses. Man muß z.B. den Mechanismus einer Maschine in zehn Minuten auseinandernehmen und wieder zusammensetzen oder ein Hammerwerk, aus Riemenscheiben und Zahnrädern bestehend, auf einem Brett so montieren, daß es funktioniert. Praktische Aufgaben dieser Art eignen sich sehr gut, um das Verständnis für mechanisch-technische Zusammenhänge zu prüfen. Leider können solche Aufgaben in einem Buch nicht gegeben werden. Unser Test stellt deshalb mehr von der theoretischen Seite Anforderungen an Ihren Technikerverstand.

Jede Aufgabe zeigt einen mechanischen, technischen oder physikalischen Vorgang. Kreuzen Sie von mehreren vorgeschlagenen Lösungen die an, die Sie für richtig halten.

Wenn Ihnen eine Aufgabe zu schwer ist, gehen Sie einfach zur nächsten Aufgabe über. Das ist besser, als nur zu raten.

Sie haben für sämtliche Aufgaben 26 Minuten Zeit.

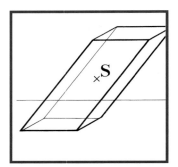

1 Der Glaskörper steht auf einer waagerechten Unterlage. Sein Schwerpunkt ist mit einem Kreuz eingezeichnet. Kippt der Körper um?

a   ja
b   nein

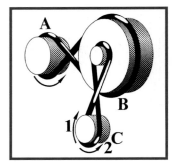

2 Die drei Rollen sind durch Treibriemen kreuzweise miteinander verbunden. Rolle A bewegt sich in Pfeilrichtung. In welche Richtung dreht sich Rolle C?

a   in Richtung 1
b   in Richtung 2

Technisches Verständnis **207**

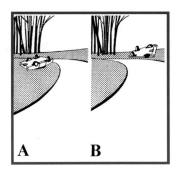 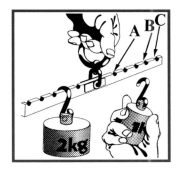 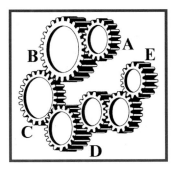

3 Welches Bild ist bei einem Autounglück wahrscheinlicher?

a A
b B

4 Wo sollte das 1-Kilogramm-Gewicht aufgehängt werden, damit der Stab waagerecht im Gleichgewicht bleibt?

a bei A
b bei B
c bei C

5 Welches Zahnrad macht die meisten Umdrehungen?

a E
b D
c C
d B
e A
f alle drehen sich gleich schnell

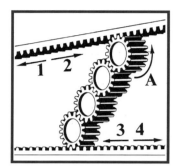 

6 Zahnrad A dreht sich in die eingezeichnete Richtung. In welche Richtung bewegen sich dann die beiden Zahnstangen?

a   Richtung 1 und 3
b   Richtung 2 und 4
c   Richtung 1 und 4
d   es kann sich nichts verschieben

7 Die sechs Zahnräder sollen sich drehen. Zahnrad A dreht sich in Pfeilrichtung. In welche Richtung dreht sich dann Zahnrad B?

a   in Richtung 1
b   in Richtung 2
c   die Zahnräder können sich nicht bewegen

8 Die Klappe (unten) soll sich schließen. In welche Richtung muß dann die Zahnstange (oben) bewegt werden?

a   in Richtung 1
b   in Richtung 2
c   die Klappe kann sich nicht schließen

Technisches Verständnis

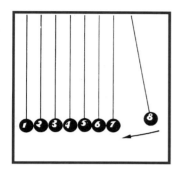
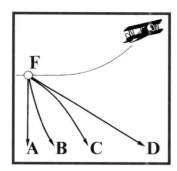
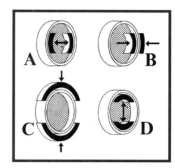

9 Acht Stahlkugeln hängen in einer Reihe und berühren sich. Was geschieht, wenn die achte Kugel auf die siebte aufprallt?

a   alle Kugeln schwingen nach links
b   Kugel 1 bewegt sich nach links
c   die sieben Kugeln bewegen sich nicht, nur die achte prallt zurück (nach rechts)

10 In welche Richtung fällt eine Bombe, die bei F ausgeklinkt wurde?

a   in Richtung A
b   in Richtung B
c   in Richtung C
d   in Richtung D

11 Welche Bremsbacken bremsen vier gleichgroße Metallräder, die sich mit gleicher Geschwindigkeit drehen, am schnellsten ab?

a   A
b   B
c   C
d   D

 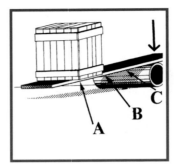 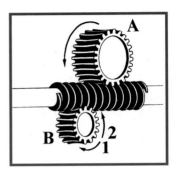

12 In eine leere Flasche wird ein Trichter geschoben, der am Korken luftdicht abschließt. Fließt das abgebildete Wasser in die Flasche?

a ja
b nein

13 Eine Holzkiste soll mit Hilfe eines Brettes und einer Rolle möglichst hoch gehoben werden. Wo muß die Rolle untergeschoben werden, damit die Kiste die größte Höhe erreicht?

a bei A
b bei B
c bei C
d die Höhe bleibt immer gleich

14 Die beiden Zahnräder sind durch eine Schnecke verbunden. Wenn A in Pfeilrichtung gedreht wird, in welche Richtung dreht sich dann B?

a in Richtung 1
b in Richtung 2
c dreht sich nicht

Technisches Verständnis   **211**

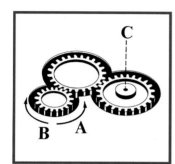 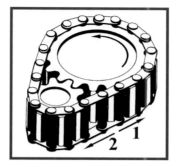 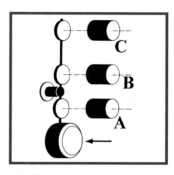

15 Die Zahnräder befinden sich auf der Rückseite einer Uhr. Die Zeiger sind an Punkt C befestigt. In welche Richtung muß sich das kleine Rad drehen, damit die Uhrzeiger richtig laufen?

a   in Richtung A
b   in Richtung B
c   das hat nichts mit der Richtung des Zeigers zu tun

16 Über die beiden Zahnräder ist eine Treibkette gelegt. In welche Richtung bewegt sich die Kette, wenn das große Rad in Pfeilrichtung gedreht wird?

a   in Richtung 1
b   in Richtung 2
c   kann sich überhaupt nicht drehen

17 Das Pendel soll nach links angestoßen werden. Wo müßte das Gewicht angebracht werden, damit es am weitesten ausschlägt?

a   Gewicht bei C
b   Gewicht bei B
c   Gewicht bei A
d   die Gewichte haben keinen Einfluß

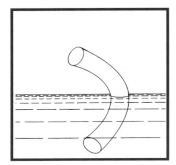 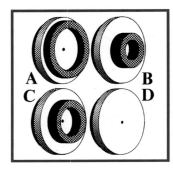 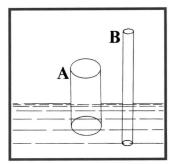

18 Dieses Glasrohr wurde in ein Gefäß mit Wasser getaucht. Zeigt die Abbildung den physikalischen Vorgang richtig oder falsch?

a richtig
b falsch

19 Diese vier Räder werden von einem Elektromtor gleich schnell angetrieben. Welches Rad läuft nach Abschalten des Motors am längsten aus? Die schwarzen Gewichte (Ringe) wiegen jeweils 2 Kilogramm.

a A
b B
c C
d D
e die vier Räder laufen gleich schnell aus

20 Zwei Glasrohre mit verschiedenem Durchmesser werden in einen Wasserbehälter getaucht. Wo liegt der Wasserspiegel in beiden Rohren?

a bei A und B gleich hoch
b bei A höher als bei B
c bei B höher als bei A

Technisches Verständnis **213**

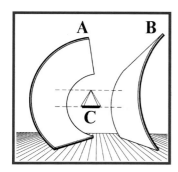 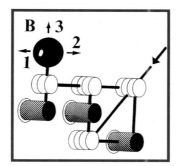 

21 A ist ein konkaver Spiegel, und B ist ein konvexer Spiegel. Wie spiegelt sich die Pyramide C in A und B?

a   in A mit der Spitze nach unten, in B mit der breiten Seite nach unten
b   in A mit der breiten Seite nach unten, in B mit der Spitze nach unten
c   in A und B mit der Spitze nach unten
d   in A und B mit der breiten Seite nach unten

22 Das abgebildete Gestänge ist fest (●) oder lose (○) gelagert. Wenn das Gestänge in Pfeilrichtung bewegt wird, in welche Richtung wandert dann B?

a   1
b   2
c   3
d   kann sich nicht bewegen

23 Die beiden Räder werden durch einen Treibriemen nach rechts gedreht. In welche Richtung dreht sich das aufgehängte Gewicht?

a   abwärts
b   aufwärts
c   bleibt stehen

Testauswertung Test 7
Technisches Verständnis

In der Punktetabelle sind die richtigen Lösungen eingetragen. Kreuzen Sie bitte jede richtige Aufgabe an. Jedes Kreuz zählt einen Punkt.

1	a	☐
2	b	☐
3	b	☐
4	b	☐
5	a	☐
6	a	☐
7	b	☐
8	b	☐
9	b	☐
10	c	☐
11	c	☐
12	b	☐
13	c	☐
14	c	☐
15	a	☐
16	c	☐
17	a	☐
18	b	☐
19	a	☐
20	c	☐
21	a	☐
22	d	☐
23	a	☐

In der Bewertungstabelle für Test 7 (Seite 255) können Sie unter Ihrer Punktzahl (je nach Altersgruppe) nachsehen, wie gut Ihr technisches Verständnis ist und wieviel Prozent der Vergleichspersonen genauso gut, besser oder schlechter sind als Sie.

Zählen Sie jetzt die Anzahl Ihrer Kreuze zusammen. Die Summe ergibt Ihre Punktzahl bei Test 7.

Ihre Punktsumme ☐

Rechenfähigkeit

Überdurchschnittliches Rechentalent wird vor allem bei kaufmännischen und technischen Berufen verlangt.

Der folgende Test prüft

1 rechnerische Intelligenz

2 praktisches Rechnen

3 die Fähigkeit zur Überschlagsrechnung.

Auch wenn Sie nur ungern rechnen, sollten Sie den Rechentest (natürlich ohne Taschenrechner) machen. In der Auswertung erfahren Sie eventuell, daß Sie im Vergleich zu Ihrer Altersgruppe gar nicht so schlecht abschneiden, wie Sie vielleicht befürchten.

216 Teil 2: Begabung Test 8

1a

In den folgenden elf Kreisen sind Zahlen nach einer bestimmten Regel aufgereiht. Sie sollen die Regeln herausfinden und dann die fehlende Zahl ergänzen. Wie beim Beispiel beginnen die Zahlenreihen immer links (dickerer Strich) und laufen dann im Uhrzeigersinn nach rechts.

Die Regel ist beim Beispiel: + 2, + 4, + 8, + 16, + 32 (die nächstfolgende Ziffer verdoppelt sich immer). Deshalb muß die Zahl 64 in das leere Feld geschrieben werden. Nach solchen und ähnlichen Regeln sind auch die anderen Zahlenreihen aufgebaut.

Sie haben für die Aufgabe 1-11 insgesamt 20 Minuten Zeit.

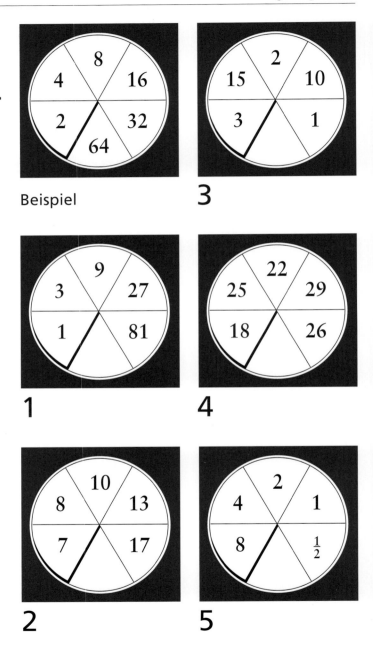

Rechenfähigkeit: Teil 1a **217**

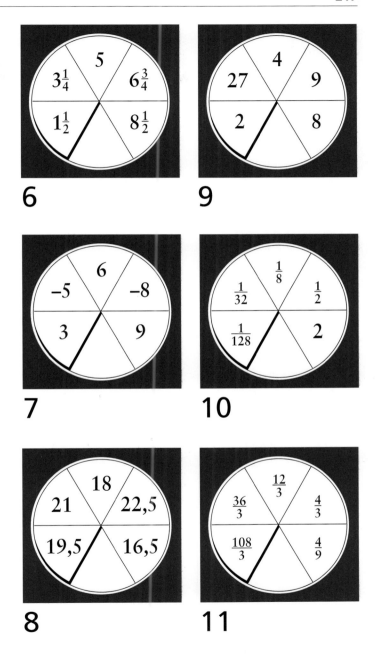

1b

In den folgenden Vierecken sind wieder Zahlenreihen nach Regeln aufgebaut. Sie beginnen links (dicker Strich) und laufen im Uhrzeigersinn nach rechts. Diesmal fehlt keine Zahl. Statt dessen wurde eine falsche Zahl eingeschoben. Wenn die falsche Zahl wegfällt, stimmt die Gesetzmäßigkeit der Reihe wieder.

Kreuzen Sie diese falsche Zahl an.

Sie haben 20 Minuten Zeit.

12

14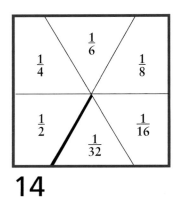

13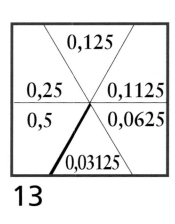

15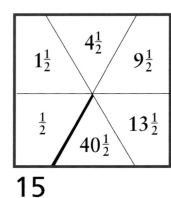

Rechenfähigkeit: Teil 1b

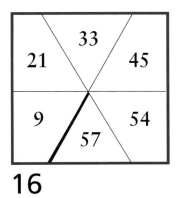

16

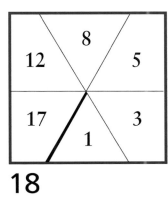

18

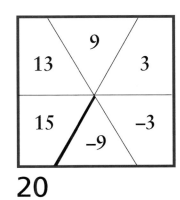

20

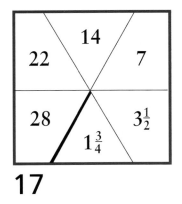

17

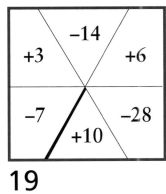

19

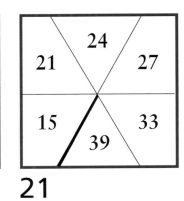

21

2

Jetzt sollen Sie prüfen, wie fit Sie im praktischen Rechnen sind. Die folgenden 17 Aufgaben verlangen keine Mathematik, die über das Niveau der Volksschulbildung hinausgeht. Wenn Sie trotzdem nicht alle Aufgaben lösen können, sollten Sie sich nicht ärgern. Nur ein geringer Prozentsatz schafft alle Aufgaben gleich gut, denn es sind auch einige knifflige Probleme dabei.

Für Nebenrechnungen benötigen Sie ein Sonderblatt. Rechnen Sie bitte die Aufgaben bis auf zwei Stellen hinter dem Komma aus.

Sie haben für die folgenden 17 Aufgaben genau 60 Minuten Zeit.

1 Ein Wirt zapft an drei Tagen folgende Biermengen: 3 l, 4,6 l und 9,2 l. Für ein Glas (= 0,2 l) berechnet er 2,30 DM. Wieviel Geld hat er anschließend in seiner Bierkasse, wenn diese vorher leer war?

Lösung ......

2 Ein Mann teilt eine Zahl durch 3,4 und erhält das Ergebnis 9,2.
Wie heißt diese Zahl?

Lösung ......

Rechenfähigkeit: Teil 2   **221**

3 Der Chef ist dreimal so alt wie der Lehrling und doppelt so alt wie seine Sekretärin. Sie sind zusammen 88 Jahre alt. Wie alt ist jeder einzelne?

Chef ......

Sekretärin ......

Lehrling ......

4 Ein Geldbetrag wird unter vier Personen so verteilt, daß Person A $1/4$, Person B $1/5$, Person C $3/10$ und Person D den Rest, nämlich 2500 DM, erhält. Wieviel Geld bekommt jeder?

A ......

B ......

C ......

5 Ein rechteckiges Baugrundstück ist 2193 m^2 groß. Die Straßenfront ist 51 m lang. Wie breit ist das Grundstück?

Lösung ......

6 Um einen Graben auszuheben, arbeiten 50 Arbeiter 142 Tage.
Wie lange benötigen 30 Arbeiter für denselben Graben?

Lösung ......

7 Das auslaufende Modell eines Autos wird um 3690 DM billiger verkauft. Das sind 18 Prozent des bisherigen Verkaufspreises.
Wie hoch war der alte, und wie hoch ist der neue Preis?

Lösung ......

8 Ein Lehrer multipliziert die Hälfte einer Zahl mit ihrem dritten Teil und erhält als Ergebnis die Zahl 24.
Er fragt seine Schüler: »Wie heißt die Zahl?« – Wissen Sie es?

Lösung ......

Rechenfähigkeit: Teil 2

9 Ein Warenhaus bietet im Sommerschlußverkauf für einen Büstenhalter einen Preisnachlaß von 67,90 DM auf 39,90 DM. Um wieviel Prozent ist der Büstenhalter jetzt billiger?

Lösung ......

10 Die Reaktionszeit eines Autofahrers beträgt 1 Sekunde. Er fährt mit einer Geschwindigkeit von 96 Kilometern in der Stunde. Wie viele Meter fährt das Auto beim Auftauchen einer gefährlichen Situation, bevor der Fahrer bremst?

Lösung ......

11 Ein Bauer erntet durchschnittlich 37750 Kilogramm Zuckerrüben auf einem Hektar Ackerland. Wieviel Rohzucker ergibt die Ernte, wenn die Rüben einen Zuckergehalt von 15,5 Prozent haben?

Lösung ......

12 Im Jahr 1950 gab es in Deutschland 1 570 400 Pferde. 1967 gab es dagegen nur noch 283 200 Pferde. Um wieviel Prozent ist der Pferdebestand gesunken?

Lösung ……

13 Der fünfte Teil eines Geldbetrages ist um 3 größer als sein sechster Teil. Wie hoch ist der Geldbetrag?

Lösung ……

14 Das Übersetzungsverhältnis von zwei Zahnrädern (Z1:Z2) beträgt 3:5. Zahnrad Z1 macht 225 Umdrehungen in der Minute. Wieviel Umdrehungen macht Zahnrad Z2?

Lösung ……

Rechenfähigkeit: Teil 2

15 Teilt man das Dreifache einer Zahl durch 4, so erhält man $3/10$. Wie heißt die Zahl?

Lösung ……

16 Ein Junge verkauft an seine Schulkameraden Kugelschreiber. Für zwei verlangt er soviel, wie ihn drei Kugelschreiber gekostet haben. Wieviel Prozent Gewinn hat er gemacht?

Lösung ……

17 Ein Löwe, ein Leopard und ein Schakal fressen zusammen ein Zebra. Der Löwe allein würde das Zebra in einer Stunde auffressen. Der Leopard würde drei Stunden brauchen, der Schakal sogar sechs Stunden. Wie lange fressen sie zusammen an dem Zebra?

Lösung ……

226   Teil 2: Begabung   Test 8

3

Die folgenden Rechenaufgaben sind sehr leicht auszurechnen. Die einzige Schwierigkeit besteht darin, daß es hohe Zahlen sind. Sie sollen die Aufgaben nicht genau ausrechnen; das würde ohne Rechenmaschine zu lange dauern. Die Aufgaben sollen in kurzer Zeit durch Überschlagen und Schätzen gelöst werden. Kreuzen Sie unter fünf Lösungsvorschlägen einen an, den Sie für richtig halten.

Beachten Sie bitte die Rechenregel: Multiplikation (x) und Division (:) müssen vorgezogen werden.
Erst dann wird addiert (+) und subtrahiert (-).

In 8 Minuten müssen Sie fertig sein.

$$\frac{75\,239}{-}$$
$$\frac{12\,724}{-}$$
$$29\,846$$

1
- a   49 437
- b   32 669
- c   24 319
- d   18 024
- e   006

$$\frac{314\,739}{+}$$
$$\frac{2\,058\,524}{+}$$
$$\frac{192\,573}{+}$$
$$\frac{98\,702}{+}$$
$$4\,072\,639$$

2
- a   12 419 647
- b   8 643 529
- c   6 737 177
- d   4 892 437
- e   9 214 888

Rechenfähigkeit: Teil 3

72
+
240
+
28
+
100

3
a 700
b 350
c 435
d 440
e 850

425 248
–
138 546
–
217 489
–
16 079

4
a 53 134
b 109 494
c 39 714
d 98 317
e 49 411

250 758
x
2 073

5
a 500 177
b 419 234
c 519 821 334
d 104 329 494
e 4 398 523 474

38 315
x
539
–
7 802
:
94

6
a 20 651 702
b 4 837 248
c 230 921 044
d 970 633 520
e 970 428

52 416
:
576
–
38 269
:
781

7
a 15 748
b 9 502
c 1 211
d 814
e 42

Punktauswertung Test 8
Rechenfähigkeit

In der Punktetabelle sind die richtigen Lösungen eingetragen. Kreuzen Sie bitte jede richtige Aufgabe an. Jedes Kreuz zählt einen Punkt.

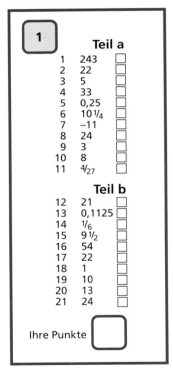

1 Teil a			2			3		
1	243	☐	1	193,20 DM	☐	1	b	☐
2	22	☐	2	31,28 DM	☐	2	c	☐
3	5	☐	3	Lehrling: 16		3	d	☐
4	33	☐		Sekretärin: 24		4	a	☐
5	0,25	☐		Chef: 48	☐	5	c	☐
6	10¼	☐	4	A: 2500 DM		6	a	☐
7	−11	☐		B: 2000 DM		7	e	☐
8	24	☐		C: 3000 DM	☐			
9	3	☐	5	43	☐			
10	8	☐	6	236 ⅔ Tage	☐			
11	4/27	☐	7	20 500 DM				

Teil b
12 21
13 0,1125
14 ⅙
15 9½
16 54
17 22
18 1
19 10
20 13
21 24

2: 8 12, 9 41,24 %, 10 26⅔, 11 5851,25 kg, 12 82 %, 13 90 DM, 14 375, 15 ⅖, 16 50 %, 17 40 Minuten

Ihre Punkte

Ihre Punktsumme

Zählen Sie die Anzahl Ihrer Kreuze in allen drei Testteilen zusammen. Die Summe ergibt Ihre Punktzahl bei Test 8.

In der Bewertungstabelle für Test 8 (Seite 256) können Sie unter Ihrer Punktzahl (je nach Altersgruppe) nachsehen, wie gut Ihr Rechentalent ist und wieviel Prozent der Vergleichspersonen genauso gut, besser oder schlechter sind als Sie.

Praktische Intelligenz

Viele Psychologen sind der Ansicht, daß es eine praktische Intelligenz im Gegensatz zur theoretischen Intelligenz überhaupt nicht gibt. Deshalb soll genauer erklärt werden, was bei Test 9 unter praktischer Intelligenz verstanden wird. Weil das Gehirn kombinieren, vergleichen und kritisch überprüfen muß, ist das Wort Intelligenz bei diesem Test durchaus gerechtfertigt. Aber es werden nicht nur Denkanstrengungen verlangt wie bei den üblichen Intelligenztests.
Neben dem Kopf müssen auch die Hände aktiv werden. Durch praktisches Probieren sollen Sie feststellen, welcher Weg zur Lösung führt. Wer beim Herumprobieren eine geschickte Hand besitzt, ist im Vorteil.

Test 9 mißt also dreierlei:
- Intelligenz,
- Fähigkeit, Einfälle auszuprobieren,
- Handgeschick.

230   Teil 2: Begabung   Test 9

Schneiden Sie bitte den Papierstreifen auf Seite 257 sorgfältig aus, und zerschneiden Sie ihn wie angegeben in vier Teile. Ihre Aufgabe ist es, jede der 22 Testfiguren mit diesen vier Teilen vollständig zu bedecken – es darf nichts überstehen und auch nichts freibleiben.

Am schnellsten verstehen Sie den Test, wenn Sie zuerst Beispiel A machen. In der Lösung sind die Nahtlinien der Figuren eingezeichnet. Im Beispiel B können Sie noch einmal probieren. Bei diesem Test spielt die Lösungszeit natürlich eine Rolle. Kreuzen Sie die Figuren an, für die Sie die Lösung gefunden haben. Wenn Sie die Lösung nicht schaffen, dürfen Sie auch kein Kreuz machen. Gehen Sie dann zur nächsten Figur über.

Sie haben 25 Minuten Zeit.

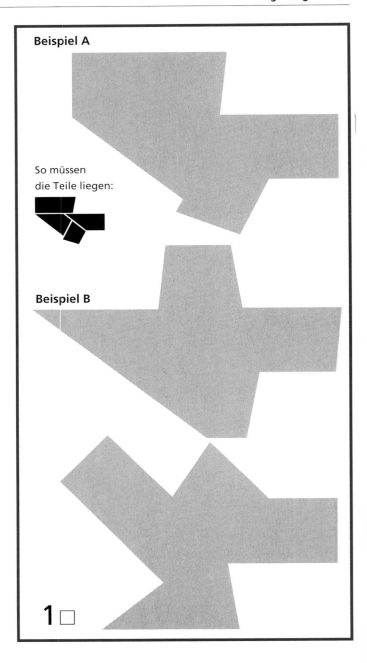

Praktische Intelligenz 231

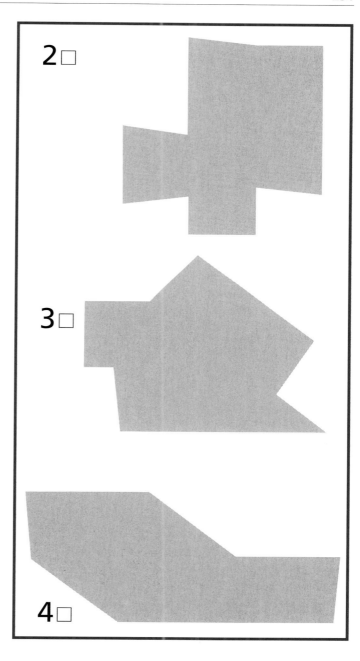

Teil 2: Begabung Test 9

5 ☐

6 ☐

7 ☐

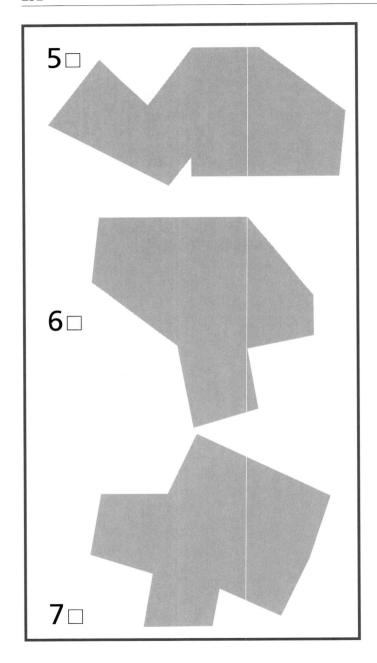

Praktische Intelligenz 233

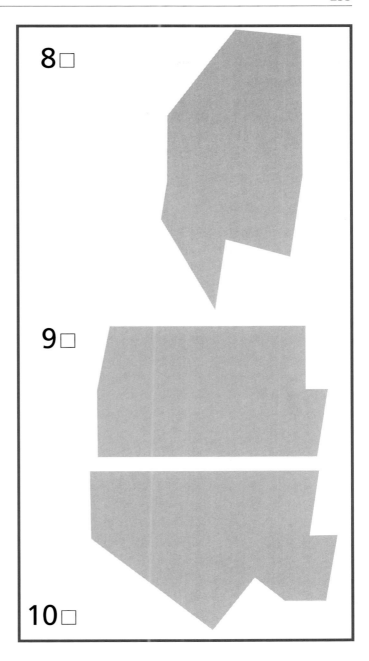

234 Teil 2: Begabung Test 9

11 □

12 □

13 □

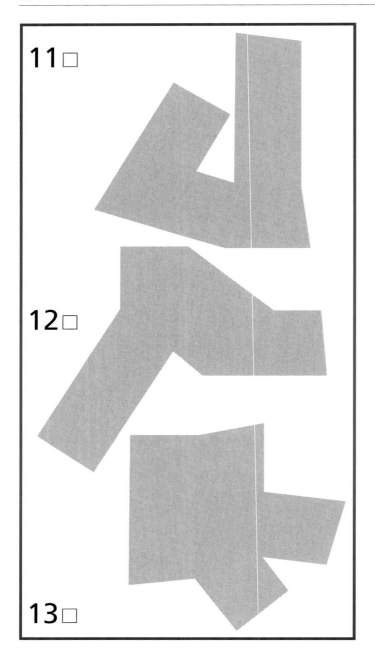

Praktische Intelligenz 235

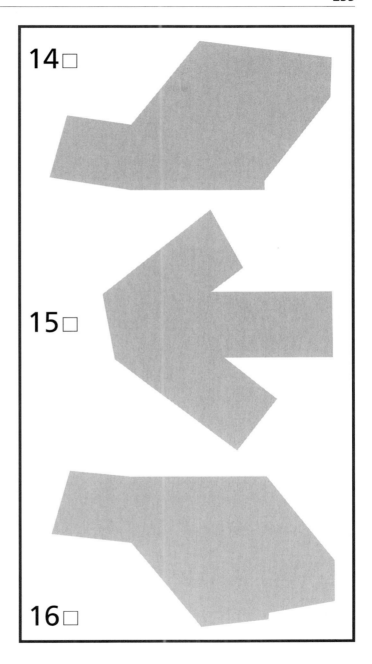

17□

18□

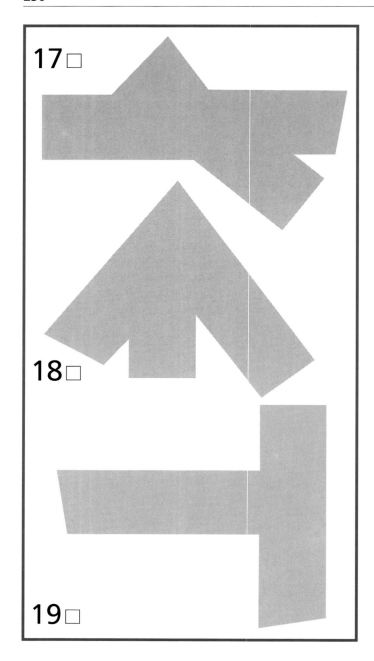

19□

Praktische Intelligenz 237

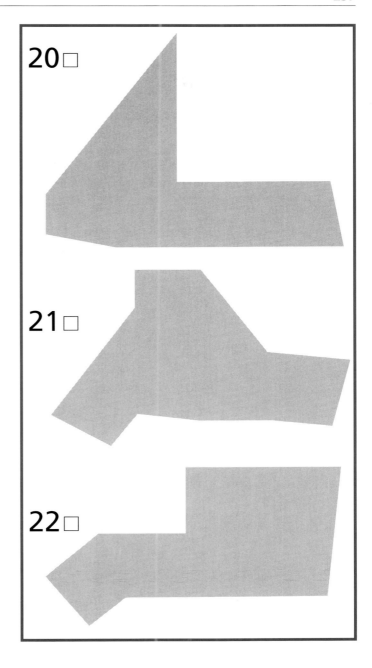

Testauswertung Test 9
Praktische Intelligenz

Zählen Sie die Anzahl Ihrer Kreuze zusammen. Die Summe ergibt Ihre Punktzahl bei Test 9.

In der Bewertungstabelle für Test 9 (Seite 256) können Sie unter Ihrer Punktzahl (je nach Altersgruppe) nachsehen, wie gut Ihre praktische Intelligenz ist und wieviel Prozent der Vergleichspersonen genauso gut, besser oder schlechter sind als Sie.

Ihre Punktsumme

10 Geschmack

Der Geschmack kann schwer getestet werden, weil die Maßstäbe dafür sehr umstritten sind. Das Urteil eines Gremiums von Kunstexperten unterscheidet sich meist stark von der sogenannten »Volksmeinung«.

In der täglichen Berufspraxis ist wichtig, daß man bei der Auswahl von Produkten (Verpackungen, Plakaten und Gebrauchsgegenständen) den Geschmack der Mehrheit trifft. Deshalb wurde der folgende Test 250 Bundesbürgern von 14 bis 30 Jahren vorgelegt. In der Auswertung können Sie also feststellen, ob Sie mit Ihrem Urteil im Vergleich zum Durchschnitt richtig oder falsch liegen.

Der Test prüft zweierlei:

1 das Urteil bei grafischen Flächenaufteilungen

und

2 das Urteil bei Design-Variationen verschiedener Gebrauchsgegenstände

Der erste Testteil wurde nach wissenschaftlichen Ergebnissen amerikanischer und deutscher Forschungen zum ästhetischen Urteil entwickelt. Der einzige Test dieser Art (Design-Judgement-Test) wurde von Maitland Graves 1948 in New York veröffentlicht. Nach dem Testprinzip von Graves wurden auch die folgenden zwölf Aufgaben für Teil 1 konstruiert.

240　　　　　　　　　　　　　　　　　　　　　　　Teil 2: Begabung　　Test 10

Betrachten Sie jeweils zwei Zeichnungen (a und b), und kreuzen Sie dann die Grafik an, die Ihnen aufgrund der Flächenaufteilung besser gefällt.
Vielleicht gefallen Ihnen einmal beide Zeichnungen gleich gut. Versuchen Sie sich dann für eine zu entscheiden. Sie können in Ruhe überlegen. Die Zeit wird bei diesem Test nicht gemessen.

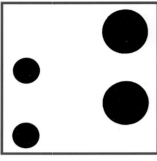 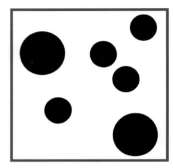

1　　　　　a　　　　　　　　b

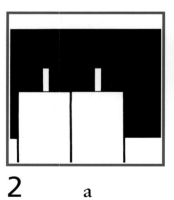 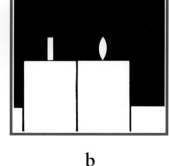

2　　　　　a　　　　　　　　b

Geschmack: Teil 1

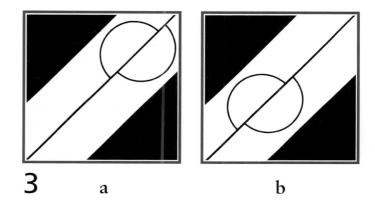

3 a b

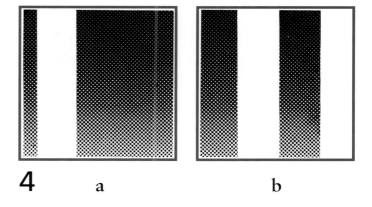

4 a b

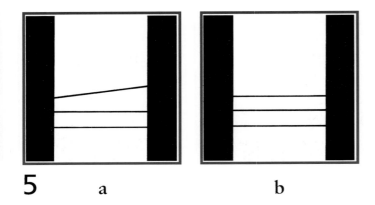

5   a   b

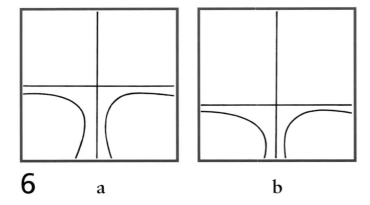

6   a   b

Geschmack: Teil 1

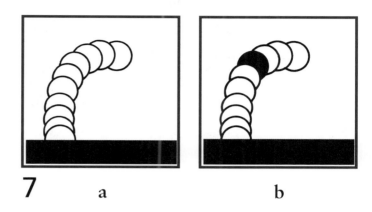

7   a   b

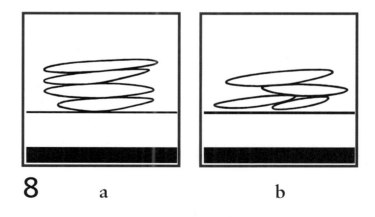

8   a   b

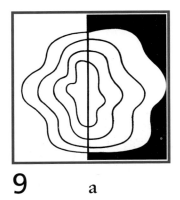 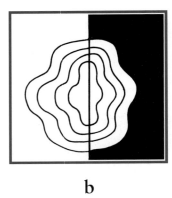

9   a   b

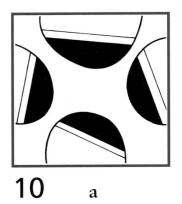 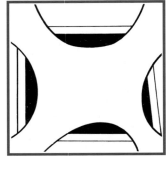

10   a   b

Geschmack: Teil 1 **245**

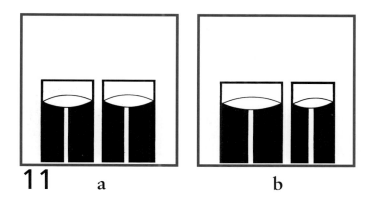

11   a   b

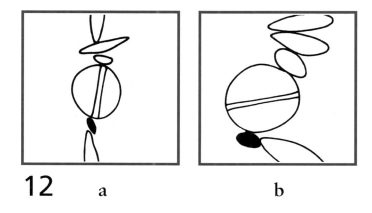

12   a   b

2

Sie können jetzt das Design (Formgestaltung) verschiedener Gebrauchsgegenstände kritisch unter die Lupe nehmen. Sie sollen entscheiden, welche Formgestaltung Ihnen besser gefällt. Achten Sie dabei nicht auf funktionale, sondern nur auf ästhetische Gesichtspunkte, denn sie spielen beim Verkauf eines Produktes eine sehr wichtige Rolle. Bei diesem Test können Sie feststellen, ob Sie den Geschmack der Mehrheit treffen.

1 a  b

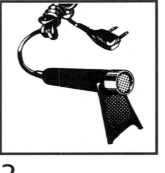

2 a  b

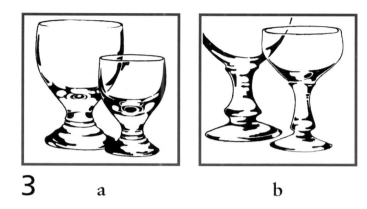

3 a   b

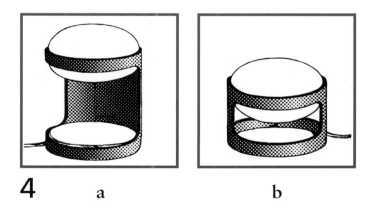

4 a   b

248 Teil 2: Begabung Test 10

5   a   b

6   a   b

Geschmack: Teil 2 **249**

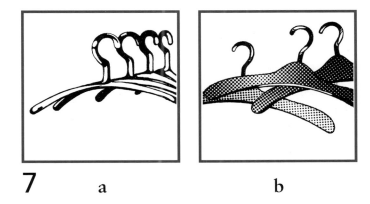

7   a   b

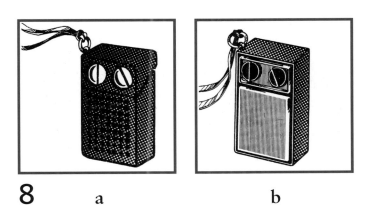

8   a   b

9 a   b

 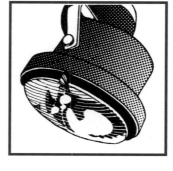

10 a   b

Geschmack: Teil 2

11 a b

12 a b

Testauswertung Test 10
Geschmack

In der Punktetabelle sind die richtigen Lösungen eingetragen. Kreuzen Sie bitte jede richtige Aufgabe an. Jedes Kreuz zählt einen Punkt.

1

1	b
2	a
3	b
4	a
5	b
6	a
7	b
8	b
9	a
10	a
11	a
12	b

Ihre Punkte

2

1	b
2	b
3	a
4	a
5	a
6	b
7	b
8	b
9	b
10	a
11	a
12	b

Ihre Punkte

Zählen Sie jetzt die Anzahl Ihrer Kreuze in beiden Testteilen zusammen. Die Summe ergibt Ihre Punktzahl bei Test 10.

In der Bewertungstabelle für Test 10 (Seite 256) können Sie unter Ihrer Punktzahl (je nach Altersgruppe) nachsehen, wie gut Ihr Geschmack ist und wieviel Prozent der Vergleichspersonen genauso gut, besser oder schlechter sind als Sie.

Ihre Punktsumme

Auswertung: Ihr Begabungsprofil

Bewertungstabellen

Auf den folgenden Seiten finden Sie die Bewertungstabellen für die zehn Begabungstests. Hier erfahren Sie, wie Sie bei den einzelnen Tests abgeschnitten haben. Die Tabellen sagen Ihnen auch, wieviel Personen (in Prozent) besser oder schlechter sind als Sie.
Wenn Sie z.B. Test 1 gemacht haben, berechnen Sie zuerst Ihre Punkte. Anschließend schauen Sie in der Tabelle für

Test 1 unter Ihrer Altersgruppe* nach, welche Bewertung Ihre erzielten Punkte ergeben. Kreuzen Sie Ihre Leistungsgruppe an, dann müssen Sie nicht erneut nachschlagen, wenn Sie alle zehn Bewertungen in die Diagnosekarte (Seite 257) übertragen. Bevor Sie mit der ersten Testauswertung beginnen, sollten Sie im Buch auf Seite 149 den Abschnitt »Was bedeuten die Testergebnisse?« durchlesen.

* Neben der Zugehörigkeit zu einer bestimmten Altersgruppe spielt auch das Bildungsniveau eine Rolle. Die Vergleichspersonen der Altersgruppe 14-16 Jahre sind Volksschüler und Personen mit Hauptschulabschluß. Die Vergleichspersonen der Altersgruppe 17-21 sind gemischt: Personen mit Berufsschulabschluß, Mittelschüler, Gymnasiasten und Abiturienten. Die Vergleichspersonen der Altersgruppe 22-30 sind ebenfalls gemischt.

1. Test
Sprachbegabung

Seite 151-160

14-16 Jahre Punkte	17-21 Jahre Punkte	22-30 Jahre Punkte	Bewertung **Sprachbegabung**	Leistungsgruppe	Bitte ankreuzen	Prozentuale Verteilung der Bewertung
36 – 42	39 – 42	40 – 42	sehr gut	A		3 %
31 – 35	33 – 38	37 – 39	gut	B		14 %
25 – 30	27 – 32	32 – 36	überdurchschnittl.	C		33 %
20 – 24	22 – 26	26 – 31	unterdurchschnittl.	D		33 %
13 – 19	17 – 21	18 – 25	gering	E		14 %
0 – 12	0 – 16	0 – 17	sehr gering	F		3 %

2. Test
Verhandlungs-
geschick
Seite 161-168

14-16 Jahre Punkte	17-21 Jahre Punkte	22-30 Jahre Punkte	Bewertung Verhandlungs- geschick	Lei- stungs grup- pe	Bitte an- kreu- zen	Prozentuale Verteilung der Bewertung
15 – 16	16	16	sehr gut	A		2 %
13 – 14	13 – 15	14 – 15	gut	B		14 %
11 – 12	11 – 12	12 – 13	überdurchschnittl.	C		33 %
9 – 10	9 – 10	10 – 11	unterdurchschnittl.	D		31 %
6 – 8	7 – 8	8 – 9	gering	E		16 %
0 – 5	0 – 6	0 – 7	sehr gering	F		4 %

3. Test
Kontaktfähigkeit
Seite 169-176

14-16 Jahre Punkte	17-21 Jahre Punkte	22-30 Jahre Punkte	Bewertung Kontaktfähigkeit	Lei- stungs grup- pe	Bitte an- kreu- zen	Prozentuale Verteilung der Bewertung
über 83	über 87	über 88	sehr gut	A		3 %
70 – 83	65 – 87	71 – 88	gut	B		13 %
58 – 69	56 – 64	59 – 70	überdurchschnittl.	C		33 %
50 – 57	47 – 55	49 – 58	unterdurchschnittl.	D		32 %
37 – 49	41 – 46	39 – 48	gering	E		15 %
unter 37	unter 41	unter 39	sehr gering	F		4 %

4. Test
Logisches Denken
Seite 177-186

14-16 Jahre Punkte	17-21 Jahre Punkte	22-30 Jahre Punkte	Bewertung Logisches Denken	Lei- stungs grup- pe	Bitte an- kreu- zen	Prozentuale Verteilung der Bewertung
22 – 24	23 – 24	23 – 24	sehr gut	A		2 %
21	21 – 22	21 – 22	gut	B		15 %
17 – 20	18 – 20	19 – 20	überdurchschnittl.	C		33 %
14 – 16	14 – 17	15 – 18	unterdurchschnittl.	D		35 %
5 – 13	10 – 13	11 – 14	gering	E		12 %
0 – 4	0 – 9	0 – 10	sehr gering	F		3 %

Auswertung: Ihr Begabungsprofil

5. Test
Kreativität
Seite 187-196

14-16 Jahre Punkte	17-21 Jahre Punkte	22-30 Jahre Punkte	Bewertung **Kreativität**	Lei-stungs grup-pe	Bitte an-kreu-zen	Prozentuale Verteilung der Bewertung
über 195	über 210	über 250	sehr gut	A		4 %
155 – 195	161 – 210	201 – 250	gut	B		13 %
95 – 154	96 – 160	140 – 200	überdurchschnittl.	C		32 %
56 – 94	71 – 95	106 – 139	unterdurchschnittl.	D		31 %
45 – 55	51 – 70	70 – 105	gering	E		16 %
unter 45	unter 51	unter 70	sehr gering	F		4 %

6. Test
Konzentration
Seite 197-204

14-16 Jahre Punkte	17-21 Jahre Punkte	22-30 Jahre Punkte	Bewertung **Konzentration**	Lei-stungs grup-pe	Bitte an-kreu-zen	Prozentuale Verteilung der Bewertung
unter 52	unter 50	unter 48	sehr gut	A		3 %
52 – 64	50 – 56	48 – 53	gut	B		15 %
65 – 80	57 – 72	54 – 65	überdurchschnittl.	C		30 %
81 – 110	73 – 90	66 – 87	unterdurchschnittl.	D		31 %
111 – 124	91 – 115	88 – 108	gering	E		14 %
über 124	über 115	über 108	sehr gering	F		7 %

7. Test
Technisches Verständnis
Seite 205-214

14-16 Jahre Punkte	17-21 Jahre Punkte	22-30 Jahre Punkte	Bewertung **Technisches Verständnis**	Lei-stungs grup-pe	Bitte an-kreu-zen	Prozentuale Verteilung der Bewertung
21 – 23	22 – 23	22 – 23	sehr gut	A		2 %
19 – 20	19 – 21	20 – 21	gut	B		15 %
15 – 18	15 – 18	17 – 19	überdurchschnittl.	C		31 %
10 – 14	10 – 14	13 – 16	unterdurchschnittl.	D		34 %
6 – 9	6 – 9	9 – 12	gering	E		16 %
0 – 5	0 – 5	0 – 8	sehr gering	F		2 %

8. Test
Rechenfähigkeit
Seite 215-228

14-16 Jahre Punkte	17-21 Jahre Punkte	22-30 Jahre Punkte	Bewertung Rechenfähigkeit	Lei-stungs grup-pe	Bitte an-kreu-zen	Prozentuale Verteilung der Bewertung
44 – 45	45	45	sehr gut	A		4 %
41 – 43	43 – 44	43 – 44	gut	B		15 %
37 – 40	40 – 42	41 – 42	überdurchschnittl.	C		29 %
22 – 36	29 – 39	34 – 40	unterdurchschnittl.	D		33 %
12 – 21	16 – 28	21 – 33	gering	E		15 %
0 – 11	0 – 15	0 – 20	sehr gering	F		3 %

9. Test
Praktische Intelligenz
Seite 229-238

14-16 Jahre Punkte	17-21 Jahre Punkte	22-30 Jahre Punkte	Bewertung Praktische Intelligenz	Lei-stungs grup-pe	Bitte an-kreu-zen	Prozentuale Verteilung der Bewertung
22	22	22	sehr gut	A		47 %*
20 – 21	21	21	gut	B		7 %
18 – 19	19 – 20	20	überdurchschnittl.	C		11 %
14 – 17	17 – 18	18 – 19	unterdurchschnittl.	D		20 %
10 – 13	11 – 16	13 – 17	gering	E		12 %
0 – 9	0 – 10	0 – 12	sehr gering	F		3 %

* Die Prozentwerte zeigen: Test 9 ist zu leicht (bei der Interpretation beachten).

10. Test
Geschmack
Seite 239-252

14-16 Jahre Punkte	17-21 Jahre Punkte	22-30 Jahre Punkte	Bewertung Geschmack	Lei-stungs grup-pe	Bitte an-kreu-zen	Prozentuale Verteilung der Bewertung
24	23 – 24	22 – 24	sehr gut	A		3 %
22 – 23	19 – 22	19 – 21	gut	B		12 %
19 – 21	17 – 18	16 – 18	überdurchschnittl.	C		33 %
16 – 18	15 – 16	13 – 15	unterdurchschnittl.	D		33 %
14 – 15	13 – 14	10 – 12	gering	E		16 %
unter 14	unter 13	unter 10	sehr gering	F		3 %

Die Diagnosekarte

Wie Sie die Diagnosekarte ausfüllen und handhaben können und welche Bedeutung sie für Sie hat, lesen Sie auf Seite 259. Sie können die Diagnosekarte ausschneiden, um mit ihr, ohne ständig nachzuschlagen, hantieren zu können.

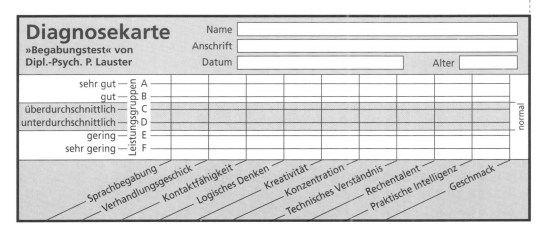

Papierstreifen für Test 9

Schneiden Sie den Papierstreifen bitte sorgfältig aus, und zerschneiden Sie ihn genau nach den Linien in vier Teile.

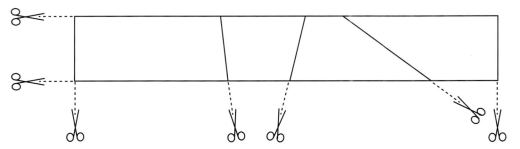

Diese Seite bleibt leer,
weil sich auf der Rückseite
die Diagnosekarte zum
Ausschneiden befindet.

Zeichnen Sie ihr Begabungsprofil

Übertragen Sie sämtliche Testergebnisse in die Diagnosekarte. Links außen stehen die sechs Bewertungsstufen von »sehr gut« bis »sehr gering« mit den entsprechenden Leistungsgruppen A bis F, die Sie aus den Auswertungstabellen bereits kennen. – Wie Sie Ihre Testergebnisse in die Diagnosekarte übertragen, wird im folgenden kurz an einem Beispiel erklärt:

Wenn Sie in Test 1 sehr gut (Leistungsgruppe A) abgeschnitten haben, machen Sie bei A in der ersten Spalte (Sprachbegabung) ein Kreuz.

Wenn Sie bei Test 2 normal (überdurchschnittlich) abgeschnitten haben, machen Sie in der zweiten Spalte (Verhandlungsgeschick) bei C ein Kreuz. Wenn Sie alle zehn Kreuze in der Diagnosekarte eingetragen haben, können Sie sie miteinander verbinden. So erhalten Sie Ihr Begabungsprofil, das Ihre Stärken und Schwächen optisch deutlich macht.

Bedenken Sie bitte stets, daß Ihr Begabungsprofil auf der Diagnosekarte nicht Ihr Schicksal repräsentiert. Das Profil zeigt Ihren gegenwärtigen Leistungsstandard. Der kann sich natürlich jederzeit ändern, denn Sie können jeden der zehn Begabungsfaktoren durch Training verbessern. Niemand ist dazu verdammt, ein für allemal ein schlechter Rechner oder ein »unkreativer Banause« zu sein. Deshalb sollten Sie sich bei Ihrer Berufswahl nicht durch Begabungsmängel von einer Tätigkeit zurückschrecken lassen, zu der Sie sich mit großem Interesse hingezogen fühlen. Starkes Interesse kann nämlich enorme Lernmotivationen wecken. Auf diese Weise können Begabungsschwächen sogar zu Stärken werden.

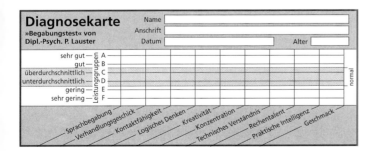

Begabung in der Berufspraxis

Wenn Sie Ihr Begabungsprofil mit den verschiedenen Berufsprofilen auf den folgenden Seiten vergleichen, können Sie abschätzen, für welche Arbeitsgebiete Sie die entsprechenden Fähigkeiten hätten. Wenn Sie Ihre Diagnosekarte ausgeschnitten haben, können Sie leichter vergleichen.

Es wurden die folgenden acht Arbeitsgebiete als Demonstrationsbeispiele herausgegriffen:

Verkauf (Außendienst) und Kontakt

Werbung (Gestaltung)

Kaufmännische und betriebswirtschaftliche Tätigkeiten

Ausbildung

Entwicklung und Konstruktion

Forschung

Sozialwesen

Handwerkliche Tätigkeiten

Verkauf (Außendienst) und Kontakt

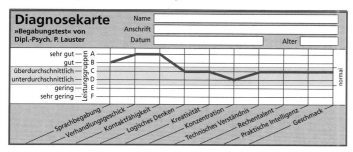

Verkäufer sollten vor allem in den ersten drei Tests gut abschneiden. Kein Verkäufer kann jedes Produkt gleich gut verkaufen. Er muß Fachwissen besitzen und vor allem Interesse für seine Produkte haben. Ein Verkäufer für kunstgewerbliche Gegenstände sollte z.B. im letzten Begabungsfaktor (Geschmack) mindestens in der Leistungsgruppe C liegen.

Werbung (Gestaltung)

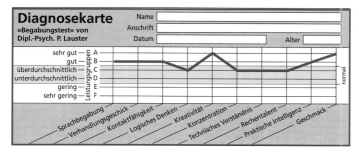

Die Begabungsfaktoren Kontakt, Sprachbegabung, Kreativität und Geschmack sollten ausgeprägt sein. Wenn Ihre besondere Stärke die Sprachbegabung ist, gekoppelt mit Kreativität, eignen Sie sich neben der Werbung natürlich auch für andere Berufe, z.B. Journalist und Deutschlehrer (siehe Profil »Ausbildung«).

Kaufmännische und betriebswirtschaftliche Tätigkeiten

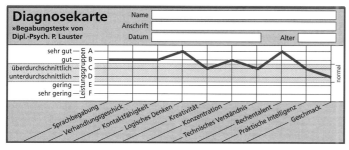

Bei kaufmännischen Berufen sollten drei Profilspitzen bestehen: logisches Denken, Konzentration und Rechnen. Für Bankkaufleute mit Kundenkontakt sind außerdem Kontaktfähigkeit und Verhandlungsgeschick erforderlich.

Ausbildung

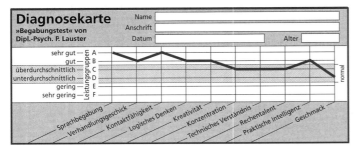

Dieses Profil zeigt sehr hohe Anforderungen. Wer andere Menschen ausbildet, muß sprachgewandt sein und gut verhandeln können, er muß leicht Kontakt finden sowie logisch und kreativ denken können. Je nachdem, welches Fachgebiet unterrichtet wird (Technik, Rechnen, Kunst), sollte auch in diesem Sektor eine Profilspitze vorhanden sein.

Entwicklung und Konstruktion

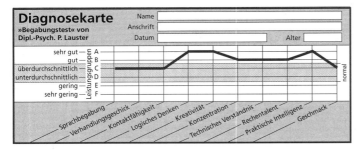

Ingenieure, Techniker, Konstrukteure, Chemiker, Physiker und Biologen arbeiten in diesem Arbeitsgebiet. Sie müssen vor allem vier Begabungsfaktoren besitzen: Kreativität, logisches Denkvermögen, Konzentration und praktische Intelligenz. Je nach Fachgebiet muß auch beim technischen Verständnis im Rechnen oder im Geschmack noch eine Profilspitze auftauchen.

Forschung

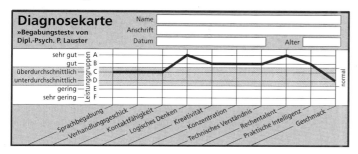

Im Bereich Forschung arbeiten vor allem Naturwissenschaftler: Mediziner, Biologen, Zoologen, Ingenieure, Physiker, Chemiker, Psychologen, Soziologen. Die Profilspitzen sollten bei logischem Denken, Kreativität, Konzentration, technischem Verständnis, Rechnen und praktischer Intelligenz liegen.

Sozialwesen

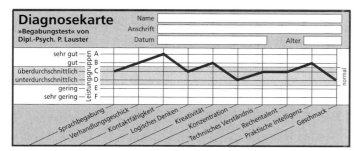

Bei sozial-beratenden Berufen stehen Kontaktfähigkeit und Sprachgewandtheit im Vordergrund. Fürsorgerin, Krankenschwester, praktischer Arzt, Psychologe und Hebamme sind im Sozialwesen tätig. Bei Ärzten und Psychologen muß außerdem das logische Denken und bei Chirurgen die praktische Intelligenz gut ausgeprägt sein.

Handwerkliche Tätigkeiten

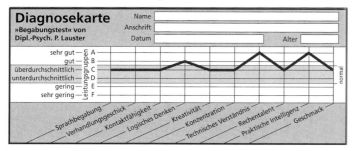

Zu diesem Arbeitsbereich gehören Elektriker, Schreiner, Schlosser, Automechaniker, Mechaniker im Metall- und Baugewerbe. Die Profilspitzen sollten beim technischen Verständnis und der praktischen Intelligenz liegen. Bei manchen handwerklichen Berufen ist auch eine gute Konzentrationsfähigkeit erforderlich.

In den einzelnen Arbeitsgebieten können verschiedene Positionen besetzt werden. Drei Positionen werden nach ihren psychologischen Anforderungen in »Idealprofilen« dargestellt:

Führungsposition

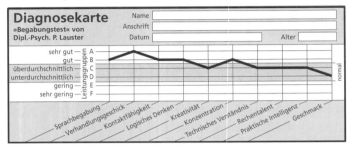

In Führungspositionen entscheidet über den Erfolg vor allem das Verhandlungsgeschick. Gut müssen Sprachbegabung, Kontaktfähigkeit, logisches Denken und Konzentrationsvermögen ausgeprägt sein. Neben diesen Anforderungen sind vor allem Persönlichkeitseigenschaften entscheidend.

Sachbearbeiter

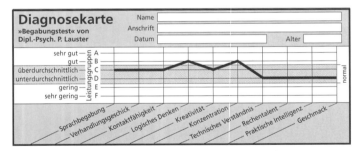

In dieser Position werden Konzentration und gutes logisches Denken verlangt. Wenn außerdem Sprachbegabung, Verhandlungsgeschick und Kontaktfähigkeit gut ausgeprägt sind, besteht die Möglichkeit, in eine Führungsposition aufzusteigen.

Assistent

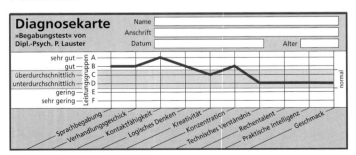

Diese Position ist mehr noch als die Sachbearbeitertätigkeit ein Übergang für eine leitende Position. Deshalb sind die ersten drei Begabungsfaktoren (Sprachbegabung, Verhandlungsgeschick und Kontaktfähigkeit) wichtig. Außerdem werden von einem Assistenten überdurchschnittlich gute Fachkenntnisse verlangt.

Zeigt Ihr Begabungsprofil den Berufserfolg?

Die elf Idealprofile zeigen die optimalen Begabungsvoraussetzungen. Wenn Ihr eigenes Profil beispielsweise deutlich mit dem Arbeitsgebiet Werbung übereinstimmt, bedeutet das noch nicht, daß Sie in der Werbung tatsächlich Karriere machen und eine leitende Position erringen. Der Erfolg hängt neben den Begabungsvoraussetzungen noch von anderen psychischen Eigenschaften ab. Die folgenden Faktoren sind dabei besonders wichtig:

1. **Führungsstil**

2. **Leistungsmotivation**
   (Erfolgsstreben und das Bedürfnis, gute Arbeit zu leisten)

3. **Streßstabilität**
   (seelische Belastbarkeit)

4. **Vitalität**
   (geistige und seelische Kraft)

5. **Durchsetzungsfähigkeit**

6. **Initiative**

7. **Loyalität**

8. **Beharrlichkeit**

Diese Eigenschaften können von Psychologen mit Spezialtests ermittelt werden. Dabei werden keine Leistungstests – wie in diesem Buch – verwendet, sondern Verfahren wie der Rorschach-Test, der TAT, die Graphologie und das Tiefeninterview. Eine Erfolgsprognose kann deshalb erst erstellt werden, wenn sämtliche Persönlichkeitsfaktoren getestet worden sind.

Psychologische Verfahren, die Karrierechancen messen

Der **Rorschach-Test** ist das berühmteste und kompliziertteste psychologische Testverfahren. Es wurde 1921 von dem Schweizer Psychiater Hermann Rorschach veröffentlicht. Der Testperson werden zehn Bilder gezeigt, auf denen je eine schwarze oder bunte Klecksfigur abgebildet ist. Es wird gefragt, was die Klecksographien bedeuten könnten. Der Psychologe muß die Antworten nach etwa 200 Kriterien auswerten und die einzelnen Symptome gegeneinander abwägen, damit ein ausführliches Persönlichkeitsbild entsteht. Viele Eigenschaften werden dabei entdeckt, die für den späteren Berufserfolg besonders entscheidend sind: Realitätssinn, Egozentrik, seelische Belastbarkeit, Durchsetzungsvermögen, Ängstlichkeit, Aggressivität, Neurose, Psychopathie, Dynamik usw.

Der **Thematic-Apperception Test** (TAT) wird von Psychologen benutzt, wenn das Unterbewußtsein mit seinen verdrängten Wünschen und Ängsten analysiert werden soll. Der Testperson werden mehrere Bilder vorgelegt, auf denen mehrdeutige Situationen dargestellt sind. Die Szenen sollen gedeutet und zu einer Geschichte verarbeitet werden. Aus den Deutungen zieht der Psychologe Rückschlüsse auf die Probleme der Testperson, denn das Verfahren geht von der Voraussetzung aus, daß man unbewußt seine eigenen Probleme mit den abgebildeten Szenen in Beziehung bringt. Weil das nicht immer so einfach funktioniert, muß der Psychologe das Testergebnis oft in einem Gespräch und durch andere Tests absichern.

Die **Graphologie** ist neben der Physiognomik die älteste Methode der Menschenkenntnis. In Deutschland wird fast jeder vierte Bewerber nach seiner Handschrift beurteilt. Trotzdem wird die Graphologie zu Unrecht von vielen als »unzuverlässig« abgetan. Das ist ein unberechtigtes Vorurteil. Die Graphologie ist ein erstaunlich aufschlußreicher Schlüssel für die Seele. Aus der Handschrift lassen sich vor allem die emotionalen Aspekte einer Person erkennen. Der Psychologe sieht oft auf den ersten Blick an dem Schriftbild, ob eine Person labil ist und leicht in Kontaktschwierigkeiten mit ihrer Umwelt gerät. Er kann auch feststellen, wie es mit der Vitalität, Durchsetzungsfähigkeit und dem Ehrgeiz steht. Es kann aufgrund der Analyse eine Prognose abgegeben werden, die erhellt, welche beruflichen Erfolgschancen jemand besitzt.

Wie kann man
Begabung fördern?

Das **Tiefeninterview** ist eine psychoanalytische Gesprächstechnik. Dabei sollen Erlebnisse aus dem eigenen Leben erzählt werden, freudige und unangenehme Ereignisse aus dem Beruf, der Schule und dem Privatleben. Der Psychologe nimmt dieses Gespräch meist auf Tonband auf und wertet die Äußerungen hinterher nach tiefenpsychologischen Aspekten aus.

Es kommt beispielsweise häufig vor, daß jemand sehr begabt ist, aber ständig von Eltern, Lehrern und Chefs kleingehalten wurde. Er traut sich deshalb schließlich nichts mehr zu und resigniert. Das wird im Tiefeninterview aufgedeckt. Das Gespräch steuert der Psychologe so, daß die Motive der Berufswahl klarwerden und sich Ängste herauskristallisieren. Nach der Auswertung kann eine neue Lebens- und Berufsorientierung besprochen werden.

Ein Beispiel: Polgars Töchter

Ein Beispiel für die Förderung von Begabungen demonstrierte der ungarische Psychologe und Lehrer Laszlo Polgar, der sogar seinen Beruf aufgab, um sich ganz der Erziehung seiner Töchter zu widmen. Er wollte beweisen, daß herausragende Leistungen nicht angeboren sind, »sondern erzogen werden«. So gelang es ihm, daß seine Tochter Judit bereits mit zwölf Jahren im Schach auf der Weltrangliste der Damen auf Platz eins stand. Alle seine drei Töchter gelten als »Schachwunderkinder«. Mit zwölf Jahren hat noch niemals eine Frau so gut Schach gespielt wie Judit.

Ein solcher Erfolg ist allerdings nur durch gezieltes Training möglich. Judit spielt täglich fünf bis acht Stunden, auch samstags und sonntags. Der Pädagoge Polgar sagt dazu: »Kinder sollen sehr früh auf Spezialgebieten eine besondere Erziehung bekommen. Das Interesse der Kinder soll geweckt werden. Das Kind soll gelobt werden, es soll Erfolge haben, es soll ihm ermöglicht werden, Freude am Fortschritt im Wissen zu erleben.«

Er ist überzeugt davon, daß, hätte er noch mehr Kinder gehabt, sie allesamt auch »Schachgenies« geworden wären. Polgar sagt dazu: »Ich bestreite, daß es eine Vererbung spezieller Begabungen gibt.« Er ist überzeugt davon, daß seine drei Töchter auch Mathematikgenies hätten werden können, wenn er sie so erzogen hätte. Auf die Frage des *Spiegels*, ob sie auch Musikgenies hätten werden können, antwortete er: »Genauso.« Und auf die Frage: »Hätte es viele Laszlo Polgars gegeben, dann hätte es viele Mozarts, viele Gauß' gegeben?«, antwortet er: »So ist es. In jüdischen Familien gibt es mehr Genies als in anderen. Warum? In jüdischen Familien ist es das Gesetz der Religion, zumindest der Brauch, die Kinder nach Beginn der Sprachentwicklung sogleich zu erziehen

und ihnen Wissen zu vermitteln. Das Ergebnis sehen Sie, zum Beispiel, an den Listen der Nobelpreisträger und der Schachweltmeister.«
Jedenfalls eines steht fest: Die frühe Förderung ist für die Entfaltung einer Begabung sehr wichtig. Polgar glaubt, daß durch Training jede Begabung entfaltet werden kann. Er erbrachte mit seiner Erziehung zumindest einen erneuten Beweis dafür, daß kein Grund zum Vererbungspessimismus der Deterministen besteht. Um eine Begabung, etwa die Schachspielfähigkeit oder die Musikalität, zu fördern, muß allerdings früh begonnen und ein hoher Einsatz an Trainingszeit investiert werden, um eine spätere herausragende Leistung zu erreichen. Hierbei handelt es sich allerdings um ein Extrembeispiel. Es soll ja nicht dafür plädiert werden, Kinder frühzeitig auf Spezialgebieten zu genialen Leistungen zu erziehen. Mit dem geschilderten Beispiel geht es mir jedoch vor allem darum,

bewußtzumachen, daß durch Förderung, Training, Interesse und Einsatz viel erreicht werden kann. Es sollte vor allem niemand verzagen, wenn er auf einem Gebiet nur schwache Leistungen zeigt. Er sollte wissen, daß das nicht schicksalhaft ist, sondern daß eine Schwäche durch Training und Förderung wieder ausgeglichen werden kann. Natürlich benötigt auch jede Stärke der Förderung und der weiteren intensiven Beschäftigung mit dem jeweiligen Gebiet, damit das Erreichte nicht stagniert, sondern sich stetig weiterentwickelt.

Teil 3

Berufswahl

Ein Drittel unseres Tages sinnvoll nutzen

Manche Leser meiner Bücher, besonders der Titel »Lebenskunst«, »Die Liebe« und »Wege zur Gelassenheit«, meinten, daß man, um sich selbst zu verwirklichen (das eigene Selbst zu entfalten), keinem Beruf mit seinen Zwängen und Verpflichtungen mehr nachgehen könnte. Das ist eine Fehlinterpretation, denn es ist für jeden nun einmal erforderlich, den Lebensunterhalt zu verdienen, wobei man sich allerdings vom »Berufsleben« und der »Berufswelt« nicht völlig beherrschen lassen darf. Neben acht Stunden Beruf stehen uns schließlich acht Stunden private Freizeit zur Verfügung (neben den notwendigen acht Stunden Schlaf). Nicht jeder kann einen »Traumberuf« realisieren, in dem seine persönliche Selbstentfaltung völlig in

beruflicher Entfaltung – ohne »Fremdbestimmtheit« – aufgeht. Das ist wohl nur dem Künstler möglich, sofern er sich völlig frei ausdrücken kann und natürlich auch das Glück hat, dafür auch einen Markt der Nachfrage zu finden, denn auch er unterliegt den Gesetzen des freien Marktes. Ohne Nachfrage hat auch er keine Chance, seinen Lebensunterhalt zu bestreiten.

Die Berufswahl sollte allerdings nicht nach reinen Markterwägungen vollzogen werden. Wer nur Mediziner wird, um dadurch viel Geld zu verdienen, wird meist ein schlechter Arzt sein und dann auch nicht viel verdienen, weil er seinen Beruf nicht mit seiner ganzen Person ausfüllt. Von großer Bedeutung für die Berufswahl ist deshalb die innere Motivation, das gera-

dezu leidenschaftliche Interesse an der beruflichen Tätigkeit.

Dieses leidenschaftliche Interesse, aus der Tiefe der Seele heraus, bahnt sich meist auch den Erfolg. Das Herz sollte also beteiligt sein, deshalb ist die Erkundung der eigenen Interessen von so großer Bedeutung, denn es sollte in der beruflichen Tätigkeit ein persönliches Sinngefühl verwirklicht werden können. Wer sich für Physik und die Erforschung der Naturgesetze interessiert, wäre sicherlich sehr unglücklich, wenn er in einer Boutique Kleider verkaufen sollte. Wer sich für Sprachen und Poesie interessiert, wäre wohl recht unglücklich, wenn er tagtäglich ein Einzelhandelsgeschäft zu führen hätte. Wer gerne Bilder malt und dabei seine Gefühle und Stimmungen

Ein Drittel unseres Tages sinnvoll nutzen 271

zum Ausdruck bringt, würde als Grafiker einer Werbeagentur sicherlich auf die Dauer sehr unzufrieden. Wer gerne Wissenschaftler in einem Labor wäre, sollte nicht unbedingt vor einer Schulklasse als Lehrer stehen. Wer aber die Tiere liebt, ihnen ganz konkret helfen will und dabei gerne mit Menschen umgeht, wird als Tierarzt in seinem Beruf zufrieden sein. Wer gerne mit Menschen zusammen ist, in einem Team Verantwortung übernimmt und gerne koordiniert und plant, konferiert und andere einweist, der wird in einer Führungsposition Sinn erfahren. Er wird dagegen in einer Tätigkeit, die Zurückgezogenheit und angepaßte Pflichterfüllung erfordert, für sich wenig Sinn sehen können. Sich auf diesen »inneren Kompaß« zu besinnen heißt in sich selbst hineinhorchen und erkennen, was man mit Geist und Seele wirklich will. In den acht Stunden privater Freizeit geht es um die Liebe zum Leben, um ein vollstän-

diges Ausschöpfen der Gegenwart, wie ich es in »Lebenskunst« beschrieben habe. Und im Beruf geht es um die Liebe zu einer Tätigkeit. Nur was man liebt, kann man mit so vollkommener Bewußtheit praktizieren, daß auch das Ergebnis gut wird. Deshalb: Liebe, Interesse, Bewußtheit, Aufmerksamkeit und Sinn gehen Hand in Hand. Alles zusammen führt zu einer Ganzheit der Person ohne Teilung, Abspaltungen und Angespanntheit.
Die Folge ist eine Gelassenheit in der Leidenschaftlichkeit. Was der gespaltene Mensch als Streß erlebt, ist für den ganzheitlich Interessierten stets Anregung und belebende Herausforderung.

Wie stehen Sie zu diesen Tätigkeitsgebieten?

In diesem Teil geht es um die Berufswahl. Dabei sollten Sie zunächst im ersten Test Ihre Interessenstruktur erforschen. Sie ermitteln den Grad Ihrer positiven Einstellung zu den folgenden zehn beruflichen Tätigkeitsgebieten:

- **Naturwissenschaft**
- **Technik**
- **Elektronische Datenverarbeitung/EDV**
- **Medizin**
- **Sozialarbeit**
- **Unterricht**
- **Verwaltung**
- **Kaufmännische Tätigkeit**
- **Visuelle Kommunikation**
- **Geisteswissenschaft**

Mit diesem ersten Test ermitteln Sie sozusagen die »Rangfolge« Ihrer allgemeinen Berufsinteressen. Der zweite Test gibt Ihnen dann die Möglichkeit festzustellen, inwiefern Sie einige Berufsvoraussetzungen (Persönlichkeits- und Begabungsmerkmale) erfüllen.

Mit dem dritten Test erforschen Sie schließlich, für welches Arbeitsgebiet Sie in Ihren drei größten Interessenbereichen die höchste Neigung besitzen. Dieser Test gibt Ihnen Hinweise, welche Berufe Sie in die engere Wahl ziehen sollten.

Teil 3 ist also nicht nur für den Schulabgänger gedacht, der vor der schwierigen Berufswahl steht, sondern er eignet sich auch für bereits Berufstätige, die mit ihrer Tätigkeit unzufrieden sind und sich eventuell umschulen lassen möchten, aber über ihre Interessenstruktur noch im unklaren sind.

So führen Sie die Tests durch

Testen Sie sich, wenn Sie von niemanden unterbrochen und gestört werden können, denn Sie brauchen Ruhe, um sich zu konzentrieren.

Machen Sie die Tests in der richtigen Reihenfolge. Zuerst Test 1, dann Test 2 und zum Schluß Test 3.

Bei den Tests handelt es sich um keine Intelligenzprüfung oder eine Bewertung Ihrer Person. Es gibt also keinen Grund zu mogeln.

Machen Sie nicht alle Tests an einem Tag. Die Ermüdung ist sonst zu stark.

1 Berufs-Interessen-Analyse

Lesen Sie im folgenden Test die 300 Tätigkeiten aufmerksam durch und machen Sie sich Gedanken darüber, wie sehr Sie an jeder Tätigkeit interessiert sind. Kreuzen Sie jeweils in der Skala eine Zahl zwischen 1 und 5 an. Je mehr Sie eine Tätigkeit interessiert, desto mehr Punkte geben Sie. Dabei spielt es keine Rolle, ob Sie die Tätigkeit bereits gelernt haben oder nicht. Sie sollen also nicht Ihre Kenntnisse, sondern Ihr Interesse ankreuzen. An einem Beispiel verstehen Sie sofort, wie das gemeint ist.

Wenn Sie die Tätigkeit »Eine Preisliste erstellen« etwas interessiert, müßten Sie so ankreuzen:

BEISPIEL:

Interessiert mich:

nicht	etwas	mittel	stark	sehr stark
1	2	3	4	5

274　　　　　　　　　　　　　　　　　　　　　　Teil 3: Berufswahl　　Test 1

1. Die Umstellung der Buch-
   führung eines Betriebes
   auf elektronische Datenverarbeitung organisieren

   Interessiert mich:

nicht	etwas	mittel	stark	sehr stark
1	2	3	4	5

2. Mit einem Team neue
   Ausbildungsmethoden
   erarbeiten

   Interessiert mich:

nicht	etwas	mittel	stark	sehr stark
1	2	3	4	5

3. Meerwasserproben
   analysieren

   Interessiert mich:

nicht	etwas	mittel	stark	sehr stark
1	2	3	4	5

4. Die Geschichte ver-
   schiedener Kulturen
   vergleichen

   Interessiert mich:

nicht	etwas	mittel	stark	sehr stark
1	2	3	4	5

5. Schriftliche Übungs-
   arbeiten korrigieren

   Interessiert mich:

nicht	etwas	mittel	stark	sehr stark
1	2	3	4	5

6. Den Ablauf einer Public-
   Relations(Öffentlich-
   keitsarbeit)-Veranstal-
   tung organisieren

   Interessiert mich:

nicht	etwas	mittel	stark	sehr stark
1	2	3	4	5

7. Menschen im Altersheim
   pflegen

   Interessiert mich:

nicht	etwas	mittel	stark	sehr stark
1	2	3	4	5

8. Ein Zahnradgetriebe
   zusammenbauen

   Interessiert mich:

nicht	etwas	mittel	stark	sehr stark
1	2	3	4	5

Berufs-Interessen-Analyse

9. Eine Zollerklärung ausfüllen

Interessiert mich:

nicht	etwas	mittel	stark	sehr stark
1	2	3	4	5

10. Rentenanträge bearbeiten

Interessiert mich:

nicht	etwas	mittel	stark	sehr stark
1	2	3	4	5

11. Über didaktische Pro-
bleme (Lehrmethoden)
diskutieren

Interessiert mich:

nicht	etwas	mittel	stark	sehr stark
1	2	3	4	5

12. Eine Wetterkarte erstellen

Interessiert mich:

nicht	etwas	mittel	stark	sehr stark
1	2	3	4	5

13. Gehälter abrechnen

Interessiert mich:

nicht	etwas	mittel	stark	sehr stark
1	2	3	4	5

14. Lernexperimente mit
Tieren durchführen

Interessiert mich:

nicht	etwas	mittel	stark	sehr stark
1	2	3	4	5

15. Unfallverletzte behandeln

Interessiert mich:

nicht	etwas	mittel	stark	sehr stark
1	2	3	4	5

16. Spritzen setzen

Interessiert mich:

nicht	etwas	mittel	stark	sehr stark
1	2	3	4	5

Teil 3: Berufswahl   **Test 1**

17. Elektrogeräte reparieren

Interessiert mich:

nicht	etwas	mittel	stark	sehr stark
1	2	3	4	5

18. Eine Wohnungseinrich-
tung entwerfen

Interessiert mich:

nicht	etwas	mittel	stark	sehr stark
1	2	3	4	5

19. Lebensmittel auf Gift-
stoffe untersuchen

Interessiert mich:

nicht	etwas	mittel	stark	sehr stark
1	2	3	4	5

20. Computer
programmieren

Interessiert mich:

nicht	etwas	mittel	stark	sehr stark
1	2	3	4	5

21. Krebsvorsorgeunter-
suchungen durchführen

Interessiert mich:

nicht	etwas	mittel	stark	sehr stark
1	2	3	4	5

22. Eine Firma auf einer
internationalen Messe
vertreten

Interessiert mich:

nicht	etwas	mittel	stark	sehr stark
1	2	3	4	5

23. Aufsatzthemen ausdenken

Interessiert mich:

nicht	etwas	mittel	stark	sehr stark
1	2	3	4	5

24. Waisenkinder betreuen

Interessiert mich:

nicht	etwas	mittel	stark	sehr stark
1	2	3	4	5

Berufs-Interessen-Analyse   277

25. Computer und Zubehör
    warten

Interessiert mich:

nicht	etwas	mittel	stark	sehr stark
1	2	3	4	5

26. Mondgestein untersuchen

Interessiert mich:

nicht	etwas	mittel	stark	sehr stark
1	2	3	4	5

27. Mit Eltern über Lern-
    schwierigkeiten sprechen

Interessiert mich:

nicht	etwas	mittel	stark	sehr stark
1	2	3	4	5

28. Eine Jugendgruppe
    beaufsichtigen

Interessiert mich:

nicht	etwas	mittel	stark	sehr stark
1	2	3	4	5

29. Technisches Spielzeug
    entwickeln

Interessiert mich:

nicht	etwas	mittel	stark	sehr stark
1	2	3	4	5

30. Fernsehkritiken schreiben

Interessiert mich:

nicht	etwas	mittel	stark	sehr stark
1	2	3	4	5

31. Ein Buch grafisch
    gestalten

Interessiert mich:

nicht	etwas	mittel	stark	sehr stark
1	2	3	4	5

32. Einen Betriebsausflug
    planen und organisieren

Interessiert mich:

nicht	etwas	mittel	stark	sehr stark
1	2	3	4	5

278   **Teil 3: Berufswahl   Test 1**

33. Neue Gestaltungs-
    techniken ausprobieren

Interessiert mich:

nicht	etwas	mittel	stark	sehr stark
1	2	3	4	5

34. Vermögenswirksame
    Sparverträge anlegen

Interessiert mich:

nicht	etwas	mittel	stark	sehr stark
1	2	3	4	5

35. Nachhilfeunterricht
    erteilen

Interessiert mich:

nicht	etwas	mittel	stark	sehr stark
1	2	3	4	5

36. Die Kosten berechnen, die
    bei der Herstellung eines
    neuen Produktes
    entstehen

Interessiert mich:

nicht	etwas	mittel	stark	sehr stark
1	2	3	4	5

37. Die Umsatzsteuer eines
    Betriebes berechnen

Interessiert mich:

nicht	etwas	mittel	stark	sehr stark
1	2	3	4	5

38. Bücher übersetzen

Interessiert mich:

nicht	etwas	mittel	stark	sehr stark
1	2	3	4	5

39. Ein Spielfeld für ein Brett-
    spiel entwerfen

Interessiert mich:

nicht	etwas	mittel	stark	sehr stark
1	2	3	4	5

40. Gestaltungsvorschläge für
    eine Zeitungsanzeige
    machen

Interessiert mich:

nicht	etwas	mittel	stark	sehr stark
1	2	3	4	5

Berufs-Interessen-Analyse 279

41. Rollstuhlfahrer betreuen

Interessiert mich:

nicht	etwas	mittel	stark	sehr stark
1	2	3	4	5

42. Ein Sachbuch über die politische Entwicklung nach dem Zweiten Weltkrieg schreiben

Interessiert mich:

nicht	etwas	mittel	stark	sehr stark
1	2	3	4	5

43. Ein Marktforschungsinstitut mit einer Umfrage beauftragen

Interessiert mich:

nicht	etwas	mittel	stark	sehr stark
1	2	3	4	5

44. Den Kreislauf messen

Interessiert mich:

nicht	etwas	mittel	stark	sehr stark
1	2	3	4	5

45. Physikalische Experimente durchführen

Interessiert mich:

nicht	etwas	mittel	stark	sehr stark
1	2	3	4	5

46. Wunden vernähen

Interessiert mich:

nicht	etwas	mittel	stark	sehr stark
1	2	3	4	5

47. Verträge mit Firmen aushandeln

Interessiert mich:

nicht	etwas	mittel	stark	sehr stark
1	2	3	4	5

48. Einen Lernleistungstest durchführen und auswerten

Interessiert mich:

nicht	etwas	mittel	stark	sehr stark
1	2	3	4	5

| | | Teil 3: Berufswahl   Test 1 |

49. Eine Kundenkartei führen

Interessiert mich:

nicht	etwas	mittel	stark	sehr stark
1	2	3	4	5

50. Bluttransfusionen durchführen

Interessiert mich:

nicht	etwas	mittel	stark	sehr stark
1	2	3	4	5

51. Am Bau eines Fahrstuhls in einem Bürohaus mitarbeiten

Interessiert mich:

nicht	etwas	mittel	stark	sehr stark
1	2	3	4	5

52. In einem Rechenzentrum arbeiten

Interessiert mich:

nicht	etwas	mittel	stark	sehr stark
1	2	3	4	5

53. Ein Schauspiel inszenieren

Interessiert mich:

nicht	etwas	mittel	stark	sehr stark
1	2	3	4	5

54. Anträge auf Lohnsteuerjahresausgleich bearbeiten

Interessiert mich:

nicht	etwas	mittel	stark	sehr stark
1	2	3	4	5

55. Ausbildungskurse in Erster Hilfe durchführen

Interessiert mich:

nicht	etwas	mittel	stark	sehr stark
1	2	3	4	5

56. Zu kritischem Denken anleiten

Interessiert mich:

nicht	etwas	mittel	stark	sehr stark
1	2	3	4	5

Berufs-Interessen-Analyse
281

57. Rentabilitätsberech-
nungen anstellen

Interessiert mich:

nicht	etwas	mittel	stark	sehr stark
1	2	3	4	5

58. Die Energieerzeugung
eines Kernkraftwerkes
überwachen

Interessiert mich:

nicht	etwas	mittel	stark	sehr stark
1	2	3	4	5

59. Maschinen auf
Funktionsfehler
überprüfen

Interessiert mich:

nicht	etwas	mittel	stark	sehr stark
1	2	3	4	5

60. Das Drehbuch zu einem
Dokumentarbericht über
die Römerzeit schreiben

Interessiert mich:

nicht	etwas	mittel	stark	sehr stark
1	2	3	4	5

61. Pflege (Eintragungen,
Datenabgleiche) in einer
Kartei vornehmen

Interessiert mich:

nicht	etwas	mittel	stark	sehr stark
1	2	3	4	5

62. Nachtdienst in einer
Unfallstation leisten

Interessiert mich:

nicht	etwas	mittel	stark	sehr stark
1	2	3	4	5

63. Einen Werbefilm drehen

Interessiert mich:

nicht	etwas	mittel	stark	sehr stark
1	2	3	4	5

64. Computer-Ausdrucke
auswerten

Interessiert mich:

nicht	etwas	mittel	stark	sehr stark
1	2	3	4	5

65. An der Entwicklung eines Autos mit Elektroantrieb mitarbeiten

Interessiert mich:

nicht	etwas	mittel	stark	sehr stark
1	2	3	4	5

66. Lohntüten für Arbeiter fertigmachen

Interessiert mich:

nicht	etwas	mittel	stark	sehr stark
1	2	3	4	5

67. Strafgefangene betreuen

Interessiert mich:

nicht	etwas	mittel	stark	sehr stark
1	2	3	4	5

68. Zeitungsartikel verfassen

Interessiert mich:

nicht	etwas	mittel	stark	sehr stark
1	2	3	4	5

69. Einen ausgekugelten Arm wieder einrenken

Interessiert mich:

nicht	etwas	mittel	stark	sehr stark
1	2	3	4	5

70. Den Ablauf einer Unterrichtsstunde planen

Interessiert mich:

nicht	etwas	mittel	stark	sehr stark
1	2	3	4	5

71. Sich mit der Geschichte der deutschen Parteien befassen

Interessiert mich:

nicht	etwas	mittel	stark	sehr stark
1	2	3	4	5

72. Eine Steuererklärung ausfüllen

Interessiert mich:

nicht	etwas	mittel	stark	sehr stark
1	2	3	4	5

Berufs-Interessen-Analyse

283

73. In einem Kindergarten arbeiten

Interessiert mich:

nicht	etwas	mittel	stark	sehr stark
1	2	3	4	5

74. Einen Lehrplan für ein Schulhalbjahr aufstellen

Interessiert mich:

nicht	etwas	mittel	stark	sehr stark
1	2	3	4	5

75. Informationen für die Eingabe in den PC aufbereiten

Interessiert mich:

nicht	etwas	mittel	stark	sehr stark
1	2	3	4	5

76. Leichen sezieren

Interessiert mich:

nicht	etwas	mittel	stark	sehr stark
1	2	3	4	5

77. An der Entwicklung eines neuen Kunststoffes mitarbeiten

Interessiert mich:

nicht	etwas	mittel	stark	sehr stark
1	2	3	4	5

78. Obdachlosen beim Wiederaufbau nach einem Erdbeben helfen

Interessiert mich:

nicht	etwas	mittel	stark	sehr stark
1	2	3	4	5

79. Technische Geräte regelmäßig warten

Interessiert mich:

nicht	etwas	mittel	stark	sehr stark
1	2	3	4	5

80. Anwesenheitsnachweise in einem Betrieb bearbeiten

Interessiert mich:

nicht	etwas	mittel	stark	sehr stark
1	2	3	4	5

81. Sprachkurse abhalten

Interessiert mich:

nicht	etwas	mittel	stark	sehr stark
1	2	3	4	5

82. Vasen aus Ton formen

Interessiert mich:

nicht	etwas	mittel	stark	sehr stark
1	2	3	4	5

83. Den Umschlag für ein Buch entwerfen

Interessiert mich:

nicht	etwas	mittel	stark	sehr stark
1	2	3	4	5

84. Kunststoffe verarbeiten

Interessiert mich:

nicht	etwas	mittel	stark	sehr stark
1	2	3	4	5

85. Neue Computerprogramme konzipieren und programmieren

Interessiert mich:

nicht	etwas	mittel	stark	sehr stark
1	2	3	4	5

86. Das Inventar eines Warenlagers in Tabellen eintragen

Interessiert mich:

nicht	etwas	mittel	stark	sehr stark
1	2	3	4	5

87. Die Auswirkung neuer Medikamente an Tieren beobachten

Interessiert mich:

nicht	etwas	mittel	stark	sehr stark
1	2	3	4	5

88. Blutproben entnehmen

Interessiert mich:

nicht	etwas	mittel	stark	sehr stark
1	2	3	4	5

Berufs-Interessen-Analyse   **285**

89. Ketten und Ringe aus
    Silberdraht herstellen

Interessiert mich:

nicht	etwas	mittel	stark	sehr stark
1	2	3	4	5

90. In der Familienfürsorge
    arbeiten

Interessiert mich:

nicht	etwas	mittel	stark	sehr stark
1	2	3	4	5

91. Tierpräparate herstellen

Interessiert mich:

nicht	etwas	mittel	stark	sehr stark
1	2	3	4	5

92. Die Vor- und Nachteile
    verschiedener Unter-
    richtsmethoden aus-
    probieren

Interessiert mich:

nicht	etwas	mittel	stark	sehr stark
1	2	3	4	5

93. In der Revision tätig sein

Interessiert mich:

nicht	etwas	mittel	stark	sehr stark
1	2	3	4	5

94. Bilanzen erstellen

Interessiert mich:

nicht	etwas	mittel	stark	sehr stark
1	2	3	4	5

95. Feinmechanische
    Instrumente herstellen

Interessiert mich:

nicht	etwas	mittel	stark	sehr stark
1	2	3	4	5

96. Den Rauminhalt
    komplizierter Körper
    berechnen

Interessiert mich:

nicht	etwas	mittel	stark	sehr stark
1	2	3	4	5

Teil 3: Berufswahl   Test 1

97. Mit psychisch Kranken Beschäftigungstherapie betreiben

Interessiert mich:

nicht	etwas	mittel	stark	sehr stark
1	2	3	4	5

98. Geburtshilfe leisten

Interessiert mich:

nicht	etwas	mittel	stark	sehr stark
1	2	3	4	5

99. Bedienung einer Setzmaschine

Interessiert mich:

nicht	etwas	mittel	stark	sehr stark
1	2	3	4	5

100. Schüler für Förderklassen aussuchen

Interessiert mich:

nicht	etwas	mittel	stark	sehr stark
1	2	3	4	5

101. Verschiedene Fertigungsmethoden für ein neues Produkt erproben

Interessiert mich:

nicht	etwas	mittel	stark	sehr stark
1	2	3	4	5

102. Den Ablauf eines Computerprogramms überwachen

Interessiert mich:

nicht	etwas	mittel	stark	sehr stark
1	2	3	4	5

103. Mit Kindern neue Spielideen entwickeln

Interessiert mich:

nicht	etwas	mittel	stark	sehr stark
1	2	3	4	5

104. Neue Vertriebsmethoden entwickeln

Interessiert mich:

nicht	etwas	mittel	stark	sehr stark
1	2	3	4	5

Berufs-Interessen-Analyse   287

105. Kupferformen
     emaillieren

Interessiert mich:

nicht	etwas	mittel	stark	sehr stark
1	2	3	4	5

106. Verschiedene Staatsfor-
     men vergleichen

Interessiert mich:

nicht	etwas	mittel	stark	sehr stark
1	2	3	4	5

107. Einen Blinddarm
     operieren

Interessiert mich:

nicht	etwas	mittel	stark	sehr stark
1	2	3	4	5

108. Personalakten anlegen
     und führen

Interessiert mich:

nicht	etwas	mittel	stark	sehr stark
1	2	3	4	5

109. Themen für die
     Gruppenarbeit mit
     Schülern aussuchen und
     vorbereiten

Interessiert mich:

nicht	etwas	mittel	stark	sehr stark
1	2	3	4	5

110. Röntgenaufnahmen
     machen und auswerten

Interessiert mich:

nicht	etwas	mittel	stark	sehr stark
1	2	3	4	5

111. Planeten beobachten
     und deren Bahnen
     berechnen

Interessiert mich:

nicht	etwas	mittel	stark	sehr stark
1	2	3	4	5

112. Alten Menschen in einer
     Pfarrgemeinde behilflich
     sein

Interessiert mich:

nicht	etwas	mittel	stark	sehr stark
1	2	3	4	5

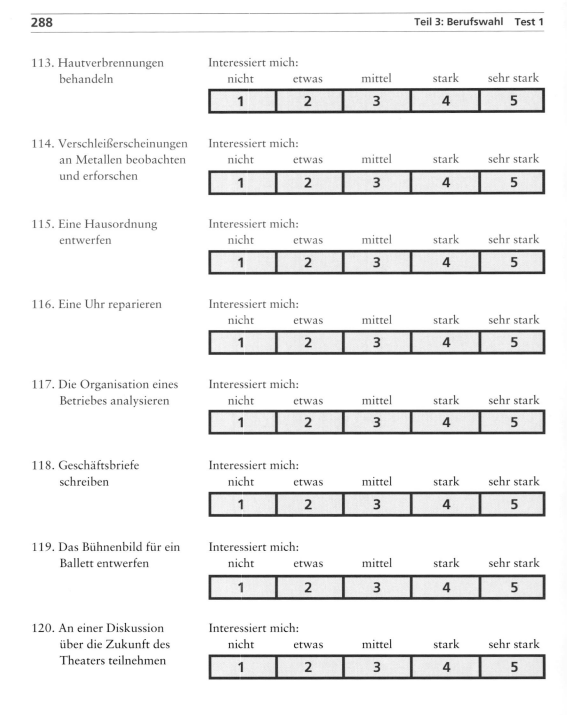

Berufs-Interessen-Analyse   289

121. Als Auslandskorrespon-   Interessiert mich:
     dent für eine große   nicht   etwas   mittel   stark   sehr stark
     Tageszeitung arbeiten

1	2	3	4	5

122. Reklamationen   Interessiert mich:
     bearbeiten   nicht   etwas   mittel   stark   sehr stark

1	2	3	4	5

123. Werbekonzepte   Interessiert mich:
     ausarbeiten   nicht   etwas   mittel   stark   sehr stark

1	2	3	4	5

124. Einen Bunten Abend in   Interessiert mich:
     einem Heim für   nicht   etwas   mittel   stark   sehr stark
     schwererziehbare
     Kinder organisieren

1	2	3	4	5

125. Ein Schaufenster   Interessiert mich:
     gestalten   nicht   etwas   mittel   stark   sehr stark

1	2	3	4	5

126. Einen Zoologischen   Interessiert mich:
     Garten leiten   nicht   etwas   mittel   stark   sehr stark

1	2	3	4	5

127. Ablaufpläne für   Interessiert mich:
     Computerprogramme   nicht   etwas   mittel   stark   sehr stark
     entwickeln

1	2	3	4	5

128. Knochenbrüche richten   Interessiert mich:
                                  nicht   etwas   mittel   stark   sehr stark

1	2	3	4	5

	Teil 3: Berufswahl Test 1

129. Paßkontrollen durchführen

Interessiert mich:

nicht	etwas	mittel	stark	sehr stark
1	2	3	4	5

130. Eine Expedition in unerforschte Gebiete unternehmen

Interessiert mich:

nicht	etwas	mittel	stark	sehr stark
1	2	3	4	5

131. Ein Autoradio einbauen

Interessiert mich:

nicht	etwas	mittel	stark	sehr stark
1	2	3	4	5

132. Medikamente verschreiben

Interessiert mich:

nicht	etwas	mittel	stark	sehr stark
1	2	3	4	5

133. Buchneuerscheinungen kritisch beurteilen

Interessiert mich:

nicht	etwas	mittel	stark	sehr stark
1	2	3	4	5

134. Auswahl und Zusammenstellung des Bildteils eines Buches

Interessiert mich:

nicht	etwas	mittel	stark	sehr stark
1	2	3	4	5

135. Termine überwachen und für ihre Einhaltung sorgen

Interessiert mich:

nicht	etwas	mittel	stark	sehr stark
1	2	3	4	5

136. Den durch Richtlinien festgelegten Lehrstoff auf die Interessen der Schüler abstimmen

Interessiert mich:

nicht	etwas	mittel	stark	sehr stark
1	2	3	4	5

Berufs-Interessen-Analyse

291

137. Einen Artikel über den Erdmagnetismus schreiben

Interessiert mich:

nicht	etwas	mittel	stark	sehr stark
1	2	3	4	5

138. Ein Gerät mit Zahnradantrieb konstruieren

Interessiert mich:

nicht	etwas	mittel	stark	sehr stark
1	2	3	4	5

139. Vernetzung der PC der einzelnen Abteilungen eines Unternehmens

Interessiert mich:

nicht	etwas	mittel	stark	sehr stark
1	2	3	4	5

140. Sprachgestörten Kindern das Sprechen beibringen

Interessiert mich:

nicht	etwas	mittel	stark	sehr stark
1	2	3	4	5

141. Verschiedene Computerprogrammabläufe koordinieren

Interessiert mich:

nicht	etwas	mittel	stark	sehr stark
1	2	3	4	5

142. Statische Berechnungen durchführen

Interessiert mich:

nicht	etwas	mittel	stark	sehr stark
1	2	3	4	5

143. Eine Festtafel für eine Hochzeitsgesellschaft mit Blumenarrangements dekorieren

Interessiert mich:

nicht	etwas	mittel	stark	sehr stark
1	2	3	4	5

144. Die passende deutsche Bedeutung für Fremdwörter finden

Interessiert mich:

nicht	etwas	mittel	stark	sehr stark
1	2	3	4	5

Teil 3: Berufswahl   Test 1

145. Anträge auf Abschluß einer Lebensversicherung bearbeiten

Interessiert mich:

nicht	etwas	mittel	stark	sehr stark
1	2	3	4	5

146. EDV-Beratung kleiner Betriebe

Interessiert mich:

nicht	etwas	mittel	stark	sehr stark
1	2	3	4	5

147. Für eine Lebensversicherung Kunden gewinnen

Interessiert mich:

nicht	etwas	mittel	stark	sehr stark
1	2	3	4	5

148. Über Probleme neuer Lehrmethoden diskutieren

Interessiert mich:

nicht	etwas	mittel	stark	sehr stark
1	2	3	4	5

149. Arbeitslosen bei der Stellungssuche helfen

Interessiert mich:

nicht	etwas	mittel	stark	sehr stark
1	2	3	4	5

150. Eine Statistik über die täglich anfallenden Geschäftsvorgänge einer Bank führen

Interessiert mich:

nicht	etwas	mittel	stark	sehr stark
1	2	3	4	5

151. Kontaktschwierige Kinder zu mehr Aktivität bringen

Interessiert mich:

nicht	etwas	mittel	stark	sehr stark
1	2	3	4	5

152. Eine Diskothek einrichten

Interessiert mich:

nicht	etwas	mittel	stark	sehr stark
1	2	3	4	5

Berufs-Interessen-Analyse | **293**

153. Bestrahlungen von Hautkrankheiten durchführen

Interessiert mich:

nicht	etwas	mittel	stark	sehr stark
1	2	3	4	5

154. Mathematische Probleme lösen

Interessiert mich:

nicht	etwas	mittel	stark	sehr stark
1	2	3	4	5

155. Methoden zur Steigerung der Konzentration von Kindern entwickeln

Interessiert mich:

nicht	etwas	mittel	stark	sehr stark
1	2	3	4	5

156. Gehaltskonten führen

Interessiert mich:

nicht	etwas	mittel	stark	sehr stark
1	2	3	4	5

157. Den Schaltplan für eine Signalanlage ausarbeiten

Interessiert mich:

nicht	etwas	mittel	stark	sehr stark
1	2	3	4	5

158. Den Aufbau eines EDV-Systems leiten

Interessiert mich:

nicht	etwas	mittel	stark	sehr stark
1	2	3	4	5

159. Über die Vor- und Nachteile der Kleinschreibung diskutieren

Interessiert mich:

nicht	etwas	mittel	stark	sehr stark
1	2	3	4	5

160. Eine neue Vasenform ausdenken

Interessiert mich:

nicht	etwas	mittel	stark	sehr stark
1	2	3	4	5

Teil 3: Berufswahl Test 1

161. Einen Werbeprospekt entwerfen

Interessiert mich:

nicht	etwas	mittel	stark	sehr stark
1	2	3	4	5

162. Eine elektrische Schreibmaschine auseinandernehmen

Interessiert mich:

nicht	etwas	mittel	stark	sehr stark
1	2	3	4	5

163. Drogensüchtige Jugendliche betreuen

Interessiert mich:

nicht	etwas	mittel	stark	sehr stark
1	2	3	4	5

164. Schüler bei Schulaufgaben beaufsichtigen

Interessiert mich:

nicht	etwas	mittel	stark	sehr stark
1	2	3	4	5

165. Gemälde kopieren

Interessiert mich:

nicht	etwas	mittel	stark	sehr stark
1	2	3	4	5

166. Eisenträger zusammenschweißen

Interessiert mich:

nicht	etwas	mittel	stark	sehr stark
1	2	3	4	5

167. Falsche Kritik am Lehrstoff sachlich widerlegen

Interessiert mich:

nicht	etwas	mittel	stark	sehr stark
1	2	3	4	5

168. Eine Telefonleitung verlegen

Interessiert mich:

nicht	etwas	mittel	stark	sehr stark
1	2	3	4	5

Berufs-Interessen-Analyse   295

169. Die elektronische Datenverarbeitung eines
Betriebes überprüfen

Interessiert mich:

nicht	etwas	mittel	stark	sehr stark
1	2	3	4	5

170. Starke Blutungen stillen

Interessiert mich:

nicht	etwas	mittel	stark	sehr stark
1	2	3	4	5

171. Eine Autoform
kritisieren und
verbessern

Interessiert mich:

nicht	etwas	mittel	stark	sehr stark
1	2	3	4	5

172. Die Formalitäten für
polizeiliche An- und
Abmeldungen
entwickeln

Interessiert mich:

nicht	etwas	mittel	stark	sehr stark
1	2	3	4	5

173. Gipsverbände anlegen

Interessiert mich:

nicht	etwas	mittel	stark	sehr stark
1	2	3	4	5

174. Eine Skulptur für die
Eingangshalle einer
Behörde schaffen

Interessiert mich:

nicht	etwas	mittel	stark	sehr stark
1	2	3	4	5

175. Die Grundidee ver-
schiedener Religionen
vergleichen

Interessiert mich:

nicht	etwas	mittel	stark	sehr stark
1	2	3	4	5

176. Fremde Kulturen
erforschen

Interessiert mich:

nicht	etwas	mittel	stark	sehr stark
1	2	3	4	5

Teil 3: Berufswahl Test 1

177. Materialeinkauf auf lange Sicht planen

Interessiert mich:

nicht	etwas	mittel	stark	sehr stark
1	2	3	4	5

178. Die gute Leistung eines Schülers loben

Interessiert mich:

nicht	etwas	mittel	stark	sehr stark
1	2	3	4	5

179. Einen physikalischen Experimentierkasten für Kinder zusammenstellen

Interessiert mich:

nicht	etwas	mittel	stark	sehr stark
1	2	3	4	5

180. Eine Diskussionsgruppe über das Thema »Kindererziehung« leiten

Interessiert mich:

nicht	etwas	mittel	stark	sehr stark
1	2	3	4	5

181. Eine Fernsehantenne installieren

Interessiert mich:

nicht	etwas	mittel	stark	sehr stark
1	2	3	4	5

182. Die Datenverarbeitung für die Buchhaltung eines Betriebes organisieren

Interessiert mich:

nicht	etwas	mittel	stark	sehr stark
1	2	3	4	5

183. Unterschiedliche Rechtsauffassungen beurteilen

Interessiert mich:

nicht	etwas	mittel	stark	sehr stark
1	2	3	4	5

184. Ein Buch über den Sinn des Lebens verfassen

Interessiert mich:

nicht	etwas	mittel	stark	sehr stark
1	2	3	4	5

Berufs-Interessen-Analyse   **297**

185. Eine Umstellung der
     Lohnbuchhaltung auf
     EDV organisieren

Interessiert mich:

nicht	etwas	mittel	stark	sehr stark
1	2	3	4	5

186. Elektronenrechner
     reparieren

Interessiert mich:

nicht	etwas	mittel	stark	sehr stark
1	2	3	4	5

187. Wiederbelebungs-
     versuche unternehmen

Interessiert mich:

nicht	etwas	mittel	stark	sehr stark
1	2	3	4	5

188. Die Form für eine
     Kaffeemaschine
     entwerfen

Interessiert mich:

nicht	etwas	mittel	stark	sehr stark
1	2	3	4	5

189. Grundstücke vermessen

Interessiert mich:

nicht	etwas	mittel	stark	sehr stark
1	2	3	4	5

190. Schüler zur Mitarbeit im
     Unterricht motivieren

Interessiert mich:

nicht	etwas	mittel	stark	sehr stark
1	2	3	4	5

191. Zeugnisnoten festlegen

Interessiert mich:

nicht	etwas	mittel	stark	sehr stark
1	2	3	4	5

192. In einer Missionsstation
     arbeiten

Interessiert mich:

nicht	etwas	mittel	stark	sehr stark
1	2	3	4	5

193. Kosmische Strahlungen messen	Interessiert mich:				
	nicht	etwas	mittel	stark	sehr stark
	1	2	3	4	5

194. Eine Klimaanlage montieren	Interessiert mich:				
	nicht	etwas	mittel	stark	sehr stark
	1	2	3	4	5

195. Einen Personalfrage-bogen entwerfen	Interessiert mich:				
	nicht	etwas	mittel	stark	sehr stark
	1	2	3	4	5

196. Lieferverträge mit Firmen besprechen	Interessiert mich:				
	nicht	etwas	mittel	stark	sehr stark
	1	2	3	4	5

197. Eine Bibliothek führen	Interessiert mich:				
	nicht	etwas	mittel	stark	sehr stark
	1	2	3	4	5

198. Für Kinder lediger Mütter einen Kinder-gartenplatz beschaffen	Interessiert mich:				
	nicht	etwas	mittel	stark	sehr stark
	1	2	3	4	5

199. Neue Gesetzesentwürfe ausarbeiten	Interessiert mich:				
	nicht	etwas	mittel	stark	sehr stark
	1	2	3	4	5

200. Muster für Kleiderstoffe entwerfen	Interessiert mich:				
	nicht	etwas	mittel	stark	sehr stark
	1	2	3	4	5

Berufs-Interessen-Analyse   **299**

201. Den Warenumsatz eines Großhandels registrieren

Interessiert mich:

nicht	etwas	mittel	stark	sehr stark
1	2	3	4	5

202. Kinder auf ihren allgemeinen Gesundheitszustand untersuchen

Interessiert mich:

nicht	etwas	mittel	stark	sehr stark
1	2	3	4	5

203. Modezeichnungen anfertigen

Interessiert mich:

nicht	etwas	mittel	stark	sehr stark
1	2	3	4	5

204. Belastbarkeit von Stahlträgern berechnen

Interessiert mich:

nicht	etwas	mittel	stark	sehr stark
1	2	3	4	5

205. Neue Pflanzenschutzmittel entwerfen

Interessiert mich:

nicht	etwas	mittel	stark	sehr stark
1	2	3	4	5

206. Probebohrungen zur Erdölgewinnung durchführen

Interessiert mich:

nicht	etwas	mittel	stark	sehr stark
1	2	3	4	5

207. Rechnungen schreiben

Interessiert mich:

nicht	etwas	mittel	stark	sehr stark
1	2	3	4	5

208. Die Farben für ein Glasfenster aussuchen

Interessiert mich:

nicht	etwas	mittel	stark	sehr stark
1	2	3	4	5

300   Teil 3: Berufswahl   Test 1

209. Blut- und Urinproben im Labor untersuchen

Interessiert mich:

nicht	etwas	mittel	stark	sehr stark
1	2	3	4	5

210. Ratsuchende Eltern in Drogenfragen beraten

Interessiert mich:

nicht	etwas	mittel	stark	sehr stark
1	2	3	4	5

211. Technische Zeichnungen anfertigen

Interessiert mich:

nicht	etwas	mittel	stark	sehr stark
1	2	3	4	5

212. Physikalische Meßgeräte bauen

Interessiert mich:

nicht	etwas	mittel	stark	sehr stark
1	2	3	4	5

213. Qualitätskontrollen bei neuen Metall-Legierungen durchführen

Interessiert mich:

nicht	etwas	mittel	stark	sehr stark
1	2	3	4	5

214. Einen Muskelriß behandeln

Interessiert mich:

nicht	etwas	mittel	stark	sehr stark
1	2	3	4	5

215. Verwaltungsprobleme durch Computereinsatz lösen

Interessiert mich:

nicht	etwas	mittel	stark	sehr stark
1	2	3	4	5

216. Als Babysitter arbeiten

Interessiert mich:

nicht	etwas	mittel	stark	sehr stark
1	2	3	4	5

Berufs-Interessen-Analyse 301

217. Fehler in einem
Computerprogramm
verbessern

Interessiert mich:

nicht	etwas	mittel	stark	sehr stark
1	2	3	4	5

218. Einen Schulausflug
interessant gestalten

Interessiert mich:

nicht	etwas	mittel	stark	sehr stark
1	2	3	4	5

219. Eine Kunstausstellung
zusammenstellen

Interessiert mich:

nicht	etwas	mittel	stark	sehr stark
1	2	3	4	5

220. Eine Marktanalyse lesen
und daraus Schluß-
folgerungen ableiten

Interessiert mich:

nicht	etwas	mittel	stark	sehr stark
1	2	3	4	5

221. Eine Statistik über die
Umsatzentwicklung
ausarbeiten

Interessiert mich:

nicht	etwas	mittel	stark	sehr stark
1	2	3	4	5

222. Korrespondenz
bearbeiten und abheften

Interessiert mich:

nicht	etwas	mittel	stark	sehr stark
1	2	3	4	5

223. Ein gebrochenes Bein
schienen

Interessiert mich:

nicht	etwas	mittel	stark	sehr stark
1	2	3	4	5

224. Vernetzung mehrerer
Terminals mit einem
Rechenzentrum organi-
sieren

Interessiert mich:

nicht	etwas	mittel	stark	sehr stark
1	2	3	4	5

302   **Teil 3: Berufswahl   Test 1**

225. Die technischen Anlagen
     einer Kläranlage
     überwachen

Interessiert mich:

nicht	etwas	mittel	stark	sehr stark
1	2	3	4	5

226. Verzweifelten Menschen
     Trost zusprechen

Interessiert mich:

nicht	etwas	mittel	stark	sehr stark
1	2	3	4	5

227. Konkurrenzbeobach-
     tungen durchführen und
     die Ergebnisse
     schriftlich darlegen

Interessiert mich:

nicht	etwas	mittel	stark	sehr stark
1	2	3	4	5

228. Als Dolmetscher Reden
     übersetzen

Interessiert mich:

nicht	etwas	mittel	stark	sehr stark
1	2	3	4	5

229. Eine abstrakte
     Bildkomposition
     verbessern

Interessiert mich:

nicht	etwas	mittel	stark	sehr stark
1	2	3	4	5

230. Die Typografie für ein
     Sachbuch aussuchen

Interessiert mich:

nicht	etwas	mittel	stark	sehr stark
1	2	3	4	5

231. Von Firmen Angebote
     einholen

Interessiert mich:

nicht	etwas	mittel	stark	sehr stark
1	2	3	4	5

232. In einer Gemeinde-
     verwaltung arbeiten

Interessiert mich:

nicht	etwas	mittel	stark	sehr stark
1	2	3	4	5

Berufs-Interessen-Analyse   303

233. Die Vorteile des pro-
grammierten Unterrichts
kritisch überprüfen

Interessiert mich:

nicht	etwas	mittel	stark	sehr stark
1	2	3	4	5

234. Hausbesuche bei
Kranken machen

Interessiert mich:

nicht	etwas	mittel	stark	sehr stark
1	2	3	4	5

235. Den Metallgehalt von
Erzen bestimmen

Interessiert mich:

nicht	etwas	mittel	stark	sehr stark
1	2	3	4	5

236. Eine Waage eichen

Interessiert mich:

nicht	etwas	mittel	stark	sehr stark
1	2	3	4	5

237. Ein Computerprogramm
inhaltlich strukturieren

Interessiert mich:

nicht	etwas	mittel	stark	sehr stark
1	2	3	4	5

238. Die Eingabedaten für ein
Computerprogramm
erstellen

Interessiert mich:

nicht	etwas	mittel	stark	sehr stark
1	2	3	4	5

239. In Entwicklungsländern
als Entwicklungshelfer
tätig sein

Interessiert mich:

nicht	etwas	mittel	stark	sehr stark
1	2	3	4	5

240. Bei Sportveranstal-
tungen als Sanitäter im
Einsatz sein

Interessiert mich:

nicht	etwas	mittel	stark	sehr stark
1	2	3	4	5

Teil 3: Berufswahl   Test 1

241. Die Daten einer Wetter-
station auswerten

Interessiert mich:

nicht	etwas	mittel	stark	sehr stark
1	2	3	4	5

242. Geeignete Lehrbücher
auswählen

Interessiert mich:

nicht	etwas	mittel	stark	sehr stark
1	2	3	4	5

243. Eine Mandeloperation
durchführen

Interessiert mich:

nicht	etwas	mittel	stark	sehr stark
1	2	3	4	5

244. Den voraussichtlichen
Umsatz eines Betriebes
für das laufende Jahr
abschätzen

Interessiert mich:

nicht	etwas	mittel	stark	sehr stark
1	2	3	4	5

245. Fiebrige Infektionen
behandeln

Interessiert mich:

nicht	etwas	mittel	stark	sehr stark
1	2	3	4	5

246. Die Speicherung der
Daten für einen
Computerprogramm-
ablauf bestimmen

Interessiert mich:

nicht	etwas	mittel	stark	sehr stark
1	2	3	4	5

247. Einen Museumsbesuch
mit einer Schulklasse
vorbereiten

Interessiert mich:

nicht	etwas	mittel	stark	sehr stark
1	2	3	4	5

248. Die Biographie eines
berühmten Staatsman-
nes zusammenstellen

Interessiert mich:

nicht	etwas	mittel	stark	sehr stark
1	2	3	4	5

Berufs-Interessen-Analyse   305

249. Als Wirtschaftsprüfer
     arbeiten

Interessiert mich:

nicht	etwas	mittel	stark	sehr stark
1	2	3	4	5

250. Alkoholikern in ein
     geregeltes Leben
     zurückhelfen

Interessiert mich:

nicht	etwas	mittel	stark	sehr stark
1	2	3	4	5

251. Illustrationen für ein
     Tierbuch zeichnen

Interessiert mich:

nicht	etwas	mittel	stark	sehr stark
1	2	3	4	5

252. Ein Buch über die
     Grundlagen der
     Pädagogik lesen

Interessiert mich:

nicht	etwas	mittel	stark	sehr stark
1	2	3	4	5

253. Schulbücher textlich
     gestalten

Interessiert mich:

nicht	etwas	mittel	stark	sehr stark
1	2	3	4	5

254. Verfahren zur Beseiti-
     gung radioaktiven
     Abfalls entwickeln

Interessiert mich:

nicht	etwas	mittel	stark	sehr stark
1	2	3	4	5

255. Die Funktion der Bord-
     instrumente in einem
     Flugzeug überwachen

Interessiert mich:

nicht	etwas	mittel	stark	sehr stark
1	2	3	4	5

256. Die Tontechnik für eine
     Fernsehübertragung
     regeln

Interessiert mich:

nicht	etwas	mittel	stark	sehr stark
1	2	3	4	5

306   **Teil 3: Berufswahl   Test 1**

257. Ein Computerprogramm auf seine Richtigkeit testen

Interessiert mich:

nicht	etwas	mittel	stark	sehr stark
1	2	3	4	5

258. Gebühren für Dienstleistungen festlegen

Interessiert mich:

nicht	etwas	mittel	stark	sehr stark
1	2	3	4	5

259. An der Börse handeln

Interessiert mich:

nicht	etwas	mittel	stark	sehr stark
1	2	3	4	5

260. Einen Staatsvertrag auf die Vereinbarkeit mit dem Grundgesetz überprüfen

Interessiert mich:

nicht	etwas	mittel	stark	sehr stark
1	2	3	4	5

261. Methoden zur Herstellung von geruchlosem Benzin entwickeln

Interessiert mich:

nicht	etwas	mittel	stark	sehr stark
1	2	3	4	5

262. Bei Steuerproblemen beraten

Interessiert mich:

nicht	etwas	mittel	stark	sehr stark
1	2	3	4	5

263. Salzwasser durch chemische Prozesse in Trinkwasser umwandeln

Interessiert mich:

nicht	etwas	mittel	stark	sehr stark
1	2	3	4	5

264. Technische Berechnungen ausführen

Interessiert mich:

nicht	etwas	mittel	stark	sehr stark
1	2	3	4	5

Berufs-Interessen-Analyse

307

265. Für leistungsschwache
Schüler Sonderkurse
ausarbeiten

Interessiert mich:

nicht	etwas	mittel	stark	sehr stark
1	2	3	4	5

266. Festlegen, welche Daten
ein Computer aus-
drucken soll

Interessiert mich:

nicht	etwas	mittel	stark	sehr stark
1	2	3	4	5

267. Zigarettenautomaten
abrechnen

Interessiert mich:

nicht	etwas	mittel	stark	sehr stark
1	2	3	4	5

268. Eine Anekdoten-
sammlung
zusammenstellen

Interessiert mich:

nicht	etwas	mittel	stark	sehr stark
1	2	3	4	5

269. Einen unschuldig
Verurteilten in der
Berufungsverhandlung
verteidigen

Interessiert mich:

nicht	etwas	mittel	stark	sehr stark
1	2	3	4	5

270. Medizinische Diagnosen
stellen

Interessiert mich:

nicht	etwas	mittel	stark	sehr stark
1	2	3	4	5

271. Vorhandene Daten so
aufarbeiten, daß sie vom
Computer verarbeitet
werden können

Interessiert mich:

nicht	etwas	mittel	stark	sehr stark
1	2	3	4	5

272. Als Bewährungshelfer
tätig sein

Interessiert mich:

nicht	etwas	mittel	stark	sehr stark
1	2	3	4	5

308   Teil 3: Berufswahl   Test 1

273. Insekten in Nahaufnahmen fotografieren

Interessiert mich:

nicht	etwas	mittel	stark	sehr stark
1	2	3	4	5

274. Rationalisierungspläne für einen Betrieb ausarbeiten

Interessiert mich:

nicht	etwas	mittel	stark	sehr stark
1	2	3	4	5

275. Autos auf technische Mängel untersuchen

Interessiert mich:

nicht	etwas	mittel	stark	sehr stark
1	2	3	4	5

276. Persönliche Probleme von Schülern interessiert anhören und bei der Lösung behilflich sein

Interessiert mich:

nicht	etwas	mittel	stark	sehr stark
1	2	3	4	5

277. Kommentare zu aktuellen politischen Fragen verfassen

Interessiert mich:

nicht	etwas	mittel	stark	sehr stark
1	2	3	4	5

278. Karteikarten sortieren

Interessiert mich:

nicht	etwas	mittel	stark	sehr stark
1	2	3	4	5

279. Glas bemalen

Interessiert mich:

nicht	etwas	mittel	stark	sehr stark
1	2	3	4	5

280. Buchmanuskripte bearbeiten

Interessiert mich:

nicht	etwas	mittel	stark	sehr stark
1	2	3	4	5

Berufs-Interessen-Analyse   **309**

281. Impfungen vornehmen

Interessiert mich:

nicht	etwas	mittel	stark	sehr stark
1	2	3	4	5

282. Finanzierungspläne für ein neues Produkt aufstellen

Interessiert mich:

nicht	etwas	mittel	stark	sehr stark
1	2	3	4	5

283. Die Ursache für einen Hautausschlag fest- stellen

Interessiert mich:

nicht	etwas	mittel	stark	sehr stark
1	2	3	4	5

284. Die gesamte Post eines großen Unternehmens durch die Frankier- maschine laufen lassen

Interessiert mich:

nicht	etwas	mittel	stark	sehr stark
1	2	3	4	5

285. Diskussionen mit Eltern über Schulfragen leiten

Interessiert mich:

nicht	etwas	mittel	stark	sehr stark
1	2	3	4	5

286. Reisepässe ausstellen

Interessiert mich:

nicht	etwas	mittel	stark	sehr stark
1	2	3	4	5

287. Mündliche Prüfungen abhalten

Interessiert mich:

nicht	etwas	mittel	stark	sehr stark
1	2	3	4	5

288. Eine Zeitschrift mit dem Titel »Die Wirtschaft« lesen

Interessiert mich:

nicht	etwas	mittel	stark	sehr stark
1	2	3	4	5

289. Mit Gesprächspartnern verhandeln

Interessiert mich:

nicht	etwas	mittel	stark	sehr stark
1	2	3	4	5

290. Die Widerstandsfähigkeit von neuen Kunststoffen testen

Interessiert mich:

nicht	etwas	mittel	stark	sehr stark
1	2	3	4	5

291. Bei Überschwemmungskatastrophen helfen

Interessiert mich:

nicht	etwas	mittel	stark	sehr stark
1	2	3	4	5

292. Kreuzungsversuche mit Tieren durchführen

Interessiert mich:

nicht	etwas	mittel	stark	sehr stark
1	2	3	4	5

293. Eine geschmacklose Schmerztablette herstellen

Interessiert mich:

nicht	etwas	mittel	stark	sehr stark
1	2	3	4	5

294. Disketten formatieren und bespielen

Interessiert mich:

nicht	etwas	mittel	stark	sehr stark
1	2	3	4	5

295. Jugendliche auf ihre Tauglichkeit für den Wehrdienst untersuchen

Interessiert mich:

nicht	etwas	mittel	stark	sehr stark
1	2	3	4	5

296. Computer warten

Interessiert mich:

nicht	etwas	mittel	stark	sehr stark
1	2	3	4	5

Berufs-Interessen-Analyse

311

297. Obdachlosen bei der Beschaffung einer Wohnung behilflich sein

Interessiert mich:

nicht	etwas	mittel	stark	sehr stark
1	2	3	4	5

298. Die Bepflanzung einer Parkanlage durchführen

Interessiert mich:

nicht	etwas	mittel	stark	sehr stark
1	2	3	4	5

299. Das Bedienungspult eines elektronischen Großrechners überwachen

Interessiert mich:

nicht	etwas	mittel	stark	sehr stark
1	2	3	4	5

300. Ein Plakat für ein Konzert entwerfen

Interessiert mich:

nicht	etwas	mittel	stark	sehr stark
1	2	3	4	5

Testauswertung

Die Tätigkeiten sind durch-
numeriert von 1 bis 300.
In der Auswertung müssen
die zehn Interessengebiete
getrennt werden. In zehn
Listen sind die Fragen den
einzelnen Interessengebieten
zugeordnet. Schreiben Sie
hinter jede Nummer Ihre
angekreuzte Zahl.

Test 1: Testauswertung   **313**

Naturwissenschaft	Technik	EDV
3 =	8 =	1 =
12 =	17 =	20 =
14 =	29 =	25 =
19 =	51 =	52 =
26 =	59 =	64 =
45 =	65 =	75 =
58 =	79 =	85 =
77 =	84 =	99 =
87 =	95 =	102 =
91 =	101 =	117 =
96 =	114 =	127 =
111 =	116 =	139 =
126 =	131 =	141 =
130 =	138 =	146 =
137 =	142 =	158 =
154 =	157 =	169 =
179 =	162 =	182 =
193 =	166 =	186 =
205 =	168 =	215 =
206 =	181 =	217 =
212 =	189 =	224 =
213 =	194 =	237 =
225 =	204 =	238 =
235 =	211 =	246 =
241 =	236 =	257 =
254 =	255 =	266 =
261 =	256 =	271 =
263 =	264 =	294 =
292 =	275 =	296 =
293 =	290 =	299 =
Summe =	Summe =	Summe =

Medizin		Sozialarbeit		Unterricht	
15	=	7	=	2	=
16	=	24	=	5	=
21	=	28	=	11	=
44	=	41	=	23	=
46	=	55	=	27	=
50	=	62	=	35	=
69	=	67	=	48	=
76	=	73	=	56	=
88	=	78	=	70	=
98	=	90	=	74	=
107	=	97	=	92	=
110	=	103	=	100	=
113	=	112	=	109	=
128	=	124	=	136	=
132	=	140	=	148	=
153	=	149	=	151	=
170	=	163	=	155	=
173	=	164	=	167	=
187	=	180	=	178	=
202	=	192	=	190	=
209	=	198	=	191	=
214	=	210	=	218	=
223	=	216	=	233	=
234	=	226	=	242	=
243	=	239	=	248	=
245	=	240	=	252	=
270	=	250	=	265	=
281	=	272	=	276	=
283	=	291	=	285	=
295	=	297	=	287	=
Summe	=	Summe	=	Summe	=

Test 1: Testauswertung

Verwaltung		Kaufmännische Tätigkeit	
9	=	6	=
10	=	22	=
13	=	32	=
34	=	36	=
37	=	43	=
49	=	47	=
54	=	57	=
61	=	93	=
66	=	94	=
72	=	104	=
80	=	118	=
86	=	122	=
108	=	123	=
115	=	135	=
129	=	147	=
145	=	161	=
150	=	177	=
156	=	185	=
172	=	196	=
195	=	220	=
201	=	221	=
207	=	227	=
222	=	231	=
232	=	244	=
258	=	249	=
262	=	259	=
267	=	274	=
278	=	282	=
284	=	288	=
286	=	289	=
Summe	= _____	Summe	= _____

Visuelle Kommunikation	Geisteswissenschaft
18 =	4 =
31 =	30 =
33 =	38 =
39 =	42 =
40 =	53 =
63 =	60 =
82 =	68 =
83 =	71 =
89 =	81 =
105 =	106 =
119 =	120 =
125 =	121 =
134 =	133 =
143 =	144 =
152 =	159 =
160 =	175 =
165 =	176 =
171 =	183 =
174 =	184 =
188 =	197 =
200 =	199 =
203 =	219 =
208 =	228 =
229 =	247 =
230 =	253 =
251 =	260 =
273 =	268 =
279 =	269 =
298 =	277 =
300 =	280 =
Summe = ____	Summe = ____

Test 1: Testauswertung **317**

Wenn Sie für alle Interessengebiete Ihre angekreuzten Zahlen eingetragen haben, können Sie die Summe berechnen. Das sind Ihre Interessenpunkte bei den zehn Interessengebieten. Sie werden in die Tabelle eingetragen.

Interessengebiete	Interessenpunkte
Naturwissenschaft	
Technik	
EDV	
Medizin	
Sozialarbeit	
Unterricht	
Verwaltung	
Kaufmännische Tätigkeit	
Visuelle Kommunikation	
Geisteswissenschaft	

Jetzt können Sie Ihre Interessengebiete in eine Rangfolge bringen. Hierzu dient die folgende Tabelle. Das Gebiet mit der höchsten Punktzahl steht an erster Stelle, das Gebiet mit der geringsten Punktzahl steht an letzter Stelle. Je höher also Ihre Punktzahl, desto stärker ist Ihr Interesse für das Gebiet.

Die Rangfolge
Ihrer Interessen

Interessengebiete	Punkte
1.	
2.	
3.	
4.	
5.	
6.	
7.	
8.	
9.	
10.	

Beispiel

Interessengebiete	Punkte
1. Kaufmännische Tätigkeit	134
2. EDV	91
3. Technik	90
4. Verwaltung	82
5. Visuelle Kommunikation	75
6. Geisteswissenschaft	74
7. Naturwissenschaft	67
8. Unterricht	61
9. Medizin	50
10. Sozialarbeit	40

Eine Person, die bei Test 1 diese Interessenrangfolge ermittelt hat, ist am meisten an einer kaufmännischen Tätigkeit interessiert. Aber auch für die Bereiche Elektronische Datenverarbeitung und Technik besteht noch ein beachtenswertes Interesse. Daraus kann geschlossen werden, daß sie sich bei einer kaufmännischen Tätigkeit in einer Firma mit technischen Produkten besonders wohl fühlen wird.

Gering ist das Interesse dagegen für Sozialarbeit, Medizin und Unterricht. Auf diesen Gebieten fehlt die Motivation für eine berufliche Tätigkeit. Diese Interpretation ist vorläufig, denn neben dem Interesse müssen allgemeine Berufsvoraussetzungen beachtet werden. Erst nach dem zweiten Test auf den folgenden Seiten, wenn das Testergebnis »Berufsvoraussetzung« feststeht, sollte eine genauere Festlegung auf eines der

bevorzugten Interessengebiete erfolgen. Danach gibt der dritte Teil Auskunft darüber, für welche speziellen Arbeitsbereiche innerhalb der bevorzugten Interessengebiete eine besondere Neigung vorliegt.

2 Berufsvoraussetzungen

Mit diesem zweiten Test können Sie feststellen, inwiefern Sie die Berufsvoraussetzungen hinsichtlich bestimmter Eigenschaften, Persönlichkeits- und Begabungsmerkmale erfüllen.

Wenn Sie zu einem Ergebnis kommen wollen, das für Sie aussagekräftig ist, müssen Sie diesen Test ehrlich beantworten. Dies ist nicht ganz einfach, denn Sie sollen bei den folgenden 52 Fragen versuchen, sich selbst einzuschätzen.

Die Fragen sind jeweils nur durch Ankreuzen von »ja« oder »nein« zu beantworten. Wenn Sie sich bei einzelnen Fragen nicht entscheiden können, dann überlegen Sie, was noch am ehesten stimmen würde. Sie dürfen bei diesem Test keine Frage auslassen.

1.	Erledigen Sie gerne schriftliche Arbeiten?	ja	nein
2.	Interessieren Sie sich für Rechtsvorschriften?	ja	nein
3.	Glauben Sie, daß Geschmack trainierbar ist?	ja	nein
4.	Besitzen Sie Geduld?	ja	nein
5.	Glauben Sie, daß Sie Führungseigenschaften besitzen?	ja	nein
6.	Wissen Sie, was der Begriff »Marketing« bedeutet?	ja	nein
7.	Würden Sie sich als tolerant bezeichnen?	ja	nein
8.	Besitzen Sie ein kritisches Urteilsvermögen?	ja	nein
9.	Wissen Sie, was man unter dem Begriff REFA versteht?	ja	nein

10.	Besitzen Sie Teamgeist?	ja	nein
11.	Können Sie schnell und sicher Entscheidungen treffen?	ja	nein
12.	Glauben Sie, daß Sie mehr theoretisch als praktisch begabt sind?	ja	nein
13.	Interessieren Sie sich für Farbgesetze?	ja	nein
14.	Rechnen Sie gerne?	ja	nein
15.	Sind Sie ordnungsliebend?	ja	nein
16.	Würden Sie sich für körperlich und seelisch überdurchschnittlich belastbar halten?	ja	nein
17.	Können Sie Englisch?	ja	nein
18.	Besitzen Sie eine gute Selbstbeherrschung?	ja	nein
19.	Würden Sie sich als zäh und beharrlich bezeichnen?	ja	nein
20.	Sind Sie kontaktfreudig?	ja	nein
21.	Bezeichnen Sie sich als dynamisch?	ja	nein
22.	Wären Sie bereit, auch Ihre Freizeit zu opfern, wenn man Sie braucht?	ja	nein
23.	Haben Sie Initiative?	ja	nein
24.	Wären Sie bereit, Schichtarbeit zu machen?	ja	nein
25.	Glauben Sie, daß Sie gute sprachliche Fähigkeiten besitzen?	ja	nein
26.	Stört Sie eine Farbzusammenstellung, die nach Ihrer Meinung nicht gelungen ist?	ja	nein
27.	Würden Sie sich selbst als zuverlässig bezeichnen?	ja	nein
28.	Können Sie genau arbeiten?	ja	nein
29.	Haben Sie Interesse an Erziehungsfragen?	ja	nein
30.	Besitzen Sie eine besonders gute Konzentrationsfähigkeit?	ja	nein

Berufsvoraussetzungen

31.	Haben Sie Organisationstalent?	ja	nein
32.	Glauben Sie, daß Sie kreativ sind?	ja	nein
33.	Könnten Sie anderen Menschen Schmerzen bereiten, um ihnen dadurch zu helfen?	ja	nein
34.	Können Sie Ihre eigenen Interessen hinter die anderer Menschen zurückstellen?	ja	nein
35.	Haben Sie Ausdauer?	ja	nein
36.	Besitzen Sie technisches Verständnis?	ja	nein
37.	Beurteilen Sie gerne optische Gestaltungen?	ja	nein
38.	Können Sie geschickt verhandeln?	ja	nein
39.	Besitzen Sie Einfühlungsvermögen?	ja	nein
40.	Würden Sie sich als aufgeschlossen bezeichnen?	ja	nein
41.	Sind Sie pflichtbewußt?	ja	nein
42.	Arbeiten Sie gerne selbständig?	ja	nein
43.	Glauben Sie, ein überdurchschnittliches Verantwortungsbewußtsein zu besitzen?	ja	nein
44.	Haben Sie Interesse an Sprachen?	ja	nein
45.	Besitzen Sie Überzeugungskraft?	ja	nein
46.	Glauben Sie, mehr praktisch als theoretisch veranlagt zu sein?	ja	nein
47.	Würden Sie sich eher als nüchtern bezeichnen?	ja	nein
48.	Lesen Sie gerne?	ja	nein
49.	Haben Sie Gerechtigkeitssinn?	ja	nein
50.	Können Sie wirtschaftlich denken?	ja	nein
51.	Würden Sie sich als geschickt bezeichnen?	ja	nein
52.	Können Sie sich durchsetzen?	ja	nein

324　　　　　　　　　　　　　　　　　　Teil 3: Berufswahl　　Test 2: Testauswertung

Testauswertung

Die einzelnen Punktzahlen für Ihr Ergebnis bei den Berufsvoraussetzungen ermitteln Sie ähnlich wie Ihre Interessenpunktzahl. Die folgenden zehn Tabellen zeigen, welche Fragen für das einzelne Berufsgebiet maßgebend waren. Für jede Ja-Antwort können Sie einen Punkt notieren. Maximal können Sie also für ein einzelnes Berufsgebiet 8 Punkte erzielen. Werten Sie nun ein Gebiet nach dem anderen aus, und übertragen Sie die Ergebnisse anschließend in die Tabelle.

Berufsgebiete	Ja-Antworten	Punkte
1. Naturwissenschaft Fragen: 8, 10, 14, 17, 23, 28, 35, 42		
2. Technik Fragen: 9, 10, 14, 17, 31, 36, 46, 51		
3. EDV Fragen: 10, 12, 14, 24, 30, 31, 36, 47		
4. Medizin Fragen: 11, 16, 20, 22, 33, 39, 41, 43		
5. Sozialarbeit Fragen: 4, 7, 18, 20, 22, 34, 39, 43		
6. Unterricht Fragen: 4, 5, 20, 25, 29, 40, 45, 52		
7. Verwaltung Fragen: 1, 2, 15, 27, 28, 41, 47, 49		
8. Kaufmännische Tätigkeit Fragen: 1, 6, 14, 17, 31, 38, 50, 52		
9. Visuelle Kommunikation Fragen: 3, 13, 21, 26, 32, 37, 42, 46		
10. Geisteswissenschaft Fragen: 1, 12, 19, 25, 28, 42, 44, 48		

Test 2: Testauswertung   **325**

Tragen Sie nun Ihre Punktzahlen aus dem Interessentest (S. 317) und dem Test Berufsvoraussetzungen (S. 324) in die Tabelle ein.

Berufsgebiete	Punkte/Test 1	Punkte/Test 2
1. Naturwissenschaft		
2. Technik		
3. EDV		
4. Medizin		
5. Sozialarbeit		
6. Unterricht		
7. Verwaltung		
8. Kaufmännische Tätigkeit		
9. Visuelle Kommunikation		
10. Geisteswissenschaft		

Ordnen Sie nun die Berufsgebiete nach der Interessenpunktzahl. Das Gebiet mit den meisten Punkten steht oben, an zweiter Stelle das mit der zweithöchsten Interessenpunktzahl usw. Das Gebiet mit der geringsten Interessenpunktzahl steht an letzter Stelle.

Berufsgebiete	Punkte/Test 1	Punkte/Test 2
1.		
2.		
3.		
4.		
5.		
6.		
7.		
8.		
9.		
10.		

Beispiel

Berufsgebiete	Punkte/Test 1	Punkte/Test 2
1. Naturwissenschaft	132	4
2. Technik	117	6
3. EDV	102	4
4. Visuelle Kommunikation	95	5
5. Kaufmännische Tätigkeit	92	5
6. Verwaltung	67	3
7. Medizin	62	4
8. Sozialarbeit	44	1
9. Geisteswissenschaft	44	1
10. Unterricht	23	1

Die Person X (Tabelle) ist besonders an einer Tätigkeit im Bereich Naturwissenschaft interessiert. Aber auch an einer technischen und EDV-Tätigkeit besteht noch großes Interesse. Die erzielten Punkte bei den allgemeinen Berufsvoraussetzungen geben über die Eignung etwas mehr Aufschluß.

Die Person X besitzt die nächsten Punktvoraussetzungen für einen technischen Beruf. Sie hat hier die zweithöchste Interessenpunktzahl erreicht und außerdem die meisten Ja-Punkte. Für den Bereich Naturwissenschaft besitzt Person X zwar ein noch größeres Interesse, doch zeigen die wenigen Ja-Punkte, daß sie keine so guten Berufsvoraussetzungen für eine Tätigkeit im Bereich Naturwissenschaft besitzt. Die Punktzahl für die Berufsvoraussetzungen sollte nicht unter 5 liegen. Andernfalls erscheint die Eignung, trotz möglicherweise großen Interesses, zweifelhaft.

Besonders gering ist bei Person X das Interesse für eine unterrichtende Tätigkeit, für Geisteswissenschaft und Sozialarbeit. Auch die allgemeinen Berufsvoraussetzungen sind für diese Bereiche schwach ausgeprägt.

327

3

Arbeitsgebiete
in zehn Berufsrichtungen

Nachdem Sie Ihre Interessen-
richtungen und Ihre Berufsvoraussetzungen ermittelt
haben, ist noch die Frage des
Arbeitsgebietes offen. Das
wird mit diesem dritten und
letzten Test überprüft.
Kreuzen Sie an, in welchen
3 Gebieten Sie die höchste
Punktzahl erreicht haben.

☐ Naturwissenschaft	Seite	328
☐ Technik	Seite	334
☐ Elektronische Datenverarbeitung (EDV)	Seite	340
☐ Medizin	Seite	344
☐ Sozialarbeit	Seite	349
☐ Unterricht	Seite	355
☐ Verwaltung	Seite	361
☐ Kaufmännische Tätigkeit	Seite	369
☐ Visuelle Kommunikation	Seite	375
☐ Geisteswissenschaft	Seite	379

Schlagen Sie die Seitenzahlen
der jeweiligen Tests auf und
machen Sie die 3 Tests. Auf
diese Weise erfahren Sie, welche Arbeitsgebiete für Sie in
Betracht kommen. Über diese
Berufe sollten Sie sich näher
informieren und beraten lassen.

Teil 3: Berufswahl Test 3

Naturwissenschaft

Kreuzen Sie bitte bei jeder der folgenden Tätigkeiten an, welche der beiden zur Auswahl stehenden Tätigkeiten Sie jeweils lieber ausüben würden.

A   B

1. Umfangreiche Statistiken auswerten. ☐ ☐ An einem Forschungsprojekt auf dem Gebiet der Atomphysik mitarbeiten.

2. Lebensmittel auf Schadstoffe untersuchen. ☐ ☐ Tierpräparate herstellen.

3. Logische Organisationen von Rechnersystemen entwerfen. ☐ ☐ Die Zusammensetzung von Stoffen untersuchen.

4. Eine chemische Verbindung daraufhin analysieren, welche Elemente in welchem Mengenverhältnis in ihr enthalten sind. ☐ ☐ Alter und Entstehung von Gesteinsfunden feststellen.

5. Wahrscheinlichkeitsberechnungen aufstellen. ☐ ☐ Stoffwechselvorgänge erforschen.

6. Nach weiteren Anwendungsmöglichkeiten des Laserstrahls forschen. ☐ ☐ Biologische Reaktionsmechanismen in Zellen erforschen.

7. Optische Linsensysteme zusammenstellen. ☐ ☐ Einen mathematischen Beweis führen.

8. Züchtungsversuche zur Verbesserung von Nutzpflanzen durchführen. ☐ ☐ Die Veränderung von Stoffeigenschaften nach Ablauf chemischer Reaktionen feststellen.

Teil 1: Naturwissenschaft   329

<table>
<tr><td></td><td>A</td><td>B</td><td></td></tr>
<tr><td>9. Wirksame Schädlingsbekämpfungsmittel entwickeln.</td><td>☐</td><td>☐</td><td>Lösungswege für schwierige mathematische Probleme ausarbeiten.</td></tr>
<tr><td>10. Schaltungen für Transistoren bestimmen.</td><td>☐</td><td>☐</td><td>Elektrolytische Apparate zur Chlorgewinnung überwachen.</td></tr>
<tr><td>11. Die Lebensgewohnheiten bestimmter Tierarten erforschen.</td><td>☐</td><td>☐</td><td>Bei der Auswertung von Berechnungen Nichtmathematikern die Ergebnisse in Form von Tabellen und Diagrammen verständlich machen.</td></tr>
<tr><td>12. Versuchstiere in Experimenten unter speziellen biologischen und physikalischen Lebensbedingungen beobachten.</td><td>☐</td><td>☐</td><td>Nutzungsmöglichkeiten physikalischer Phänomene untersuchen und in neue Verfahren umsetzen.</td></tr>
<tr><td>13. An der Konzeption und Überwachung der laufenden Geschäftspläne eines Versicherungsamtes mitarbeiten.</td><td>☐</td><td>☐</td><td>Die Wirkung von Strahlen auf Tiere und Pflanzen untersuchen.</td></tr>
<tr><td>14. Reinstes Silicium für die Transistortechnik im Labor herstellen.</td><td>☐</td><td>☐</td><td>An einem Lexikon über Botanik mitarbeiten.</td></tr>
<tr><td>15. Einen Jahresabschluß aufstellen.</td><td>☐</td><td>☐</td><td>An der Entwicklung neuer Methoden zur Abwasserreinigung mitarbeiten.</td></tr>
<tr><td>16. Rohöl durch Destillation in verschiedene Stoffanteile trennen.</td><td>☐</td><td>☐</td><td>Die Präzision physikalischer Meßgeräte bestimmen.</td></tr>
</table>

330   Teil 3: Berufswahl   Test 3

           A   B

17. An der Erarbeitung theoretischer Grundlagen für die Entwicklung neuer Produktionsprozesse mitwirken.

   ☐   ☐   An einem wissenschafltichen Film über Rangordnungen im Tierreich beratend mitwirken.

18. Einflüsse anderer Himmelskörper auf der Erde nachweisen.

   ☐   ☐   Den Mechanismus der Zellteilung erklären.

19. Satellitenbilder für die Wettervorhersage auswerten.

   ☐   ☐   Ein Buch über Informationstheorie lesen.

20. Die phylogenetische Entwicklungsgeschichte des Menschen erforschen.

   ☐   ☐   Schmelz- und Siedepunkte, Verbrennungswärme, Dichte und andere Eigenschaften von Stoffen bestimmen.

21. Abgase auf ihre chemische Zusammensetzung untersuchen.

   ☐   ☐   Anhand statistischer Verfahren die Aussagesicherheit von psychologischen Testergebnissen bestimmen.

22. Neue Methoden der Wasserversorgung entwickeln.

   ☐   ☐   Eine Tabelle der bisher bekannten chemischen Elemente erstellen.

23. Die verschiedenen Arten der Fortpflanzung bei Tieren und Pflanzen darstellen.

   ☐   ☐   Die Flugzeiten von Raumsonden berechnen.

24. Die Bedeutung der verschiedenen Vitamine für die menschliche Gesundheit erforschen.

   ☐   ☐   Geophysikalische Messungen auswerten.

Teil 1: Testauswertung 331

Testauswertung

Um Ihre Punktzahlen für die einzelnen Arbeitsgebiete zu ermitteln, vergleichen Sie, bei welchen Fragen Sie so angekreuzt haben wie in den folgenden Tabellen:

Ermitteln Sie Ihre Punktzahl für das Arbeitsgebiet **Mathematik**.

Ermitteln Sie nun in der gleichen Weise Ihre Punktzahl für das Arbeitsgebiet **Physik**.

Ermitteln Sie nun Ihre Punktzahl für das Arbeitsgebiet **Chemie**.

Frage	Antwort A	B
1	x	
3	x	
5	x	
7		x
9		x
11		x
13	x	
15	x	
17	x	
19		x
21		x
23		x

Frage	Antwort A	B
1		x
4		x
6	x	
7	x	
10	x	
12		x
13		x
16		x
18	x	
19	x	
22	x	
24		x

Frage	Antwort A	B
2	x	
3		x
4	x	
8		x
9	x	
10		x
14	x	
15		x
16	x	
20		x
21	x	
22		x

Für jede Übereinstimmung notieren Sie einen Punkt. Die Summe ist Ihre Punktzahl für den Arbeitsbereich Mathematik.

Notieren Sie für jede Übereinstimmung wieder einen Punkt. Die Summe ist Ihre Punktzahl für den Arbeitsbereich Physik.

Notieren Sie für jede Übereinstimmung wieder einen Punkt. Die Summe ist Ihre Punktzahl für den Arbeitsbereich Chemie.

Summe Ihrer Übereinstimmungen

Summe Ihrer Übereinstimmungen

Summe Ihrer Übereinstimmungen

Ermitteln Sie nun Ihre Punktzahl für das Arbeitsgebiet **Biologie.**

Frage	Antwort A	B
2		x
5		x
6		x
8	x	
11	x	
12	x	
14		x
17		x
18		x
20	x	
23	x	
24	x	

Notieren Sie für jede Übereinstimmung wieder einen Punkt. Die Summe ist Ihre Punktzahl für den Arbeitsbereich Biologie.

Tragen Sie jetzt in die Tabelle für jedes Arbeitsgebiet Ihre erzielten Punkte ein.

Arbeitsgebiet	Punkte
Mathematik	
Physik	
Chemie	
Biologie	

Aus dieser Tabelle ersehen Sie, für welche Arbeitsgebiete Sie sich im Bereich der **Naturwissenschaften** am meisten interessieren. Der Bereich, in dem Sie die höchste Punktzahl erreicht haben, wird Ihnen am ehesten liegen.

Welche Berufe zu den einzelnen Gebieten im engeren und weiteren Sinn gehören, können Sie der folgenden Aufstellung entnehmen.

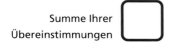
Summe Ihrer Übereinstimmungen

Teil 1: Testauswertung

Tätigkeiten in der Naturwissenschaft

1. Mathematik
- Diplom-Mathematiker
- Statistiker
- Mathematisch-technischer Assistent
- Diplom-Informatiker
- Technischer Assistent Informatik

2. Physik
- Diplom-Physiker
- Kernphysiker
- Biophysiker
- Astrophysiker
- Geophysiker
- Meteorologe
- Kristallograph
- Ozeanograph
- Markscheider
- Astronom
- Diplom-Mineraloge
- Physiktechniker
- Diplom-Ingenieur Physikalische Technik
- Diplom-Ingenieur Werkstofftechnik
- Physiklaborant
- Physikalisch-technischer Assistent
- Geologe
- Geograph
- Techniker Fachrichtung Elektrotechnik

3. Chemie
- Diplom-Chemiker
- Lebensmittelchemiker
- Biochemiker
- Physiologischer Chemiker
- Chemisch-technischer Assistent
- Chemotechniker
- Diplom-Ingenieur Allgemeine chemische Technik
- Diplom-Ingenieur Fachrichtung Chemie
- Chemielaborant
- Apotheker und Pharmakologe

4. Biologie
- Biologe
- Zoologe
- Botaniker
- Biologisch-technischer Assistent
- Biotechniker
- Mikrobiologe
- Biologielaborant
- Diplom-Agraringenieur, Landespflege/Landschaftsplanung oder Fachrichtung Gartenbau
- Diplom-Forstwirt
- Diplom-Holzwirt
- Landwirtschaftlich-technischer Assistent
- Präparationstechnischer Assistent

Technik

2 Kreuzen Sie bitte bei jeder der folgenden Tätigkeiten an, welche der beiden zur Auswahl stehenden Tätigkeiten Sie jeweils lieber ausüben würden.

	A	B	
1. Bei der Herstellung einer Maschine sich ergebende Schwierigkeiten durch Entwicklung anderer Fertigungstechniken beseitigen.	☐	☐	Die Konstruktionspläne für eine Maschine anfertigen.
2. Maschinenteile nach vorgegebenen Konstruktionszeichnungen mit Hilfe von Werkzeugmaschinen fertigen.	☐	☐	Das Zuwammenwirken der einzelnen Apparate bei chemisch-technischen Analyseverfahren überwachen.
3. Die Versuchsabteilung eines Industrieunternehmens leiten.	☐	☐	Bei der Herstellung von Metallerzeugnissen kontrollieren, ob sie den vorgegebenen Normen und Vorschriften entsprechen.
4. Eine Maschine, die bestimmte Werkstücke herstellen soll, funktionstüchtig zusammenbauen.	☐	☐	Gesichtspunkte der Arbeitssicherheit bei der Planung und Konstruktion von Produktionsmaschinen berücksichtigen.
5. Physikalische Versuche durchführen.	☐	☐	Ein Gerät entwickeln, das feste Teile nach ihrer Größe, dem spezifischen Gewicht und anderen Eigenschaften schnell und fehlerfrei trennt.

Teil 2: Technik   335

	A	B	

6. An der Lösung praxis-
   bezogener technischer
   Probleme mitarbeiten.

   Aus Flüssigkeiten feste Stoff-
   teile unter Zuhilfenahme
   einer Zentrifuge absetzen.

7. Die von Entwicklungs-
   ingenieuren gefertigten
   Projektstudien weiter-
   bearbeiten, um sie für die
   Konstruktion brauchbar
   zu machen.

   Nach Möglichkeiten zur Verbesserung vorhandener Anlagen und Maschinen suchen.

8. Mit chemisch-technischen
   Apparaturen gemischte
   Flüssigkeiten in einzelne
   reine Flüssigkeiten
   trennen.

   Produkte unter Beachtung der
   Prinzipien der Wirtschaftlich-
   keit fertigen.

9. Gemäß den technischen
   Anforderungen, die an
   ein Industrieprodukt
   gestellt werden, die
   geeignetsten Fertigungs-
   maschinen auswählen
   und einsetzen.

   Einen ersten Entwurf einer
   neuentwickelten Maschine
   anfertigen.

10. Vorrichtungen für
    Maschinen konstruieren,
    die möglichst unkompli-
    ziert und dabei kosten-
    günstig funktionieren.

    In der Arbeitsvorbereitung
    festlegen, wie die Endgestalt
    eines Werkstückes durch
    bestimmte Fertigungsvorgän-
    ge erreicht werden kann.

11. Durch Herstellung eines
    Vakuums Gase aus
    Flüssigkeiten trennen.

    In Zusammenarbeit mit dem
    Konstruktionsbüro überlegen,
    inwieweit sich Entwicklungs-
    arbeiten und Planungen kon-
    kret realisieren lassen.

336   **Teil 3: Berufswahl   Test 3**

A   B

12. Mit Hilfe von mechanischen Pressen kleinste Teilchen eines Stoffes in bestimmte Formen bringen.

☐   ☐   Einen Katalog der verschiedenen Anforderungen, die an eine Maschine gestellt werden, aufstellen.

13. An Forschungsprojekten auf dem Gebiet der Mechanik mitwirken.

☐   ☐   Bei der Konstruktion einer Maschine neben den physikalischen Gesetzen betriebswirtschaftliche Gesichtspunkte einbeziehen.

14. Die Bearbeitungszeit für die Fertigung eines Werkstückes vorberechnen.

☐   ☐   Das Mischungsverhältnis für eine spezielle Legierung bestimmen.

15. Neue Funktionssysteme im technischen Bereich entwickeln.

☐   ☐   Die Beschaffung aller für die Fertigung eines Werkstückes notwendigen Rohmaterialien organisieren.

16. Die für die Fertigung eingesetzten Maschinen kontrollieren, warten und instandsetzen.

☐   ☐   Eine vorläufige Idee eines neuartigen Ablaufsystems einer Produktionsmaschine in eine technische Zeichnung umsetzen.

17. Ein neues Herstellungsverfahren entwickeln, das die aus mehreren Teilabschnitten bestehende Produktion eines Werkstückes in einem maschinellen Arbeitsgang ermöglicht.

☐   ☐   Das Auflösen fester Stoffe in Flüssigkeiten überwachen.

Teil 2: Technik | 337

| | A | B | |

18. Die Kapazität bzw. Leistungsfähigkeit einer Maschine berechnen.

Durch den richtigen Einsatz von Gebläsen ein Gasgemisch mit gleichmäßiger Verteilung der einzelnen Gase herstellen.

19. Das je nach Beanspruchung und Belastung günstigste Material für die Herstellung einer leistungsfähigen Maschine aussuchen.

An dem Konzept zur Entwicklung einer wartungsfreien Maschine mitarbeiten.

20. Am Aufbau einer Meerwasserentsalzungsanlage mitwirken.

Ablaufprogramme für numerisch gesteuerte Werkzeugmaschinen erstellen.

21. Entscheiden, welche Fertigungsmethode für die Herstellung eines Produktes in Frage kommt.

Arbeitsabläufe beobachten, um festzustellen, wo Verbesserungen möglich sind.

22. Die laufenden Betriebskosten einer neuen Produktionsanlage berechnen.

Die Termine für die Herstellung eines Werkstückes überwachen und bei eventuellen Verzögerungen Änderungen der Fertigungsplanung vornehmen.

23. Das Verhalten von Rohstoffen unter abnormen physikalischen Bedingungen vorausberechnen.

Die Erprobung neu entwickelter Maschinen auf dem Prüfstand vorbereiten und überwachen.

24. Ein Verfahren zur Isotopentrennung und -anreicherung in der Kernphysik entwickeln.

Die voraussichtlichen Kosten für die Herstellung einer neuen Maschine vorkalkulieren.

Testauswertung

Um Ihre Punktzahlen für die einzelnen Arbeitsgebiete zu ermitteln, vergleichen Sie, bei welchen Fragen Sie so angekreuzt haben wie in den folgenden Tabellen:

Ermitteln Sie Ihre Punktzahl für das Arbeitsgebiet **Entwicklung**.

Ermitteln Sie in der gleichen Weise Ihre Punktzahl für das Arbeitsgebiet **Konstruktion**.

Ermitteln Sie nun Ihre Punktzahl für das Arbeitsgebiet **Fertigungstechnik**.

Frage	Antwort A	B
1	x	
3	x	
5	x	
7		x
9		x
11		x
13	x	
15	x	
17	x	
19		x
21		x
23		x

Frage	Antwort A	B
1		x
4		x
6	x	
7	x	
10	x	
12		x
13		x
16		x
18	x	
19	x	
22	x	
24		x

Frage	Antwort A	B
2	x	
3		x
4	x	
8		x
9	x	
10		x
14	x	
15		x
16	x	
20		x
21	x	
22		x

Für jede Übereinstimmung notieren Sie einen Punkt. Die Summe ist Ihre Punktzahl für den Arbeitsbereich Entwicklung.

Notieren Sie für jede Übereinstimmung wieder einen Punkt. Die Summe ist Ihre Punktzahl für den Arbeitsbereich Konstruktion.

Notieren Sie für jede Übereinstimmung wieder einen Punkt. Die Summe ergibt Ihre Punktzahl für den Arbeitsbereich Fertigungstechnik.

Summe Ihrer Übereinstimmungen

Summe Ihrer Übereinstimmungen

Summe Ihrer Übereinstimmungen

Teil 2: Testauswertung

Tätigkeiten in der Technik

Ermitteln Sie nun Ihre Punktzahl für das Arbeitsgebiet **Verfahrenstechnik.**

Tragen Sie jetzt in die Tabelle für jedes Arbeitsgebiet Ihre einzelnen Punkte ein.

Frage	Antwort	
	A	B
2		x
5		x
6		x
8	x	
11	x	
12	x	
14		x
17		x
18		x
20	x	
23	x	
24	x	

Arbeitsgebiet	Punkte
Entwicklung	
Konstruktion	
Fertigungstechnik	
Verfahrenstechnik	

Notieren Sie für jede Übereinstimmung wieder einen Punkt. Die Summe ergibt Ihre Punktzahl für den Arbeitsbereich Verfahrenstechnik.

Aus der Tabelle ersehen Sie, für welches Arbeitsgebiet Sie sich im Bereich der Technik am meisten interessieren. Der Bereich, in dem Sie die höchste Punktzahl erreicht haben, wird Ihnen am ehesten liegen.

Summe Ihrer Übereinstimmungen

Welche Berufe zu den einzelnen Gebieten gehören (im engeren und weiteren Sinne), können Sie der folgenden Aufstellung entnehmen.

1. Entwicklung
- Facharbeiter
- Techniker
- Diplom-Ingenieur in Entwicklungsabteilungen

2. Kontruktion
- Facharbeiter
- Techniker
- Diplom-Ingenieur in Konstruktionsabteilungen

3. Fertigungstechnik
- Facharbeiter
- Techniker
- Diplom-Ingenieur in der Fertigung

4. Verfahrenstechnik
- Facharbeiter
- Techniker
- Diplom-Ingenieur in verfahrenstechnischen Abteilungen

5. Weitere technische Berufe
- Facharbeiter
- Technischer Zeichner
- Diplom-Ingenieur z. B. im Metallbereich, in der Elektrotechnik, im Vermessungswesen, im Hoch- und Tiefbau

340   Teil 3: Berufswahl   Test 3

3 Elektronische Datenverarbeitung (EDV)

Kreuzen Sie bitte bei jeder der folgenden Tätigkeiten an, welche der beiden zur
Auswahl stehenden Tätigkeiten Sie jeweils lieber ausüben würden.

	A	B	
1. An der Entwicklung einer neuen Programmiersprache mitarbeiten.	☐	☐	Probleme bestimmter Fachbereiche analysieren und sie für eine Programmierung aufbereiten.
2. Ein Programm für die Verkaufsabrechnung einer Firma erstellen.	☐	☐	Neue EDV-Anlagen entwickeln.
3. Neue Anwendungsbereiche des Computers im Bereich der Fertigungssteuerung erschließen.	☐	☐	Spezialrechner für die Steuerung und Überwachung laufender Arbeitsprozesse entwickeln.
4. Anwendungsmöglichkeiten für Computer im Rahmen der medizinischen Diagnose und Überwachung analysieren.	☐	☐	Am Aufbau einer Datenbank mitarbeiten.
5. Prozeßrechner bedienen und überwachen.	☐	☐	Anhand einer Modellzeichnung eines zu fertigenden Werkstückes ein Programm für die numerische Steuerung einer Werkzeugmaschine schreiben.
6. Die Technik eines Computers erklären.	☐	☐	Einen Organisationsplan entwerfen.

Teil 3: Elektronische Datenverarbeitung /EDV) **341**

	A	B	

7. Datenfluß- oder Programmablaufpläne analysieren und in eine maschinenorientierte Programmsprache übersetzen. □ □ Im Rahmen der Umstellung einer Betriebsabteilung den Ist-Zustand untersuchen und unter Beachtung von Datenvolumen, Informationsbedarf und -zeiten den Soll-Zustand definieren.

8. Ein Programm austesten. □ □ Großrechner bauen, die große Datenmengen von wissenschaftlichen Experimenten verarbeiten können.

9. Modelle für rechnerunterstützten Unterricht entwickeln. □ □ Arbeitskräfte in der Bedienung von Rechnern einarbeiten.

10. Betriebe über die vorhandenen EDV-Systeme informieren und beraten. □ □ Anhand vorliegender Daten die geeignete Programmiersprache auswählen.

11. Defekte an Eingabegeräten beheben. □ □ Benutzerspezifische Anwendungsprogramme erarbeiten.

12. Den Schaltplan eines Rechners aufzeichnen. □ □ An einem Lehrgang über Unternehmensforschung (Operations Research) teilnehmen.

13. Lehrprogramme verfassen. □ □ Ein Buch über Netzplantechnik lesen.

14. Datenflußpläne zeichnen. □ □ Steuer- und Rechenwerke in Computer einbauen.

15. Die Strukturen der verschiedenen betrieblichen Organisationsformen analysieren. □ □ Eine EDV-Anlage in einem Betrieb aufstellen und in Betrieb nehmen.

3 Testauswertung

Um Ihre Punktzahlen für die einzelnen Arbeitsgebiete zu ermitteln, vergleichen Sie, bei welchen Fragen Sie so angekreuzt haben wie in den folgenden Tabellen:

Ermitteln Sie Ihre Punktzahl für das Arbeitsgebiet **Programmierung.**

Frage	Antwort A	Antwort B
1	x	
2	x	
4		x
5		x
7	x	
8	x	
10		x
11		x
13	x	
14	x	

Für jede Übereinstimmung notieren Sie einen Punkt. Die Summe ist Ihre Punktzahl für den Arbeitsbereich Programmierung.

Ermitteln Sie nun in der gleichen Weise Ihre Punktzahl für den Arbeitsbereich **EDV-Organisation/Systemanalyse.**

Frage	Antwort A	Antwort B
1		x
3	x	
4	x	
6		x
7		x
9	x	
10	x	
12		x
13		x
15	x	

Notieren Sie für jede Übereinstimmung wieder einen Punkt. Die Summe ist Ihre Punktzahl für den Arbeitsbereich EDV-Organisation/Systemanalyse.

Ermitteln Sie nun Ihre Punktzahl für das Arbeitsgebiet **Computer-Technologie/Operating** (Hardware).

Frage	Antwort A	Antwort B
2		x
3		x
5	x	
6	x	
8		x
9		x
11	x	
12	x	
14		x
15		x

Notieren Sie für jede Übereinstimmung wieder einen Punkt. Die Summe ist Ihre Punktzahl für den Arbeitsbereich Computer-Technologie/Operating (Hardware).

Summe Ihrer Übereinstimmungen

Summe Ihrer Übereinstimmungen

Summe Ihrer Übereinstimmungen

Teil 3: Testauswertung   **343**

Tätigkeiten in der EDV

Tragen Sie jetzt in die Tabelle für jedes Arbeitsgebiet Ihre einzelnen Punkte ein.

1. Programmierung
- Programmierer
- Systemprogrammierer
- Anwendungsprogrammierer
- Organisationsprogrammierer

Arbeitsgebiet	Punkte
Programmierung	
EDV-Organisation/ Systemanalyse	
Computer- Technologie/ Operating (Hardware)	

2. EDV-Organisation/Systemanalyse
- Systemanalytiker
- EDV-Organisator
- Systemberater
- Diplom-Informatiker
- Datenverarbeitungskaufmann

Aus der Tabelle ersehen Sie, für welches Arbeitsgebiet Sie sich im Bereich der Technik am meisten interessieren. Der Bereich, in dem Sie die höchste Punktzahl erreicht haben, wird Ihnen am ehesten liegen.

3. Computer-Technologie
- Operator
- Elektroniktechniker
- Diplom-Ingenieur Informatik
- Kommunikationselektroniker

Welche Berufe zu den einzelnen Gebieten gehören (im engeren und weiteren Sinne), können Sie der folgenden Aufstellung entnehmen.

Medizin

4 Kreuzen Sie bitte bei jeder der folgenden Tätigkeiten an, welche der beiden zur Auswahl stehenden Tätigkeiten Sie jeweils lieber ausüben würden.

	A	B	
1. Eine Blutsenkung vornehmen.	☐	☐	Einer Kuh beim Kalben Hilfestellung leisten.
2. Von Karies befallene Zähne sanieren.	☐	☐	Eine Blinddarmoperation durchführen.
3. Hausbesuche bei Grippekranken vornehmen.	☐	☐	Zahnbelag abschleifen.
4. Eine Spritze in den Kiefer setzen.	☐	☐	Einen unheilbar kranken Hund einschläfern.
5. Lungen und Herztöne mit dem Stethoskop abhören.	☐	☐	Gallensteine operativ entfernen.
6. Einen Kater kastrieren.	☐	☐	Eine künstliche Arterie einsetzen.
7. Junge Hunde gegen Staupe impfen.	☐	☐	Einen gebrochenen Unterarm richten und eingipsen.
8. Ein Krebsgeschwulst herausoperieren.	☐	☐	Zähne plombieren.
9. Einen Zahn ziehen.	☐	☐	Ein allgemeines Gesundheitszeugnis ausstellen.
10. Schilddrüsenkrankheiten bei Sittichen behandeln.	☐	☐	Einen Abdruck für künstliche Zähne herstellen.
11. Eine Organverpflanzung vornehmen.	☐	☐	Reflexe überprüfen.

Teil 4: Medizin   345

	A	B	
12. Knochen durchsägen.	☐	☐	Die Tiere eines Zoos ärztlich versorgen.
13. Grippeimpfungen vornehmen.	☐	☐	Einem Papagei die Krallen schneiden.
14. Eine Wurzelfüllung bei einem kranken Zahn vornehmen.	☐	☐	Ein künstliches Hüftgelenk einpflanzen.
15. Die Wirbelsäule auf Verkrümmungen untersuchen.	☐	☐	Zahnärztliche Routineuntersuchungen durchführen.
16. Einem Kind eine Zahnklammer anpassen.	☐	☐	Einem Schäferhund ein gebrochenes Bein schienen.
17. Die Dosis für eine Bestrahlung bei rheumatischen Erkrankungen festsetzen.	☐	☐	Bei einer Operation durchgetrennte Blutgefäße wieder zusammennähen.
18. Die Zuchttauglichkeit eines Bullen feststellen.	☐	☐	Operationen im Bereich der plastischen Chirurgie durchführen.
19. Landwirte in Fragen der richtigen Ernährung ihres Viehbestandes beraten.	☐	☐	Eine starke Blutung stillen und die Wunde nähen.
20. Eine kranke Niere operativ entfernen.	☐	☐	Kieferfehlbildungen korrigieren.
21. Paradontoseerkrankungen der Zähne behandeln.	☐	☐	Die Ursachen eines Hautausschlages herauszufinden suchen.

346   **Teil 3: Berufswahl   Test 3**

	A	B	
22. Von Schlachttieren gewonnenes Fleisch auf seine Eignung als Lebensmittel untersuchen.	☐	☐	Zahnstein entfernen.
23. Einen Kaiserschnitt vornehmen, weil ein Kind nicht normal geboren werden kann.	☐	☐	Schutzimpfungen gegen ansteckende Krankheiten oder Seuchen vornehmen.
24. Einem Anästhesisten Anweisungen für die Art, Stärke und Dauer einer vorzunehmenden Narkose geben.	☐	☐	Durch eine Seuche eingegangene Tiere sezieren.

Teil 4: Testauswertung   **347**

Testauswertung

Um Ihre Punktzahlen für die einzelnen Arbeitsgebiete zu ermitteln, vergleichen Sie, bei welchen Fragen Sie so angekreuzt haben wie in den folgenden Tabellen:

Ermitteln Sie Ihre Punktzahl für das Arbeitsgebiet **Allgemeine Humanmedizin**.

Frage	Antwort A	B
1	x	
3	x	
5	x	
7		x
9		x
11		x
13	x	
15	x	
17	x	
19		x
21		x
23		x

Für jede Übereinstimmung notieren Sie einen Punkt. Die Summe ist Ihre Punktzahl für den Arbeitsbereich Allgemeine Humanmedizin.

Ermitteln Sie nun in der gleichen Weise Ihre Punktzahl für das Arbeitsgebiet **Chirurgie**.

Frage	Antwort A	B
2		x
5		x
6		x
8	x	
11	x	
12	x	
14		x
17		x
18		x
20	x	
23	x	
24	x	

Notieren Sie für jede Übereinstimmung wieder einen Punkt. Die Summe ist Ihre Punktzahl für den Arbeitsbereich Chirurgie.

Ermitteln Sie nun Ihre Punktzahl für das Arbeitsgebiet **Zahnmedizin**.

Frage	Antwort A	B
2	x	
3		x
4	x	
8		x
9	x	
10		x
14	x	
15		x
16	x	
20		x
21	x	
22		x

Notieren Sie für jede Übereinstimmung wieder einen Punkt. Die Summe ist Ihre Punktzahl für den Arbeitsbereich Zahnmedizin.

Summe Ihrer Übereinstimmungen   Summe Ihrer Übereinstimmungen   Summe Ihrer Übereinstimmungen

348 Teil 3: Berufswahl Test 3 Teil 4: Testauswertung

Tätigkeiten in der Medizin

Ermitteln Sie nun Ihre Punktzahl für das Arbeitsgebiet **Veterinärmedizin**.

Frage	Antwort	
	A	B
1		x
4		x
6	x	
7	x	
10	x	
12		x
13		x
16		x
18	x	
19	x	
22	x	
24		x

Notieren Sie für jede Übereinstimmung wieder einen Punkt. Die Summe ist Ihre Punktzahl für den Arbeitsbereich Veterinärmedizin.

Summe Ihrer
Übereinstimmungen

Tragen Sie jetzt in die Tabelle für jedes Arbeitsgebiet Ihre einzelnen Punkte ein.

Arbeitsgebiet	Punkte
Allgemeine Humanmedizin	
Chirurgie	
Zahnmedizin	
Veterinärmedizin	

Aus der Tabelle ersehen Sie, für welches Arbeitsgebiet Sie sich im Bereich der Medizin am meisten interessieren. Der Bereich, in dem Sie die höchste Punktzahl erreicht haben, wird Ihnen am ehesten liegen.

Welche Berufe zu den einzelnen Gebieten gehören (im engeren und weiteren Sinne), können Sie der folgenden Aufstellung entnehmen.

1. **Allgemeine Humanmedizin**
   - Facharzt für Allgemeinmedizin
   - Sonstige Fachärzte
   - Medizinisch-technische Assistentin (MTA)
   - Arzthelferin, Krankenschwester, -pfleger
   - Kinderkrankenschwester

2. **Chirurgie**
   - Facharzt für Chirurgie

3. **Zahnmedizin**
   - Zahnarzt
   - Zahnarzthelferin

4. **Veterinärmedizin**
   - Tierarzt
   - Veterinärmedizinisch-technische Assistentin

5. **Sonstige Berufe im medizinischen Bereich**
   - Masseur
   - Medizinischer Bademeister
   - Hebamme
   - Krankengymnast
   - Krankenpflegehelfer
   - Fußpfleger
   - Orthoptist
   - Heilpraktiker

Teil 5: Sozialarbeit 349

Sozialarbeit

Kreuzen Sie bitte bei jeder der folgenden Tätigkeiten an, welche der beiden zur Auswahl stehenden Tätigkeiten Sie jeweils lieber ausüben würden.

	A	B	
1. Mit Kindern einen Leistungstest durchführen.	☐	☐	Heimkinder zu verantwortungsbewußtem Denken anleiten.
2. Menschen in Altersheimen mit Essen versorgen.	☐	☐	Spastisch gelähmten Kindern beim Anziehen helfen.
3. Mit Eltern über Erziehungsprobleme diskutieren.	☐	☐	Alte Menschen, die bettlägerig sind, waschen und pflegen.
4. Bewohner eines Altenheimes in einem Park beim Spaziergang begleiten.	☐	☐	Einen Jugendlichen auf die Entlassung aus einem Erziehungsheim vorbereiten.
5. Spieltherapie mit erziehungsschwierigen Kindern durchführen.	☐	☐	Geistig behinderten Kindern das Lesen beibringen.
6. Verwahrloste Kinder über den Sinn der körperlichen Hygiene aufklären.	☐	☐	Mit gemütskranken Erwachsenen Lieder singen.
7. Die Kontaktfähigkeit von Heimkindern fördern.	☐	☐	Einen neuen Kindergarten mit Spielmaterial ausstatten.
8. Beinamputierten Menschen bei ersten Gehversuchen mit Prothesen behilflich sein.	☐	☐	Für alte Menschen Briefe schreiben.

	A	B	

350 Teil 3: Berufswahl   Test 3

	A	**B**	
9. Mit einsamen, alten Menschen Gespräche führen.	☐	☐	Mit Kindern und Jugendlichen sprechen.
10. Für Jugendliche eines Waisenhauses eine Lehrstelle vermitteln.	☐	☐	Mit Bewohnern eines Altenheimes eine Geburtstagsfeier organisieren.
11. Blinden Menschen aus der Zeitung vorlesen.	☐	☐	Kinder beim Spielen beobachten.
12. Beschäftigungsmöglichkeiten für Geistesschwache finden.	☐	☐	Drogenabhängige Jugendliche während der Entziehungszeit betreuen.
13. Kinder in einer Spielgruppe beaufsichtigen.	☐	☐	An der schulischen und beruflichen Bildungsarbeit in einem Jugendheim mitarbeiten.
14. Für alte Menschen behördliche Formalitäten erledigen.	☐	☐	Einen tobenden Geisteskranken zur Ruhe bringen.
15. Einer Elterngruppe einen Vortrag über die hauptsächlichsten Erziehungsfehler halten.	☐	☐	Mit alten Menschen das Wochenende verbringen.
16. Für alte Menschen die Rentenauszahlung bei der Post übernehmen.	☐	☐	Mit Waisenkindern einen Ausflug ins Grüne unternehmen.
17. Gesellschaftsspiele für eine Kindergruppe ausdenken.	☐	☐	Blinden die Blindensprache beibringen.
18. Drogenabhängige Jugendliche betreuen.	☐	☐	Mit geistig behinderten Menschen Gespräche führen.

Teil 5: Sozialarbeit   **351**

                               A   **B**

19. Einem Kind, das durch einen Unfall seine Eltern verloren hat, bei der Aufnahme ins Waisenhaus Trost zusprechen.   ☐   ☐   Autoritären Eltern klarmachen, daß ihr Erziehungsstil verbessert werden kann.

20. Beschäftigungsmöglichkeiten für Taubstumme finden.   ☐   ☐   Mit alten Menschen über ihre Probleme diskutieren.

21. Menschen in der ersten Zeit nach ihrer Aufnahme in ein Altersheim betreuen.   ☐   ☐   Zurückhaltende Kinder dazu bringen, mehr aus sich herauszugehen.

22. Strafgefangenen Jugendlichen bei der Eingliederung ins Berufsleben behilflich sein.   ☐   ☐   Eine Gruppe älterer Menschen auf einer Schiffstour begleiten.

23. Mit körperlich oder geistig behinderten Kindern spielen.   ☐   ☐   Eltern klarmachen, daß Kinder als gleichberechtigte Personen behandelt werden sollen.

24. Alkoholiker während einer Entziehungskur betreuen.   ☐   ☐   Heimkindern durch liebevolle Behandlung die Eltern zu ersetzen versuchen.

Testauswertung

Um Ihre Punktzahlen für die einzelnen Arbeitsgebiete zu ermitteln, vergleichen Sie, bei welchen Fragen Sie so angekreuzt haben wie in den folgenden Tabellen:

Ermitteln Sie Ihre Punktzahl für das Arbeitsgebiet **Erziehungsberatung/Kinderbetreuung**.

Frage	Antwort A	Antwort B
1	x	
3	x	
5	x	
7		x
9		x
11		x
13	x	
15	x	
17	x	
19		x
21		x
23		x

Für jede Übereinstimmung notieren Sie einen Punkt. Die Summe ist Ihre Punktzahl für den Arbeitsbereich Erziehungsberatung/Kinderbetreuung.

Ermitteln Sie nun in der gleichen Weise Ihre Punktzahl für das Arbeitsgebiet **Heimerziehung**.

Frage	Antwort A	Antwort B
1		x
4		x
6	x	
7	x	
10	x	
12		x
13		x
16		x
18	x	
19	x	
22	x	
24		x

Notieren Sie für jede Übereinstimmung wieder einen Punkt. Die Summe ist Ihre Punktzahl für den Arbeitsbereich Heimerziehung.

Ermitteln Sie nun Ihre Punktzahl für das Arbeitsgebiet **Altenpflege**.

Frage	Antwort A	Antwort B
2	x	
3		x
4	x	
8		x
9	x	
10		x
14	x	
15		x
16	x	
20		x
21	x	
22		x

Notieren Sie für jede Übereinstimmung wieder einen Punkt. Die Summe ist Ihre Punktzahl für den Arbeitsbereich Altenpflege.

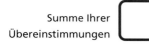

Summe Ihrer Übereinstimmungen

Summe Ihrer Übereinstimmungen

Summe Ihrer Übereinstimmungen

Teil 5: Testauswertung

Ermitteln Sie nun Ihre Punkt-
zahl für das Arbeitsgebiet
**Pflege körperlich oder geistig
Behinderter.**

Frage	Antwort	
	A	B
2		x
5		x
6		x
8	x	
11	x	
12	x	
14		x
17		x
18		x
20	x	
23	x	
24	x	

Notieren Sie für jede
Übereinstimmung wieder
einen Punkt. Die Summe ist
Ihre Punktzahl für den
Arbeitsbereich Pflege körper-
lich oder geistig Behinderter.

Summe Ihrer
Übereinstimmungen

Tragen Sie jetzt in die Tabelle
für jedes Arbeitsgebiet Ihre
einzelnen Punkte ein.

Arbeitsgebiet	Punkte
Erziehungsberatung/ Kinderbetreuung	
Heimerziehung	
Altenpflege	
Pflege körperlich oder geistig Behinderter	

Aus der Tabelle ersehen Sie,
für welches Arbeitsgebiet Sie
sich im Bereich der sozialen
Tätigkeiten am meisten interessieren. Der Bereich, in dem
Sie die höchste Punktzahl
erreicht haben, wird Ihnen am
ehesten liegen.

Welche Berufe zu den
einzelnen Gebieten gehören
(im engeren und weiteren
Sinne), können Sie der
folgenden Aufstellung
entnehmen.

354   Teil 3: Berufswahl   Test 3   Teil 5: Testauswertung

Tätigkeiten in der Sozialarbeit

1. Erziehungsberatung/Kinderbetreuung
- Diplom-Psychologe in Erziehungsberatungstellen
- Kindergärtnerin
- Kinderpflegerin

2. Heimerziehung
- Heimerzieher
- Heimleiter
- Jugendpfleger
- Diplom-Sozialarbeiter in Heimen
- Diplom-Psychologe in Heimen

3. Altenpflege
- Altenpfleger(in)

4. Pflege körperlich oder geistig Behinderter
- Diplom-Psychologe in Anstalten für Behinderte
- Diplom-Sozialarbeiter in Anstalten für Behinderte
- Logopäde
- Heilpädagoge
- Heilerziehungspfleger
- Heilerziehungspflegehelfer

5. Sonstige
- Familienpflegerin
- Dorfhelferin
- Diakon
- Entwicklungshelfer

355

6 Unterricht

Kreuzen Sie bitte bei jeder der folgenden Tätigkeiten an, welche der beiden zur Auswahl stehenden Tätigkeiten Sie jeweils lieber ausüben würden.

	A	B	
1. Kinder dazu anregen, selbständig Lösungen von Problemen zu finden.	☐	☐	Aufsätze von Oberstufenschülern bewerten.
2. Das Vorlesungsprogramm einer Volkshochschule zusammenstellen.	☐	☐	Die Strategie für die Durchführung eines Forschungsauftrages festlegen.
3. Eine große Gruppe von Kindern für ein verantwortliches Gemeinschaftsverhalten motivieren.	☐	☐	Erwachsenen einen Vortrag halten.
4. Personen, die ihre Schulzeit schon länger hinter sich haben, zum Lernen motivieren.	☐	☐	Junge Referendare bei der Einführung in das Lehramt an Gymnasien betreuen.
5. Mit Eltern über weiterführende Schulen für ihr Kind sprechen und sie bei der Entscheidung beraten.	☐	☐	Studenten zu wissenschaftlichem Arbeiten anleiten.
6. Mit Jugendlichen diskutieren.	☐	☐	Das Manuskript einer wissenschaftlichen Vorlesung ständig bearbeiten und vervollständigen, um es auf dem letzten Wissensstand zu halten.

	A	B

7. Gymnasiasten die Fähigkeit zu wissenschaftlicher Fragestellung und Arbeitsweise nahebringen. ☐ ☐ Unterrichtsstunden so gestalten, daß Kinder mit Interesse und Aufmerksamkeit bei der Sache sind.

8. Themen für wissenschaftliche Examensarbeiten stellen, Studenten während der Bearbeitung betreuen und die Arbeiten bewerten. ☐ ☐ Öffentlichkeitsarbeit für eine Volkshochschule in Form von Werbung, Studienberatung, Presseberichten usw. durchführen.

9. Eine Vortragsreihe individuell und nach eigenen Ideen vom Inhalt und der Methode her gestalten, ohne auf vorhandene Lehr- oder Stoffpläne zurückzugreifen. ☐ ☐ Kinder in einer Vielzahl verschiedenster Unterrichtsfächer unterrichten.

10. Abiturprüfungen durchführen. ☐ ☐ Diskussionen, Gesprächskreise und Wochenendseminare leiten oder moderieren.

11. Mündliche Diplom- bzw. Staatsexamensprüfungen durchführen. ☐ ☐ Einen Schulausflug mit einer Grundschulklasse planen und organisieren.

12. Wissenschaftliche Publikationen verfassen. ☐ ☐ Ein objektives Bewertungssystem für Klassenarbeiten der Oberstufe aufstellen.

13. Mit Hauptschulabgängern über Probleme der Berufswahl sprechen. ☐ ☐ In besonderem Maße sich selbst allgemein weiterbilden.

Teil 6: Unterricht

A   B

14. Ankündigungstexte und Informationsmaterial über Volkshochschulveranstaltungen besprechen, kritisch durchsehen oder selbst entwerfen.
☐ ☐
Vorträge auf Kongressen und wissenschaftlichen Tagungen halten.

15. Einen Lehrplan für die Grundschulfächer erstellen und die jeweiligen Lernziele definieren.
☐ ☐
Erwachsenengerechte Lehrverfahren und Arbeitsmittel entwickeln und in der Praxis zur Anwendung bringen.

16. Kontakte zu den Teilnehmern einer Volkshochschulveranstaltung herstellen, um deren Vorstellungen bei der Lernorganisation berücksichtigen zu können.
☐ ☐
Gymnasiasten und deren Eltern über mögliche Ausbildungs- und Studienwege und -möglichkeiten informieren und beraten.

17. Eltern klarmachen, daß ihr Kind nicht die Voraussetzungen für den Besuch eines Gymnasiums besitzt.
☐ ☐
Berater- und Gutachtertätigkeit in Wirtschaft, Industrie und Öffentlichkeit ausüben.

18. Einem Schüler mitteilen, daß er das Abitur nicht bestanden hat.
☐ ☐
An wissenschaftlichen Lehrbüchern mitarbeiten.

19. In vermehrtem Umfang Kleingruppenarbeit in den Unterricht einbauen.
☐ ☐
Mit Kindern basteln, spielen und musizieren.

20. Eine wissenschaftliche Vorlesung halten.
☐ ☐
Gesellschaftliche Zusammenhänge und regionale Strukturprobleme in ein konkretes Lehrangebot an Volkshochschulen umsetzen.

	A	B	
21. Teilnahmebescheinigungen und Zertifikate für Teilnehmer an Volkshochschulveranstaltungen ausstellen.	☐	☐	Grundfähigkeiten wie Lesen, Schreiben und elementares Rechnen Kindern beibringen.
22. In Zweifelsfällen entscheiden, ob einem Schüler die Hochschulreife zuerkannt werden kann.	☐	☐	Bei Organisations- und Verwaltungsangelegenheiten mitarbeiten.
23. Die Ergebnisse einer Forschungsstudie in einem Abschlußbericht zusammenfassen.	☐	☐	Unterricht mit Kindern dem mit Jugendlichen oder Erwachsenen vorziehen.
24. An wissenschaftlichen Kolloquien teilnehmen.	☐	☐	Sich zu Hause auf Unterrichtsstunden der Oberstufe des Gymnasiums vorbereiten.

Teil 6: Testauswertung 359

6
Testauswertung

Um Ihre Punktzahlen für die einzelnen Arbeitsgebiete zu ermitteln, vergleichen Sie, bei welchen Fragen Sie so angekreuzt haben wie in den folgenden Tabellen:

Ermitteln Sie Ihre Punktzahl für das Arbeitsgebiet **Grund- und Hauptschulunterricht.**

Frage	Antwort A	B
1	x	
3	x	
5	x	
7		x
9		x
11		x
13	x	
15	x	
17	x	
19		x
21		x
23		x

Für jede Übereinstimmung notieren Sie einen Punkt. Die Summe ist Ihre Punktzahl für den Arbeitsbereich Grund- und Hauptschulunterricht.

Ermitteln Sie nun in der gleichen Weise Ihre Punktzahl für das Arbeitsgebiet **Gymnasialunterricht.**

Frage	Antwort A	B
1		x
4		x
5	x	
7	x	
10	x	
12		x
13		x
16		x
18	x	
19	x	
22	x	
24		x

Notieren Sie für jede Übereinstimmung wieder einen Punkt. Die Summe ist Ihre Punktzahl für den Arbeitsbereich Gymnasialunterricht.

Ermitteln Sie nun Ihre Punktzahl für das Arbeitsgebiet **Erwachsenenbildung.**

Frage	Antwort A	B
2	x	
3		x
4	x	
8		x
9	x	
10		x
14	x	
15		x
16	x	
20		x
21	x	
22		x

Notieren Sie für jede Übereinstimmung wieder einen Punkt. Die Summe ist Ihre Punktzahl für den Arbeitsbereich Erwachsenenbildung.

Summe Ihrer Übereinstimmungen

Summe Ihrer Übereinstimmungen

Summe Ihrer Übereinstimmungen

360   Teil 3: Berufswahl   Test 3

Ermitteln Sie nun Ihre Punktzahl für das Arbeitsgebiet **Hochschulunterricht.**

Frage	Antwort	
	A	**B**
2		x
5		x
6		x
8	x	
11	x	
12	x	
14		x
17		x
18		x
20	x	
23	x	
24	x	

Notieren Sie für jede Übereinstimmung wieder einen Punkt. Die Summe ist Ihre Punktzahl für den Arbeitsbereich Hochschulunterricht.

Summe Ihrer Übereinstimmungen ☐

Tragen Sie jetzt in die Tabelle für jedes Arbeitsgebiet Ihre einzelnen Punkte ein.

Arbeitsgebiet	Punkte
Grund- und Hauptschulunterricht	
Gymnasialunterricht	
Erwachsenenbildung	
Hochschulunterricht	

Aus der Tabelle ersehen Sie, für welches Arbeitsgebiet Sie sich im Bereich der unterrichtenden Tätigkeiten am meisten interessieren. Der Bereich, in dem Sie die höchste Punktzahl erreicht haben, wird Ihnen am ehesten liegen.

Welche Berufe zu den einzelnen Gebieten gehören (im engeren und weiteren Sinne), können Sie der folgenden Aufstellung entnehmen.

Tätigkeiten im Unterricht

1. Grund- und Hauptschulunterricht
- Grund- und Hauptschullehrer
- Sonderschullehrer
  (mit Zusatzausbildung)
- Konrektor
- Rektor
- Realschullehrer
- Fachlehrer
- Pädagogischer Assistent
- Werklehrer

2. Gymnasialunterricht
- Lehrer an Gymnasien
- Diplom-Sportlehrer
- Musikerzieher
- Kunsterzieher

3. Erwachsenenbildung
- Pädagogischer Mitarbeiter an
  Volkshochschulen
- Fachleiter oder Referent an
  Volkshochschulen

4. Hochschulunterricht
- Hochschullehrer
- Wissenschaftlicher Rat
- Akademischer Rat
- Privatdozent
- Wissenschaftlicher Assistent

5. Weitere Berufe, die den vier Bereichen nicht eindeutig zuzuordnen sind
- Diplom-Handelslehrer
- Gewerbelehrer
- Berufsschullehrer
- Sportlehrer im freien Beruf
- Musiklehrer im freien Beruf
- Diplom-Pädagoge
- Fahrlehrer
- Tanzlehrer
- Atem-, Sprech- und Stimmlehrer

Verwaltung

Kreuzen Sie bitte bei jeder der folgenden Tätigkeiten an, welche der beiden zur Auswahl stehenden Tätigkeiten Sie jeweils lieber ausüben würden.

	A	B	
1. In einer Liste festhalten, wann die einzelnen Bediensteten einer Verwaltung die nächste Dienstalterszulage zu ihrer Vergütung erhalten.	☐	☐	Reisekostenabrechnungen überprüfen.
2. Einen Ausbildungsplan für Verwaltungslehrlinge und Inspektorenanwärter aufstellen.	☐	☐	Ökonomische Arbeitsabläufe für die Zusammenarbeit der einzelnen Abteilungen einer Verwaltung ausarbeiten.
3. Für einen aus der Verwaltung ausscheidenden Bediensteten die Höhe der ihm zustehenden Pension bzw. Ansprüche aus der Rentenversicherung berechnen.	☐	☐	Verhandlungen über die Anmietung weiterer Büroräume in Geschäftshäusern führen.
4. Auszahlungsanordnungen nachrechnen und die Beträge auszahlen.	☐	☐	Inspektorenanwärter auf die erste Verwaltungs-Fachprüfung vorbereiten.
5. Einen Organisationsplan einer Behörde ausarbeiten.	☐	☐	Den Materialbedarf der einzelnen Abteilungen einer Verwaltung erheben.

Teil 7: Verwaltung   363

	A	B	

6. Schulungskurse für Verwaltungslehrlinge, Inspektorenanwärter und Nachwuchskräfte vorbereiten und leiten.
☐   ☐
Die Beschaffung notwendiger Büromöbel organisieren.

7. Krankmeldungen auf Karteikarten vermerken und das rechtzeitige Einreichen ärztlicher Atteste überwachen.
☐   ☐
Mit dem Direktor und dem Verwaltungsleiter einer Behöre gemeinsam über die Einstellung eines Bewerbers beraten.

8. Einen vorläufigen Haushaltsplan für eine Behörde aufstellen.
☐   ☐
Die durch einen Aufstieg in eine höhere Vergütungsgruppe notwendig gewordene Neuberechnung der Dienstbezüge vornehmen.

9. Den Anspruch eines Arbeitslosen auf Arbeitslosenunterstützung überprüfen.
☐   ☐
Die Poststelle einer Behörde auf einen rationellen und reibungslosen Arbeitsablauf organisieren.

10. Die Ausgabe von Büromaterial registrieren.
☐   ☐
Eine Kassenprüfung in einem Postamt vornehmen.

11. Den Tagesabschluß einer Amtskasse erstellen.
☐   ☐
Nach Abschluß eines Jahres den Resturlaub der Bediensteten ausrechnen und in Listen eintragen.

12. Den Bedarf an zusätzlichen Planstellen erheben und bei der vorgesetzten Behörde beantragen.
☐   ☐
Mit Auszubildenden über Probleme, die sich während der Ausbildung in den einzelnen Abteilungen für sie ergeben haben, diskutieren.

	A	B

13. Die Renovierung von Amtsräumen veranlassen und überwachen.

Anhand der gesetzlichen Verordnungen überprüfen, ob ein Bediensteter Anspruch auf Beihilfe zu Umzugskosten besitzt.

14. Eine schriftliche Burteilung über Auszubildende schreiben.

Die Überweisung von Sonderzahlungen wie Trennungsgeldern, Reisekosten usw. vorbereiten.

15. Den Lagerbestand der verschiedenen Antragsformulare und Vordrucke kontrollieren und Nachbestellungen vornehmen.

Eine Geschäftsordnung für die einzelnen Sachgebiete in einer Verwaltung erstellen.

16. Freibeträge für eine Lohnsteuerermäßigung berechnen.

Mitarbeiter aufgrund fachlicher Qualifikation für eine Beförderung vorschlagen.

17. Für die Berufsausbildung relevantes Literaturmaterial für Auszubildende in der Verwaltung zusammenstellen.

Die durch die Verbeamtung eines bisherigen Angestellten notwendig gewordenen Änderungen hinsichtlich der Besoldung und der Pensionsberechtigung bearbeiten.

18. Über Anträge auf Beihilfe zu Krankenversicherungszahlungen entscheiden.

Einfache und für den Arbeitsablauf möglichst rationale Antragsformulare und Vordrucke entwerfen.

Teil 7: Verwaltung   365

<table>
<tr><td></td><td>A</td><td>B</td><td></td></tr>
<tr><td>19. Mitarbeiter in der Verwaltung so einsetzen, daß auch die wegen unbesetzter Planstellen zusätzliche Arbeit möglichst ökonomisch und ohne Verzögerungen miterledigt werden kann.</td><td>☐</td><td>☐</td><td>Essenmarken, die Bedienstete eines Amtes in Gaststätten einlösen können, abrechnen.</td></tr>
<tr><td>20. Für jeden Tag den voraussichtlich erforderlichen Bargeldbedarf einer Amtskasse berechnen bzw. abschätzen.</td><td>☐</td><td>☐</td><td>Eine Aufstellung über die ständigen Kosten für die Unterhaltung der Diensträume und Grundstücke einer Verwaltung machen.</td></tr>
</table>

7 Testauswertung

Um Ihre Punktzahlen für die einzelnen Arbeitsgebiete zu ermitteln, vergleichen Sie, bei welchen Fragen Sie so angekreuzt haben wie in den folgenden Tabellen:

Ermitteln Sie Ihre Punktzahl für das Arbeitsgebiet **Personal- und Sozialwesen.**

Frage	Antwort A	B
1	x	
3	x	
7	x	
8		x
11		x
13		x
17		x
18	x	

Für jede Übereinstimmung notieren Sie einen Punkt. Die Summe ist Ihre Punktzahl für den Arbeitsbereich Personal- und Sozialwesen.

Ermitteln Sie nun Ihre Punktzahl für das Arbeitsgebiet **Haushalts-, Kassen- und Rechnungswesen.**

Frage	Antwort A	B
1		x
4	x	
9	x	
10		x
11	x	
14		x
19		x
20	x	

Notieren Sie für jede Übereinstimmung wieder einen Punkt. Die Summe ist Ihre Punktzahl für den Arbeitsbereich Haushalts-, Kassen- und Rechnungswesen.

Ermitteln Sie nun Ihre Punktzahl für das Arbeitsgebiet **Ausbildung/Schulung.**

Frage	Antwort A	B
2	x	
4		x
6	x	
7		x
12		x
14	x	
16		x
17	x	

Notieren Sie für jede Übereinstimmung wieder einen Punkt. Die Summe ist Ihre Punktzahl für den Arbeitsbereich Ausbildung/Schulung.

Summe Ihrer Übereinstimmungen ☐

Summe Ihrer Übereinstimmungen ☐

Summe Ihrer Übereinstimmungen ☐

Teil 7: Testauswertung

Ermitteln Sie nun Ihre Punktzahl für das Arbeitsgebiet **Organisation/Allgemeine Verwaltung.**

Frage	Antwort A	B
2		x
5	x	
8	x	
9		x
12	x	
15		x
18		x
19	x	

Notieren Sie für jede Übereinstimmung wieder einen Punkt. Die Summe ist Ihre Punktzahl für den Arbeitsbereich Organisation/Allgemeine Verwaltung.

Ermitteln Sie nun Ihre Punktzahl für das Arbeitsgebiet **Liegenschafts- und Sachverwaltung.**

Frage	Antwort A	B
3		x
5		x
6		x
10	x	
13	x	
15	x	
16	x	
20		x

Notieren Sie für jede Übereinstimmung wieder einen Punkt. Die Summe ist Ihre Punktzahl für den Arbeitsbereich Liegenschafts- und Sachverwaltung.

Tragen Sie jetzt in die Tabelle für jedes Arbeitsgebiet Ihre einzelnen Punkte ein.

Arbeitsgebiet	Punkte
Personal- und Sozialwesen	
Haushalts-, Kassen- und Rechnungswesen	
Ausbildung/ Schulung	
Organisation/ Allgemeine Verwaltung	
Liegenschafts- und Sachverwaltung	

Aus der Tabelle ersehen Sie, für welches Arbeitsgebiet Sie sich im Bereich der Verwaltung am meisten interessieren. Der Bereich, in dem Sie die höchste Punktzahl erreicht haben, wird Ihnen am ehesten liegen.

Summe Ihrer Übereinstimmungen

Summe Ihrer Übereinstimmungen

368   Teil 3: Berufswahl   Test 3

Tätigkeiten in
der Verwaltung

Die Berufe werden nicht nach den einzelnen Arbeitsbereichen aufgegliedert, da eine Ausbildung in
der Verwaltung für alle Tätigkeitsbereiche befähigt und hinsichtlich der Berufsbezeichnungen keine
Unterschiede bestehen.

**Angestellter bzw. Beamter im mittleren,
gehobenen oder höheren Dienst bei
folgenden Verwaltungen:**

    Behörden des Bundes und der Länder
    Kommunalverwaltungen
    Finanzverwaltung
    Justizverwaltung
    Sozialversicherungsanstalten
    Auswärtiger Dienst
    Gewerbeaufsichtsverwaltung
    Bergverwaltung
    Wetterdienst
    Bundeswehrverwaltung
    Arbeitsverwaltung
    Deutsche Bundesbahn
    Deutsche Bundespost
    Deutsches Patentamt
    Bundesanstalt für Flugsicherung
    Strafvollzugsdienst
    Polizei
    Kriminalpolizei
    Bundesgrenzschutz
    Bundesbank
    Zoll

**Weitere Berufe in der Verwaltung mit
speziellen Aufgaben:**

    Jurist
    Rechtspfleger
    Richter
    Staatsanwalt
    Rechtsanwalt
    Notar

Für jedes Amt ergeben sich neben den
Tätigkeiten der allgemeinen Verwaltung
spezielle Aufgaben.

Kaufmännische Tätigkeit

Kreuzen Sie bitte bei jeder der folgenden Tätigkeiten an, welche der beiden zur Auswahl stehenden Tätigkeiten Sie jeweils lieber ausüben würden.

	A	B	
1. Die Werbekonzeption für ein neu entwickeltes Produkt aufstellen.	☐	☐	Einen Organisationsplan eines großen Betriebes erstellen.
2. Spezielle Probleme der Buchführung bearbeiten.	☐	☐	Verhandlungen mit Verkäufern und Vertretern anderer Firmen führen.
3. Konjunkturforschung betreiben, um Aufschlüsse über Absatzchancen zu erhalten.	☐	☐	Berechnungen anstellen, ob es rentabler ist, für eine bestimmte Tätigkeit eine Maschine anzuschaffen oder Arbeiter einzustellen.
4. Einen allgemein verständlichen Bericht über eine ausgewertete Statistik erstellen.	☐	☐	Die Zahl der Personaleinstellungen für einen Zeitraum von 3 Jahren planen.
5. Kaufgewohnheiten der Verbraucher erforschen.	☐	☐	Mehrere Lieferfirmen gegeneinander ausspielen, um günstige Einkaufspreise zu erzielen.
6. REFA-(Arbeits-)Studien betreiben.	☐	☐	Den Materialbedarf für die Herstellung eines Produktes abschätzen.
7. Einen Einsatzplan für Kundenbesuche der Vertreter aufstellen.	☐	☐	Neue Absatztechniken entwickeln, um Konkurrenzfirmen überflügeln zu können.

	A	B	

8. Die Einkaufsabteilung eines Unternehmens leiten.

☐ ☐ Den steuerlichen Jahresabschlußbericht eines Konzerns verantwortlich erstellen.

9. Verfahren zur Verrechnung innerbetrieblicher Leistungen entwickeln.

☐ ☐ Stichprobengröße und -zusammenstellung für eine Marktforschungsstudie festlegen.

10. Die personelle Besetzung für die einzelnen Aufgabenbereiche eines Betriebes feststellen.

☐ ☐ Die Gewinn- und Verlustrechnung für das abgelaufene Geschäftsjahr erstellen.

11. Der Finanzabteilung einer Firma angeben, welche finanziellen Mittel für den Materialeinkauf im kommenden Geschäftshalbjahr benötigt werden.

☐ ☐ Vertriebspolitische Konzeptionen unter Beachtung ihrer Abhängigkeit von Produkt- und Preispolitik aufstellen.

12. Infolge eines Streiks in einer Zuliefererfirma mit einer anderen Firma über kurzfristige Materiallieferungen verhandeln.

☐ ☐ Die Zuständigkeitsbereiche für die Mitarbeiter eines Betriebes abgrenzen und schriftlich fixieren.

13. Erfolgskontrollen einer Verkaufsförderungsaktion durchführen.

☐ ☐ Kriterien für die Anwerbung und Auswahl neuer Mitarbeiter erarbeiten.

14. Personalkosten für die Belegschaft eines Unternehmens berechnen.

☐ ☐ Eine Statistik für die Einkaufsabteilung erstellen.

15. Methoden zur Feststellung von Persönlichkeits- und Leitbildern der Verbraucher entwickeln.

☐ ☐ Verkaufspreise unter Berücksichtigung der Herstellungskosten sowie der Marktlage kalkulieren.

Teil 8: Kaufmännische Tätigkeiten | 371

	A	B	

16. Die betriebliche Steuerabrechnung mit dem Finanzamt abwickeln.
☐ ☐
Methoden zur Gewinnung und Aufbereitung statistischen Materials entwickeln.

17. Ein ansprechendes Markenbild (Image) für ein neues Produkt schaffen.
☐ ☐
Eine Liste der für die weitere Herstellung eines Produktes erforderlichen Rohmaterialien aufstellen.

18. Langfristige Investitionsplanung durchführen.
☐ ☐
Preisangebote für bestimmte Produkte von Firmen einholen.

19. Sachliche und psychologische Methoden zur Vermeidung von Fluktuation im Unternehmen entwickeln.
☐ ☐
Maßnahmen zur Leistungssteigerung der Vertriebsorganisation durchführen.

20. Neue Mitarbeiter für die Abteilung Einkauf begeistern.
☐ ☐
Die fixen Kosten für die Produktion berechnen.

21. Steuerfragen bei Geschäftsveräußerungen klären.
☐ ☐
Absatzforschung betreiben.

22. Stellenbeschreibungen für Annoncen formulieren.
☐ ☐
Die Lohnsätze für verschiedene Tätigkeiten festsetzen.

23. Den Ankauf von Maschinen zur Rationalisierung des Produktionsprozesses organisieren.
☐ ☐
Psychologische Grundlagen für eine erfolgreiche Werbung erarbeiten.

24. Termine für die Lieferung eingekaufter Waren überwachen.
☐ ☐
Optimale Arbeitsbedingungen für die Arbeiter einer Fabrik unter Berücksichtigung der Interessen des Unternehmens schaffen.

8 Testauswertung

Um Ihre Punktzahlen für die einzelnen Arbeitsgebiete zu ermitteln, vergleichen Sie, bei welchen Fragen Sie so angekreuzt haben wie in den folgenden Tabellen:

Ermitteln Sie Ihre Punktzahl für das Arbeitsgebiet **Verkauf/Vertrieb**.

Frage	Antwort A	Antwort B
1	x	
3	x	
5	x	
7		x
9		x
11		x
13	x	
15	x	
17	x	
19		x
21		x
23		x

Für jede Übereinstimmung notieren Sie einen Punkt. Die Summe ist Ihre Punktzahl für den Arbeitsbereich Verkauf/Vertrieb.

Ermitteln Sie nun Ihre Punktzahl für das Arbeitsgebiet **Organisation/ Betriebsführung**.

Frage	Antwort A	Antwort B
1		x
4		x
6	x	
7	x	
10	x	
12		x
13		x
16		x
18	x	
19	x	
22	x	
24		x

Notieren Sie für jede Übereinstimmung wieder einen Punkt. Die Summe ist Ihre Punktzahl für den Arbeitsbereich Organisation/ Betriebsführung.

Ermitteln Sie nun Ihre Punktzahl für das Arbeitsgebiet **Finanz- und Rechnungswesen**.

Frage	Antwort A	Antwort B
2	x	
3		x
4	x	
8		x
9	x	
10		x
14	x	
15		x
16	x	
20		x
21	x	
22		x

Notieren Sie für jede Übereinstimmung wieder einen Punkt. Die Summe ist Ihre Punktzahl für den Arbeitsbereich Finanz- und Rechnungswesen.

Summe Ihrer Übereinstimmungen

Summe Ihrer Übereinstimmungen

Summe Ihrer Übereinstimmungen

Teil 8: Testauswertung

Ermitteln Sie nun Ihre Punktzahl für das Arbeitsgebiet
Einkauf.

Frage	Antwort	
	A	**B**
2		x
5		x
6		x
8	x	
11	x	
12	x	
14		x
17		x
18		x
20	x	
23	x	
24	x	

Notieren Sie für jede
Übereinstimmung wieder
einen Punkt. Die Summe ist
Ihre Punktzahl für den
Arbeitsbereich Einkauf.

Tragen Sie jetzt in die Tabelle
für jedes Arbeitsgebiet Ihre
einzelnen Punkte ein.

Arbeitsgebiet	Punkte
Verkauf/Vertrieb	
Organisation/ Betriebsführung	
Finanz- und Rechnungswesen	
Einkauf	

Aus der Tabelle ersehen Sie,
für welches Arbeitsgebiet Sie
sich im Bereich der kaufmännischen Tätigkeiten am meisten interessieren. Der
Bereich, in dem Sie die höchste Punktzahl erreicht haben,
wird Ihnen am ehesten liegen.

Welche Berufe zu den
einzelnen Gebieten gehören
(im engeren und weiteren
Sinne), können Sie der
folgenden Aufstellung
entnehmen.

Summe Ihrer
Übereinstimmungen

Kaufmännische Tätigkeiten

1. Verkauf/Vertrieb
- Diplom-Kaufmann
- Diplom-Betriebswirt
- Diplom-Volkswirt
- Werbekaufmann
- Substitut
- Industriekaufmann
- Einzelhandelskaufmann
- Groß- und Außenhandelskaufmann

2. Organisation/Betriebsführung
- Diplom-Kaufmann
- Diplom-Betriebswirt
- Organisator
- Datenverarbeitungskaufmann
- Systemanalytiker
- REFA-Fachmann

3. Finanz- und Rechnungswesen
- Diplom-Kaufmann
- Diplom-Betriebswirt
- Steuerberater
- Steuerbevollmächtigter
- Wirtschaftsjurist
- Statistiker
- Wirtschaftsprüfer
- Bankkaufmann
- Bilanzbuchhalter
- Buchhalter
- Datenverarbeitungskaufmann

4. Einkauf
- Diplom-Kaufmann
- Einkaufsleiter
- Diplom-Betriebswirt
- Diplom-Volkswirt
- Substitut
- Industriekaufmann
- Groß- und Außenhandelskaufmann

5. Weitere kaufmännische Berufe
- Bürokaufmann
- Bürogehilfe
- Sekretärin
- Datenverarbeitungskaufmann
- Versicherungskaufmann
- Hotelkaufmann
- Verlagskaufmann
- Speditionskaufmann
- Luftverkehrskaufmann
- Reiseverkehrskaufmann
- Handelsassistent
- Staatlich geprüfter Betriebswirt
- Geprüfter Pharmareferent

Visuelle Kommunikation

9

Kreuzen Sie bitte bei jeder der folgenden Tätigkeiten an, welche der beiden zur Auswahl stehenden Tätigkeiten Sie jeweils lieber ausüben würden.

	A	B	
1. Ein Werbeplakat zeichnen.	☐	☐	Ein schmiedeeisernes Gartentor herstellen.
2. Die Gesamtgestaltung eines Buches ausführen.	☐	☐	Den Ausstellungsstand einer Firma auf einer Messe gestalten.
3. Ölbilder malen.	☐	☐	Geschäfts- und Verkaufsräume ausstatten.
4. Fotografien für einen Kalender machen.	☐	☐	Leuchtreklamen für eine wirksame Werbung entwerfen.
5. Teppichböden und Dekorationsstoffe aufeinander abstimmen.	☐	☐	Werbespots ausdenken und im Bild gestalten.
6. Die Inneneinrichtung eines Cafés aussuchen.	☐	☐	Den Kopf einer berühmten Persönlichkeit aus Stein hauen.
7. Eine verkaufsfördernde Verpackung für ein Parfümerieprodukt entwerfen.	☐	☐	Die Form für einen Bronzeguß herstellen.
8. Fotomontagen herstellen.	☐	☐	Einrichtungsvorschläge für eine Wohnung machen.
9. Gemälde kopieren.	☐	☐	Die passenden Bilder zu einer Wohnzimmereinrichtung aussuchen.

	Teil 3: Berufswahl Test 3

	A	B	
10. Porzellan bemalen.	☐	☐	Briefbogen für Geschäfts-briefe entwerfen.
11. Einen Festsaal dekorieren.	☐	☐	Wissenschaftliche und technische Sachverhalte auf Schematafeln darstellen.
12. In einem großen Möbelhaus Muster-zimmer einrichten.	☐	☐	Ein mit Brillanten besetztes Schloß für eine Perlenkette herstellen.
13. Ein Wappen entwerfen.	☐	☐	Eine abstrakte Plastik herstellen.
14. Tapetenmuster entwerfen.	☐	☐	Bühnenbilder für eine Operette entwerfen.
15. Ein Wandmosaik in einer Kirche entwerfen und ein-setzen.	☐	☐	Kunden beim Möbelkauf beraten.
16. Bilder restaurieren.	☐	☐	Die Festschrift für eine Jubiläumsfeier entwerfen.
17. Die Holzart für die Vertäfelung einer Zimmerdecke aussuchen.	☐	☐	Glückwunschkarten entwerfen.
18. Überlegungen anstellen, mit welchem Fußboden-belag die einzelnen Räume eines großen Einfamilienhauses ausgestattet werden sollen.	☐	☐	Einen Brunnen entwerfen.

9 Testauswertung

Um Ihre Punktzahlen für die einzelnen Arbeitsgebiete zu ermitteln, vergleichen Sie, bei welchen Fragen Sie so angekreuzt haben wie in den folgenden Tabellen:

Ermitteln Sie Ihre Punktzahl für das Arbeitsgebiet **Grafik/Design**.

Frage	Antwort A	Antwort B
1	x	
2	x	
4		x
5		x
7	x	
8	x	
10		x
11		x
13	x	
14	x	
16		x
17		x

Für jede Übereinstimmung notieren Sie einen Punkt. Die Summe ist Ihre Punktzahl für den Arbeitsbereich Grafik/Design.

Ermitteln Sie nun in der gleichen Weise Ihre Punktzahl für das Arbeitsgebiet **Künstlerische Gestaltung**.

Frage	Antwort A	Antwort B
1		x
3	x	
4	x	
6		x
7		x
9	x	
10	x	
12		x
13		x
15	x	
16	x	
18		x

Notieren Sie für jede Übereinstimmung wieder einen Punkt. Die Summe ist Ihre Punktzahl für den Arbeitsbereich Künstlerische Gestaltung.

Ermitteln Sie nun Ihre Punktzahl für das Arbeitsgebiet **Räumliche Gestaltung**.

Frage	Antwort A	Antwort B
2		x
3		x
5	x	
6	x	
8		x
9		x
11	x	
12	x	
14		x
15		x
17	x	
18	x	

Notieren Sie für jede Übereinstimmung wieder einen Punkt. Die Summe ist Ihre Punktzahl für den Arbeitsbereich Räumliche Gestaltung.

Summe Ihrer Übereinstimmungen

Summe Ihrer Übereinstimmungen

Summe Ihrer Übereinstimmungen

Tätigkeiten
in der visuellen
Kommunikation

Tragen Sie jetzt in die Tabelle für jedes Arbeitsgebiet Ihre einzelnen Punkte ein.

Arbeitsgebiet	Punkte
Grafik/Design	
Künstlerische Gestaltung	
Räumliche Gestaltung	

Aus der Tabelle ersehen Sie, für welches Arbeitsgebiet Sie sich im Bereich der visuellen Kommunikation am meisten interessieren. Der Bereich, in dem Sie die höchste Punktzahl erreicht haben, wird Ihnen am ehesten liegen.

Welche Berufe zu den einzelnen Gebieten gehören (im engeren und weiteren Sinne), können Sie der folgenden Aufstellung entnehmen.

1. Grafik/Design
- Grafiker
- Designer
- Industrial-Designer
- Modedesigner
- Fotodesigner

2. Künstlerische Gestaltung
- Maler
- Restaurator
- Bildhauer
- Fotograf
- Kameramann
- Graveur und Ziseleur
- Keramikmaler
- Töpfer
- Kunstschmied
- Gold- und Silberschmied

3. Räumliche Gestaltung
- Innenarchitekt
- Bühnenbildner
- Raumausstatter
- Schauwerbegestalter

4. Weitere gestalterische Berufe
- Farbenlithograph
- Reprograph
- Druckvorlagenhersteller

Geisteswissenschaft

10 Kreuzen Sie bitte bei jeder der folgenden Tätigkeiten an, welche der beiden zur Auswahl stehenden Tätigkeiten Sie jeweils lieber ausüben würden.

	A		B	
1. Gesellschaftskritisch an der Förderung der öffentlichen Meinungsbildung mitwirken.	☐		☐	Dokumente erfassen, bewerten und ordnen, so daß sie für den Benutzer eines Archivs in einer möglichst brauchbaren Informationsform nutzbar sind.
2. Die grammatikalischen Gesetzmäßigkeiten verschiedener Sprachen vergleichen.	☐		☐	Die Kulturgeschichte eines Volkes aufzeichnen.
3. Alle erreichbaren Quellen zu einem bestimmten Thema ausschöpfen, um größtmögliche Objektivität in der Darstellung eines Sachverhaltes zu erreichen.	☐		☐	Texte übersetzen.
4. An der Erstellung eines Wörterbuches mitarbeiten.	☐		☐	Für einen speziellen Fachbereich Dokumente in Form von Aufsätzen, Büchern, Referanten usw. beschaffen.
5. Gründliche Recherchen für eine Reportage durchführen.	☐		☐	Einen Aufsatz über Herrschafts- und Regierungsformen im Mittelalter schreiben.

380   Teil 3: Berufswahl   Test 3

	A	B	
6. Ein Kurzreferat in Form einer Zusammenfassung der verschiedensten Materialien über ein Fachthema abfassen.	☐	☐	Eine Biografie über Napoleon erstellen.
7. Als Lektor in einem Verlag Buchmanuskripte kritisch lesen und eventuell Unstimmigkeiten oder Fehler mit dem Autor durchsprechen und verbessern.	☐	☐	Aus stichwortartigen Notizen in kürzester Zeit einen Bericht formulieren.
8. Die Ursachen für die Einführung der sozialen Gesetzgebung erforschen.	☐	☐	Passende deutsche Synonyme für Fremdwörter finden.
9. Den Ursprung von Wörtern bestimmen.	☐	☐	Personen der Öffentlichkeit motivieren, zu aktuellen Problemen in einem Interview Stellung zu nehmen.
10. Quellenverzeichnisse und Sachregister für den Druck eines neuen Buches vorbereiten.	☐	☐	Die Entwicklungsgeschichte einer Sprache studieren.
11. Bestimmungen für ein Gesetz zur Sicherung des Arbeitsplatzes älterer Arbeitnehmer formulieren.	☐	☐	Einen Zeitungsbereicht über ein Ereignis so formulieren, daß er genau den auf der Zeitungsseite vorgesehenen Platz einnimmt.

Teil 10: Geisteswissenschaft   381

	A	B	

12. Die politischen Ursachen, die zur Auslösung eines Krieges geführt haben, analysieren.
☐ ☐
Den Auskunfts- und Beratungsdienst in einer großen Bibliothek durchführen.

13. Sich um eine allgemein verständliche Formulierung von Berichten und Nachrichten bemühen.
☐ ☐
Kommentierte Bestandsverzeichnisse für einen bestimmten Fachbereich einer Bibliothek erstellen.

14. An einem Grammatik-Lehrbuch der deutschen Sprache mitarbeiten.
☐ ☐
Eine Prognose über die möglichen Auswirkungen einer Wirtschaftskrise erstellen.

15. Die richtige Zusammenstellung von Wort und Bild für eine Reportage auswählen.
☐ ☐
Die Zeichensetzungsregeln für die deutsche Sprache klar und leicht verständlich formulieren.

16. Ein Lese- und Rechtschreibebuch für Schüler der ersten Grundschuljahre erarbeiten.
☐ ☐
Buchbesprechungen in Zeitschriften und Zeitungen auswerten und danach Bestellungen zur Vervollständigung einer Bücherei vornehmen.

17. Einzelne Berichte auf einer Zeitungsseite logisch und sinnvoll anordnen.
☐ ☐
Wichtige Faktoren und Daten für ein Geschichtslexikon zusammenstellen.

18. Das treffende Schlagwort für ein neues Buch finden, um es durch den Schlagwortkatalog einer Bibliothek leicht auffindbar zu machen.
☐ ☐
Aktuelle politische Geschehnisse kommentieren.

382   Teil 3: Berufswahl   Test 3

A   B

19. Den Ausleihbetrieb einer   ☐   ☐   Live-Berichte aktueller Veran-
    Bücherei organisieren.   staltungen für Rundfunk oder
                                                      Fernsehen sprechen.

20. Die Richtigkeit eines   ☐   ☐   Vereinfachungen in der
    Drehbuches über einen   Rechtschreibung und
    Film, der den Lebenslauf   Zeichensetzregelung der
    einer großen Persönlich-   deutschen Sprache erarbeiten.
    keit zeigt, überprüfen.

21. Texte interpretieren.   ☐   ☐   Eine Magazinsendung im
                                                      Fernsehen moderieren.

22. Den Buchbestand einer   ☐   ☐   Die Reimform von Gedichten
    wissenschaftlichen   bestimmen.
    Fachbücherei
    katalogisieren.

23. Die Parteisysteme in den   ☐   ☐   Nüchterne Berichte mit
    europäischen Staaten   Schaubildern und Grafiken
    beschreiben und   beleben.
    miteinander vergleichen.

24. An einer Diskussion über   ☐   ☐   Die anzuschaffenden Bücher
    mögliche Staatsformen   für eine Kinder- und
    der Zukunft teilnehmen.   Jugendbücherei auswählen.

Teil 10: Testauswertung

10 Testauswertung

Um Ihre Punktzahlen für die einzelnen Arbeitsgebiete zu ermitteln, vergleichen Sie, bei welchen Fragen Sie so angekreuzt haben wie in den folgenden Tabellen:

Ermitteln Sie Ihre Punktzahl für das Arbeitsgebiet **Journalismus.**

Ermitteln Sie nun Ihre Punktzahl für das Arbeitsgebiet **Literatur.**

Ermitteln Sie nun Ihre Punktzahl für das Arbeitsgebiet **Sprachwissenschaften.**

Frage	Antwort A	B
1	x	
3	x	
5	x	
7		x
9		x
11		x
13	x	
15	x	
17	x	
19		x
21		x
23		x

Frage	Antwort A	B
1		x
4		x
6	x	
7	x	
10	x	
12		x
13		x
16		x
18	x	
19	x	
22	x	
24		x

Frage	Antwort A	B
2	x	
3		x
4	x	
8		x
9	x	
10		x
14	x	
15		x
16	x	
20		x
21	x	
22		x

Für jede Übereinstimmung notieren Sie einen Punkt. Die Summe ist Ihre Punktzahl für den Arbeitsbereich Journalismus.

Notieren Sie für jede Übereinstimmung wieder einen Punkt. Die Summe ist Ihre Punktzahl für den Arbeitsbereich Literatur.

Notieren Sie für jede Übereinstimmung wieder einen Punkt. Die Summe ist Ihre Punktzahl für den Arbeitsbereich Sprachwissenschaften.

Summe Ihrer Übereinstimmungen ☐

Summe Ihrer Übereinstimmungen ☐

Summe Ihrer Übereinstimmungen ☐

Ermitteln Sie nun Ihre Punktzahl für das Arbeitsgebiet
Geschichte/Politik.

Frage	Antwort	
	A	B
2		x
5		x
6		x
8	x	
11	x	
12	x	
14		x
17		x
18		x
20	x	
23	x	
24	x	

Notieren Sie für jede
Übereinstimmung wieder
einen Punkt. Die Summe ist
Ihre Punktzahl für den
Arbeitsbereich Geschichte/
Politik.

Summe Ihrer
Übereinstimmungen

Tragen Sie jetzt in die Tabelle
für jedes Arbeitsgebiet Ihre
einzelnen Punkte ein.

Arbeitsgebiet	Punkte
Journalismus	
Literatur	
Sprach-wissenschaften	
Geschichte/Politik	

Aus der Tabelle ersehen Sie,
für welches Arbeitsgebiet Sie
sich im Bereich der Geisteswissenschaft am meisten
interessieren. Der Bereich, in
dem Sie die höchste Punktzahl
erreicht haben, wird Ihnen am
ehesten liegen.

Welche Berufe zu den
einzelnen Gebieten gehören
(im engeren und weiteren
Sinne), können Sie der
folgenden Aufstellung
entnehmen.

Tätigkeiten der Geisteswissenschaft

1. Journalismus
- Journalist
- Redakteur
- Reporter

2. Literatur
- Schriftsteller
- Lektor
- Diplom-Bibliothekar
- Diplom-Dokumentor
- Diplom-Archivar

3. Sprachwissenschaften
- Sprachwissenschaftler
- Germanist
- Philologe
- Dolmetscher
- Übersetzer

4. Geschichte/Politik
- Historiker
- Politologe
- Ethnologe
- Kunsthistoriker
- Theaterwissenschaftler

5. Sonstige Geisteswissen-schaften
- Theologe
- Philosoph
- Religionswissenschaftler
- Archäologe

Zu guter Letzt:
Soll man das Denken den Pferden überlassen?

Intelligenz und Gehirn

Das menschliche Gehirn ist das komplizierteste und interessanteste Stück Materie unseres Universums. Dieses kleine, geheimnisvolle Organ wiegt im Durchschnitt nicht mehr als drei Pfund, und es vollbrachte die enormen Denkleistungen unserer Zivilisation. Durch das Gehirn und seine Intelligenzleistung sind wir heute aber auch so weit, daß wir alles Leben auf der Erde durch entfesselte Atomkraft ausrotten könnten.

Im Gehirn befinden sich etwa 12 Milliarden Zellen. Sie liegen in einigen Gebieten so dicht beieinander, daß 100 Millionen auf 16 Quadratzentimetern Platz haben. Durch die Nervenzellen zucken elektrochemische Impulse mit einer Geschwindigkeit von 4 bis 300 Kilometern in der Stunde.

Die gesamte Länge der Schaltleitungen des Gehirns beträgt nach Schätzung der Hirnforscher 500 000 Kilometer, eine Leitung, die man mehr als zwölfmal um die Erde schlingen könnte - und das in unserer kleinen Schädelhöhle. Der Durchmesser einer einzelnen Nervenfaser beträgt nur ein Hundertstel Millimeter. Das ganze Faserngeflecht ist mit sämtlichen Nervenzellen schon bei der Geburt vorhanden - und mehr kommt im Laufe des Lebens nicht hinzu.

Die Masse macht es nicht!

Die Wissenschaftler behaupten: Je mehr Nervenzellen ein Lebewesen hat, um so größer ist seine Intelligenz. Das Pferd hat zwar einen größeren Kopf als der Mensch, aber sein Gehirn wiegt nur etwa 500 Gramm. Deshalb sollte man das Denken nicht den Pferden überlassen, eher den Elefanten und Walfischen – sie haben ein sehr schweres Hirn (Elefanten bis zu 4 500 Gramm).

Entscheidend ist jedoch das Verhältnis des Hirngewichts zum Körpergewicht. Beim Menschen wiegt das Gehirn etwa 1/40 des gesamten Körpergewichts, beim Elefant 1/560, beim Walfisch sogar nur 1/15 000 des Körpergewichts.

Die Hirnrinde des Menschen ist außerdem dicker als bei allen anderen Lebewesen. Wichtig ist auch die Größe des Stirnhirns im Vergleich zum Gesamthirn.

So groß ist das Stirnhirn bei den folgenden sieben Lebewesen:

Kaninchen	2,2 %	⎫
Katze	3,4 %	⎪
Hund	6,9 %	⎪
Kapuzineraffe	9,2 %	⎬ vom Gesamthirn
Gibbon	11,3 %	⎪
Schimpanse	16,9 %	⎪
Mensch	29,0 %	⎭

An der Evolution des Menschen kann man beobachten, wie das Gehirn inhaltlich mehr und mehr Platz beansprucht und den Schädel in die Höhe trieb. (Der Schädel ist in der Abbildung von hinten gezeichnet.)

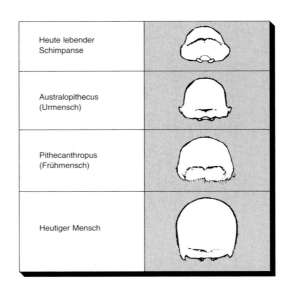

Nach Chicago University Press und British Museum

Der Gehirn-Atlas

Das Gehirn kann in Regionen eingeteilt werden, die für verschiedene Leistungen zuständig sind. Die Grafik zeigt einige wichtige Hirnbereiche. Die Gebiete, welche für die geistige Leistung zuständig sind, wurden weiß gelassen.

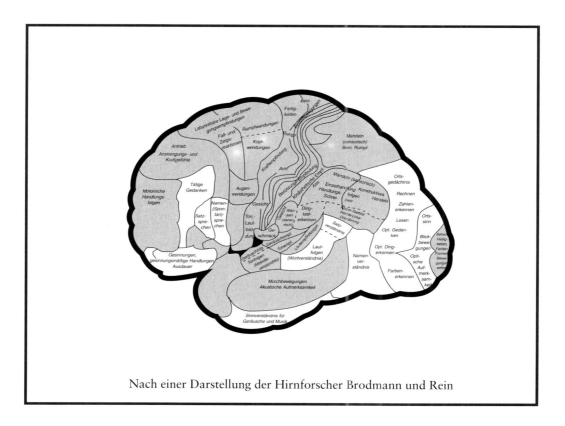

Nach einer Darstellung der Hirnforscher Brodmann und Rein

Kann man die Intelligenz amputieren?

Bisher weiß niemand, wo sich im Gehirn die Intelligenz exakt befindet. Es wurde zum Beispiel ein bohnenförmiges Organ entdeckt (es heißt Hippokampus), das für das Gedächtnis zuständig ist. Wenn bei einer Operation dieses Organ weggeschnitten wird, hat der Patient ein gestörtes Erinnerungsvermögen. Alle neuen Erlebnisse bleiben nur für Augenblicke im Gedächtnis. Der Patient ist dadurch in seiner Intelligenzleistung empfindlich beeinträchtigt – mitten in einer Problemlösung vergißt er, worum es eigentlich geht. Wenn eine Hirnregion durch einen Unfall oder eine Operation zerstört wird, sind die Folgen für den Patienten sehr unangenehm, weil die Nervenzellen nicht mehr nachwachsen. Es gibt zum Beispiel ein Hirnfeld für optisches Erinnerungsvermögen. Wird es zerstört, so sieht der Patient zwar normal, beispielsweise einen Schlüssel, er weiß jedoch nicht, daß es sich in diesem Fall um einen Schlüssel handelt. Er sieht lediglich neutrale Formen und Farben. Das kann man sich schwer vorstellen. Dennoch: Im Gehirn ist alles sinnlich Erfaßte gespeichert. Wir können nur etwas verstehen und begreifen, was einmal ins Gehirn »hineingelernt« worden ist. Durch die Zerstörung von Nervenzellen wird das Gelernte gelöscht und dadurch ein Stück Denkvermögen amputiert.

Die sieben bekanntesten Intelligenztests

Die folgenden Tests wurden nur für die Hand des Psychologen entwickelt. Die dürfen auch nur an Psychologen verkauft und von ihnen benutzt werden.

• *Hamburg-Wechsler-Intelligenztest für Erwachsene (HAWIE).* Bei diesem Test handelt es sich um die deutsche Bearbeitung und Standardisierung des *Wechsler-Bellevue Adult Intelligence Scale* von 1939. Der deutsche Textband *Die Messung der Intelligenz Erwachsener* erschien 1956 im Verlag Hans Huber, Bern und Stuttgart.

• *Intelligenz-Struktur-Test (IST).* Dieser Test ist 1953 von R. Amthauer im Verlag für Psychologie Dr. C. J. Hogrefe, Göttingen, veröffentlicht worden.

• *Analytischer Intelligenztest (AIT).* Dieser deutsche Test wurde von R. Meili entwickelt und

Individuelle psychologische Beratung

ist 1966 im Verlag Hans Huber, Bern und Stuttgart, erschienen.

- *Leistungsprüfsystem (LPS).* Dieser deutsche Test wurde von W. Horn entwickelt und ist 1962 im Verlag Dr. C. J. Hogrefe, Göttingen, erschienen.

- *Stanford-Intelligenz-Test.* Dieser amerikanische Test wurde von H. R. Lückert für den deutschen Sprachraum bearbeitet und ist 1957 im Verlag Dr. C. J. Hogrefe, Göttingen, erschienen.

- *Progressive Matrices.* Dieser englische Test wurde erstmals 1938 von J. C. Raves bei H. K. Lewis Co. Ltd., London, veröffentlicht.

- *Figure Reasoning Test.* Dieser englische Test wurde von J. C. Daniels entwickelt und ist 1949 bei Crosby Lockwood Son Ltd., London, erschienen.

Wenn Sie Ihr Intelligenz- und/oder Begabungsprofil schwer interpretieren können, weil es keine ausgeprägten Profilspitzen zeigt, können Sie Ihre IQ- und/oder Diagnose- karte zur Beurteilung direkt an den Autor einschicken. Senden Sie auch einen hand- schriftlichen Lebenslauf für eine graphologische Beurtei- lung Ihrer Persönlichkeitsei- genschaften mit. Schildern Sie bitte Ihren bisherigen schuli- schen und privaten Werde- gang, und beschreiben Sie Ihre Interessen und Schwierig- keiten.

Die individuelle psychologi- sche Beratung kann natürlich nicht kostenlos ausgearbeitet werden. Eine Profilinterpreta- tion und das graphologische Gutachten kosten insgesamt DM 280 bzw. DM 320 für Intelligenz- **und** Begabungs- profil. Dieser Preis erscheint Ihnen vielleicht hoch, aber bedenken Sie bitte, daß bereits die graphologische Analyse etwa zwei bis drei Stunden dauert.

Ihre Unterlagen senden Sie an:
Psychologische Diagnostik
Dipl.-Psych. P. Lauster
Usambarastraße 2
50733 Köln

Sie erhalten dann umgehend eine Auftragsbestätigung und anschließend
- die psychologische Interpretation Ihres Intelligenzprofils und
- ein graphologisches Gutachten.

Ihre Intelligenzdimensionen werden mit Ihrer Persönlich- keitsstruktur verglichen. Aus dieser Analyse können Hin- weise für Ihre beruflichen Erfolgsmöglichkeiten abgelei- tet werden.

Ergänzende Informationen zur Ausbildungs- und Berufswahl

Jeder, der vor der Berufswahl steht, kann die Hilfe der Berufsberatung der Arbeitsämter in Anspruch nehmen. Wer schon im Beruf ist und den Beruf wechseln will, wendet sich an den »Arbeitsberater« im Arbeitsamt. Die Berufsberatung bietet zur Information, Orientierung und Selbsterkundung zahlreiche Schriften kostenlos an. Neben der Bereitstellung von schriftlichem Material kommen die Berufsberater aber auch direkt in die Schulen, wo sie über die wichtigsten Probleme der Berufswahl sprechen. Außerdem gibt es besondere Elternabende sowie berufskundliche Vorträge von Fachleuten. Eine besonders gute Einrichtung, sich über Berufe zu informieren, sind die »Berufsinformationszentren« (BLZ), die es in vielen Städten gibt (Adressenliste siehe Seite 397). Dort stehen dem Besucher Informationsmappen, Bücher, Videofilme, Diaserien, Hör- und Lernprogramme über Berufe und Fragen der Berufs-

wahl zur Verfügung. Darüber hinaus kann jeder die kostenlose Möglichkeit nutzen, sich in allen Berufswahlfragen durch die »Berufsberatung« ganz individuell beraten zu lassen. In persönlichen Gesprächen können die Wünsche und Zielvorstellungen dort ausführlich besprochen, die erforderlichen Informationen über Berufs- und Ausbildungsmöglichkeiten herausgesucht und im Gespräch Vor- und Nachteile verschiedener Berufswege verglichen und abgewogen werden. Der Berufsberater kann auch Hilfestellung bei der Vermittlung einer Ausbildungsstelle leisten; Fragen der finanziellen Förderung werden erörtert, und falls erforderlich oder gewünscht, kann der Berufsberater auch eine ärztliche Untersuchung oder eine »psychologische Eignungsuntersuchung« beantragen. Dies kann notwendig sein, wenn etwa Zweifel bestehen, ob für einen bestimmten Beruf auch die körperlichen Voraussetzungen vorliegen (ärztliche

Untersuchung). Der Psychologe im Arbeitsamt kann bei der Beurteilung der eignungsmäßigen Voraussetzung beraten, wobei er eine Vielzahl von psychologischen Testverfahren einsetzt. Dadurch können Aussagen über das geistige Leistungsvermögen gewonnen werden; es werden spezielle berufswichtige Fähigkeiten erfaßt, wie beispielsweise die Ausprägung des logischen Denkvermögens, des räumlichen Vorstellungsvermögens, der Formauffassung, der zeichnerischen Fähigkeiten, des abstrakten Denkens, der sprachlichen Beweglichkeit und Denkfähigkeit, der Rechenkenntnisse, des technischen und naturwissenschaftlichen Verständnisses, der Fähigkeiten für Büroarbeit, ferner Handgeschick, Merkfähigkeit, Konzentrationsvermögen, Arbeitstempo, Arbeitssorgfalt und vieles mehr.

Die psychologische Untersuchung im Arbeitsamt dauert in der Regel mehrere Stunden. Mit jedem Ratsuchenden

Was ist von Abendschulen zu halten?

werden die Ergebnisse besprochen, und in einem weiteren Gespräch mit dem Berufsberater werden die gewonnenen Erkenntnisse umgesetzt, das heißt, es wird eine Hilfestellung zur Realisierung bestimmter Berufswege gegeben.

Da die meisten Firmen, Betriebe und Verwaltungen sehr frühzeitig ihre Bewerber für einen Ausbildungsplatz auswählen, empfiehlt es sich für Schulabgänger, spätestens am Ende des vorletzten Schuljahres die Berufsberatung aufzusuchen. Man kann sich dort persönlich, schriftlich oder telefonisch anmelden und erhält dann einen Termin für das Einzelgespräch. Das Arbeitsamt verfügt auch über Verzeichnisse von Ausbildungsstätten, Fachschulen und Hochschulen. Dies sind Nachschlagewerke mit mehreren tausend DIN-A4-Seiten, geordnet nach Berufszweigen und Schulen.

Eine Übersicht über die einzelnen Bildungswege ist hier nicht möglich. Dies ist zu kompliziert, zumal die Bildungswege von Bundesland zu Bundesland verschieden sind. Auskunft in diesen Fragen gibt die Berufsberatung oder auch die jeweilige Schulbehörde der Gemeinde, des Kreises oder der Stadt.

Auf der Abendschule kann der Realschulabschluß oder das Abitur nachgeholt werden. Die Abendschule ist normalerweise eine sehr starke Belastung, und die Abbruchquote ist sehr hoch, weil der Besuch der Abendschule ja berufsbegleitend ist, das heißt, neben dem normalen Berufstag findet drei- bis viermal wöchentlich abends der Unterricht statt. Zumeist sind in den Volkshochschulen die entsprechenden Einrichtungen. Eine weitere Möglichkeit, das Abitur zu machen, besteht bei Kollegschulen, Bafög wird dabei elternunabhängig gewährt. Nähere Auskünfte erteilt jeweils das »Amt für Ausbildungsförderung« einer jeden Stadt.

Die Kollegs sind eine empfehlenswerte Einrichtung, um auf dem »zweiten Bildungsweg« das Abitur nachzuholen. Im Gegensatz zur Abendschule, die berufsbegleitend schnell zu einer Überforderung werden kann, findet der Unterricht an einem Kolleg halb- bis ganztägig statt.

Wann wird eine Umschulung finanziert?

Durch das elternunabhängig gewährte Bafög ist man nicht gezwungen, einer beruflichen Tätigkeit nachzugehen, und kann sich voll den Inhalten und Anforderungen des Studiums widmen. Dauer: mindestens fünf Semester, maximal acht Semester.

Ist man nicht ortsgebunden bei der Auswahl einer Kollegschule, sollte man sich genauestens über den angebotenen Sprachunterricht informieren, denn hier treten große Unterschiede auf. Durch die teilweise personelle Unterbesetzung von Lehrkräften bieten nicht alle Kollegs die gleichen Möglichkeiten, in verschiedenen Sprachen Abitur zu machen. Das Angebot reicht von Latein, Russisch, Französisch, Spanisch bis Italienisch. Englisch wird immer angeboten. Bei manchen Kollegs kann man aber – wegen der genannten Gründe – Abitur nur in Englisch machen.

In dem Angebot von naturwissenschaftlichen Fächern treten kaum Unterschiede auf. Allerdings gibt es wieder erhebliche Unterschiede in sozialwissenschaftlichen Fächern, mit unterschiedlicher Angebotspalette von Philosophie, Volkswirtschaft, Soziologie bis Sozialpsychologie und Pädagogik. Auch sind die Ausstattungen der einzelnen Kollegs sehr verschieden. Einige haben Wohnheime angegliedert, die meisten jedoch nicht.

Diese Frage ist leider sehr schwierig, pauschal zu beantworten. Es müssen bestimmte Voraussetzungen erfüllt sein. Ein Gespräch lohnt sich für diejenigen, die arbeitslos oder von Arbeitslosigkeit bedroht sind, sowie für Ungelernte, die noch keinen Berufsabschluß haben. Eine Umschulung kann auch aus gesundheitlichen Gründen in Frage kommen, dann nämlich, wenn der erlernte oder zuletzt ausgeübte Beruf gesundheitlich nicht mehr verkraftet werden kann. Die Finanzierungen sind unterschiedlich. Was die Höhe des Unterhaltsgeldes anbelangt, gibt es auch Unterschiede zwischen »Umschulung« und »Fortbildung«. Bei gesundheitlich bedingter Umschulung ist der »Rehabilitationsberater« des Arbeitsamtes zuständig. Wie wichtig die Umschulung ist, zeigt eine Umfrage des Berufsförderungszentrums Essen, denn danach bekommen vier von fünf Arbeitslosen nach der Umschulung wieder einen Arbeitsplatz.

Einige Informationen zur Ausbildung

Die berufliche Bildung ist im »Berufsbildungsgesetz« geregelt, durch das eine ordnungsgemäße und fachlich einwandfreie Berufsbildung gesichert wird.

Wichtige Bestimmungen aus dem Berufsbildungsgesetz:

1. Jugendliche unter achtzehn Jahren dürfen nur in einem anerkannten Ausbildungsberuf ausgebildet werden.

2. Nur geeignete Ausbilder sind zur Ausbildung berechtigt.

3. Zur Berufsausbildung muß zwischen dem Auszubildenden und dem ausbildenden Betrieb ein schriftlicher Vertrag geschlossen werden.

4. Jedes vertraglich geschlossene Ausbildungsverhältnis muß in einem Verzeichnis der Ausbildungsverhältnisse bei der Industrie- und Handelskammer, der Handwerkskammer, der Landwirtschaftskammer oder bei anderen zuständigen Stellen eingetragen werden.

5. Rechte und Pflichten des Auszubildenden sowie des Ausbildenden sind genau vorgeschrieben. Beide sind dafür verantwortlich, daß das Ausbildungsziel erreicht wird.

6. Aus dem Ausbildungsvertrag müssen Dauer der Ausbildung, Probezeit, Urlaubszeit und Vergütung hervorgehen.

7. In den anerkannten Ausbildungsberufen werden Abschlußprüfungen durch die zuständigen Stellen (zum Beispiel Kammern) abgenommen.

In der »Handwerksordnung« sind ergänzende Bestimmungen für die Berufsausbildung im Handwerk festgelegt. Sie schreibt vor, daß nur ein Meister einen selbständigen Handwerksbetrieb führen und auch Auszubildende in seinem Handwerksberuf ausbilden darf. Die Ausbildung für die sogenannten »Heilhilfsberufe« (zum Beispiel Krankenschwester/Krankenpfleger, Diätassistentin/ Diätassistent) und die verschiedenen Beamtenlaufbahnen sind jeweils in besonderen Bundes- oder Landesgesetzen geregelt.

Für Auszubildende unter achtzehn Jahren gibt es das »Gesetz zum Schutz der arbeitenden Jugend«. Es enthält die Bestimmungen über einzuhaltende Arbeitszeiten, ausreichenden Urlaub und angemessene Freizeit sowie das Verbot von Akkord- und Fließbandarbeit. Das Jugendarbeitsschutzgesetz ist in jedem Betrieb, der Jugendliche beschäftigt, deutlich sichtbar auszuhängen.

Wer sich über die Rechte und Pflichten während der Berufsausbildung informieren möchte, kann die Broschüre *Ausbildung und Beruf* beim Bundesministerium für Bildung und Wissenschaft, 53115 Bonn, anfordern. In dieser Schrift ist auch das Muster eines »Berufsbildungsvertrages« abgedruckt.

Anhang

Anschriften von Stützpunkten der Berufsberatung für Abiturienten und Hochschüler

52072 Aachen, Roermonder Str. 51;

73430 Aalen, Julius-Bausch-Str. 12;

59229 Ahlen, Bismarckstr. 10;

04600 Altenburg, Theaterplatz 7-8;

09456 Annaberg-Buchholz, Paulus-Jenisius-Str. 43;

91552 Ansbach, Schalkhäuser Str. 40;

63739 Aschaffenburg, Memeler Str. 15;

86153 Augsburg, Wertachstr. 28;

36251 Bad Hersfeld, Vitalisstr. 1;

55543 Bad Kreuznach, Bosenheimer Str. 16;

23843 Bad Oldesloe, Berliner Ring 8-10;

72336 Balingen, Stingstr. 17;

96050 Bamberg, Schildstr. 79;

02625 Bautzen, Otto-Nagel-Str. 1;

95444 Bayreuth, Casselmannstr. 6;

51465 Bergisch Gladbach, Bensberger Str. 85;

10969 Berlin, Friedrichstr. 34 (LAA);

12203 Berlin (Arbeitsamt I), Händelplatz 1;

12057 Berlin (Arbeitsamt II), Sonnenallee 262;

14059 Berlin (Arbeitsamt III), Königin-Elisabeth-Str. 49;

10969 Berlin (Arbeitsamt IV), Charlottenstr. 90;

13353 Berlin (Arbeitsamt V), Müllerstr. 16;

10365 Berlin (Arbeitsamt VI), Gotlindestr. 93;

10407 Berlin (Arbeitsamt VII), Storkower Str. 118;

12681 Berlin (Arbeitsamt VIII), Murtzaner Ring 68;

12489 Berlin (Arbeitsamt IX), Rudower Chaussee 4;

33602 Bielefeld, Werner-Bock-Str. 8;

44789 Bochum, Universitätsstr. 66;

53123 Bonn, Villemombler Str. 101;

38118 Braunschweig, Cyriaksring 10;

28195 Bremen, Doventorsteinweg 48-52;

27570 Bremerhaven, Grimsbystr. 1;

56321 Brühl, Wilhelm-Kamm-Str. 1;

29223 Celle, Georg-Wilhelm-Str. 14;

09114 Chemnitz, Paracelsusstr. 12 (LAA);

09111 Chemnitz, Brückenstr. 12;

96450 Coburg, Kanonenweg 25;

48653 Coesfeld, Holtwicker Str. 1;

03046 Cottbus, Bahnhofstr. 24;

64295 Darmstadt, Groß-Gerauer Weg 7;

94469 Deggendorf, Hindenburgstr. 32;

06847 Dessau, Elisabethstr. 15;

32758 Detmold, Wittekindstr. 2;

86609 Donauwörth, Zirgesheimer Str. 9;

44147 Dortmund, Steinstr. 39;

01069 Dresden, Semperstr. 2;

47058 Duisburg, Wintgensstr. 29-33;

52351 Düren, Moltkestr. 49;

40474 Düsseldorf, Josef-Gockeln-Str. 7 (LAA);

40237 Düsseldorf, Grafenberger Allee 300;

16227 Eberswalde, Eberswalder Str. 106;

25335 Elmshorn, Bauerweg 23;

26723 Emden, Schlesierstr. 10-12;

99085 Erfurt; Altonaer Str. 25;

Anschriften von Stützpunkten der Berufsberatung

45127 Essen, Berliner Platz 10;

24939 Flensburg, Waldstr. 2;

60528 Frankfurt a. M., Saonestr. 2-4 (LAA);

60311 Frankfurt a. M., Fischerfeldstr. 10-13;

15236 Frankfurt (Oder), Robert-Havemann-Str. 6;

79106 Freiburg, Lehener Str. 77;

85356 Freising, Parkstr. 11;

36037 Fulda, Rangstr. 4;

45879 Gelsenkirchen, Vattmannstr. 12;

07548 Gera, Hermann-Drechsler-Str. 1;

35390 Gießen, Nordanlage 60;

73033 Göppingen, Mörikestr. 15;

38642 Goslar, Robert-Koch-Str. 11;

99867 Gotha, Schöne Aussicht 5;

37081 Göttingen, Bahnhofsallee 5;

58095 Hagen, Körnerstr. 98-100;

38820 Halberstadt, Schwanebecker Str. 14;

06110 Halle, Merseburger Str. 196 (LAA);

06114 Halle, Maxim-Gorki-Str. 13;

20097 Hamburg, Kurt-Schumacher-Allee 16;

31785 Hameln, Süntelstr. 6;

59065 Hamm, Bismarckstr. 2;

63450 Hanau, Am Hauptbahnhof 1;

30173 Hannover, Altenbekener Damm 82 (LAA);

30169 Hannover, Brühlstr. 4;

25746 Heide, Rungholtstr. 1;

69115 Heidelberg, Kaiserstr. 69-71;

74074 Heilbronn, Rosenbergstr. 50;

38350 Helmstedt, Magdeburger Tor 18;

32049 Herford, Hansastr. 33;

31134 Hildesheim, Am Marienfriedhof 3;

95032 Hof, Äußere Bayreuther Str. 2;

85049 Ingolstadt, Heydeckplatz 1;

58636 Iserlohn, Friedrichstr. 59-61;

07747 Jena, Fritz-Ritter-Str. 44

67655 Kaiserslautern, Augustastr. 6;

76135 Karlsruhe, Brauerstr. 10;

34117 Kassel, Grüner Weg 46;

87439 Kempten, Rottachstr. 26;

24143 Kiel, Adolf-Westphal-Str. 2;

24106 Kiel, Projensdorfer Str. 82;

56073 Koblenz, Rudolf-Virchow-Str. 5;

50939 Köln, Luxemburger Str. 121;

78467 Konstanz, Stromeyersdorfstr. 1;

34497 Korbach, Louis-Peter-Str. 49-51;

47799 Krefeld, Philadelphiastr. 2;

76829 Landau, Johannes-Kopp-Str. 2;

84034 Landshut, Leinfelderstr. 6;

26789 Leer, Jahnstr. 6;

04159 Leipzig, Georg-Schumann-Str. 150;

65549 Limburg, Ste-Foy-Str. 23;

79539 Lörrach, Brombacher Str. 2;

23560 Lübeck, Hans-Böckler-Str. 1;

71638 Ludwigsburg, Stuttgarter Str. 53/55;

67059 Ludwigshafen, Berliner Str. 23a;

21335 Lüneburg, An den Reeperbahnen 2;

06886 Lutherstadt Wittenberg, Melanchthonstr. 3a;

39124 Magdeburg, Nachtweide 82;

55131 Mainz, Untere Zahlbacher Str. 27;

68161 Mannheim, M 3a;

35039 Marburg, Afföllerstr. 25;

56727 Mayen, Katzenberger Weg 31-33;

87700 Memmingen, Dr.-Berndl-Platz 2;

06217 Merseburg, Hallesche Str. 99;

59872 Meschede, Steinstr. 26;

41065 Mönchengladbach, Lürriper Str. 78-80;

56410 Montabaur, Tonnerrestr. 1;

80337 München, Thalkirchner Str. 54 (LAA);

80337 München, Kapuzinerstr. 26;

48155 Münster, Wolbecker Str. 45-47;

72202 Nagold, Bahnhofstr. 37;

17034 Neubrandenburg, Passage 2;

24534 Neumünster, Wittorfer Str. 22-26;

66538 Neunkirchen, Ringstr. 1;

16816 Neuruppin, Karl-Gustav-Str. 1;

56564 Neuwied, Julius-Remy-Str. 4;

31582 Nienburg, Verdener Str. 21;

99734 Nordhausen, Ludolfinger Str. 11;

48527 Nordhorn, Stadtring 9-15;

90478 Nürnberg, Regensburger Str. 100 (LAA);

90443 Nürnberg, Richard-Wagner-Platz 5;

46045 Oberhausen, Mülheimer Str. 36;

63067 Offenbach, Domstr. 72;

77654 Offenburg, Weingartenstr. 3;

26122 Oldenburg, Stau 70;

04758 Oschatz, Oststr. 3;

49080 Osnabrück, Johannistorwall 56;

33102 Paderborn, Bahnhofstr. 26;

94032 Passau, Innstr. 30;

84347 Pfarrkirchen, Ringstr. 23;

75172 Pforzheim, Luisenstr. 32;

66954 Pirmasens, Schachenstr. 70;

01796 Pirna, Seminarstr. 7;

08523 Plauen, Engelstr. 8;

14482 Potsdam, Horstweg 96;

76437 Rastatt, Karlstr. 18;

88212 Ravensburg, Schützenstr. 69;

45657 Recklinghausen, Görresstr. 15;

93053 Regensburg, Galgenbergstr. 24;

72764 Reutlingen, Albstr. 83;

48431 Rheine, Dutumer Str. 5;

01587 Riesa, Chemnitzer Str. 26;

83022 Rosenheim, Wittelsbacherstr. 57;

18057 Rostock, Kopernikusstr. 1a;

78628 Rottweil, Marxstr. 12;

66121 Saarbrücken, Eschberger Weg 68;

66111 Saarbrücken, Hafenstr. 18;

66740 Saarlouis, Ludwigstr. 10;

06526 Sangerhausen, Göpenstr. 37;

74523 Schwäbisch Hall, Bahnhofstr. 18;

92421 Schwandorf, Garrstr. 1b;

97421 Schweinfurt, Komacher Str. 6;

19057 Schwerin, Am Margarethenhof 14/16;

57072 Siegen, Emilienstr. 45;

59494 Soest, Paradieser Weg 2;

42699 Solingen, Kamper Str. 35;

21680 Stade, Wiesenstr. 10;

39576 Stendal, Lüneburger Str. 2-7;

18437 Stralsund, Carl-Heydemann-Ring 67;

70174 Stuttgart, Hölderlinstr. 36;

70190 Stuttgart, Neckarstr. 155;

98527 Suhl, Gutenbergstr. 4;

97941 Tauberbischofsheim, Pestalozziallee 17;

83278 Traunstein, Chiemseestr. 9;

54295 Trier, Schönbornstr. 1;

29525 Uelzen, Lüneburger Str. 72;

89073 Ulm, Wichernstr. 5;

49377 Vechta, Neuer Markt 30;

27283 Verden, Lindhooper Str. 9;

78050 Villingen-Schwenningen, Lantwattenstr. 2;

71332 Waiblingen, Mayenner Str. 60;

92637 Weiden, Weigelstr. 24;

82362 Weilheim, Karwendelstr. 1;

91781 Weißenburg, Schwärzgasse 1;

46483 Wesel, Reeser Landstr. 61;

35576 Wetzlar, Sophienstr. 19;

65197 Wiesbaden, Klarenthaler Str. 34;

26382 Wilhelmshaven, Schillerstr. 43-49;

42285 Wuppertal, Hünefeldstr. 3-17;

97072 Würzburg, Ludwigkai 3;

08058 Zwickau, Leipziger Str. 160

(LAA) = Landesarbeitsamt

Anschriften von «Berufsinformationszentren» der Arbeitsämter

52072 Aachen, Roermonder Str. 51;

73430 Aalen, Julius-Bausch-Str. 12;

59229 Ahlen, Bismarckstr. 10;

84503 Altötting, Gabriel-Mayer-Str. 6-8;

92224 Amberg, Seminargasse 10;

09456 Annaberg-Buchholz, Paulus-Jenisius-Str. 43;

91522 Ansbach, Schalkhäuserstr. 40;

63739 Aschaffenburg, Memelerstr. 15;

86153 Augsburg, Wertachstr. 28;

36251 Bad Hersfeld, Vitalisstr. 1;

55543 Bad Kreuznach, Viktoriastr. 36;

23843 Bad Oldesloe, Berliner Ring 9;

72336 Ballingen, Stingstr. 17;

96050 Bamberg, Pödeldorfer Str. 146;

02625 Bautzen, Otto-Nagel-Str. 1;

95444 Bayreuth, Casselmannstr. 6;

51465 Bergisch Gladbach, Bensberger Str. 85;

10587 Berlin, Ernst-Reuter-Platz 10;

10365 Berlin (Arbeitsamt VI), Gotlindestr. 93;

10407 Berlin (Arbeitsamt VII), Storkower Str. 118;

12489 Berlin (Arbeitsamt IX), Rudower Chaussee 4;

33602 Bielefeld, Werner-Bock-Str. 8;

44789 Bochum, Universitätsstr. 66;

53123 Bonn, Villemombler Str. 101;

38118 Braunschweig, Cyriaktsring 10;

28195 Bremen, Faulenstr. 54-68;

27570 Bremerhaven, Grimsbystr. 1;

68782 Brühl, Wilhelm-Kamm-Str. 1;

29223 Celle, Georg-Wilhelm-Str. 14;

09111 Chemnitz, Brückenstr. 4;

96450 Coburg, Raststr. 20;

48653 Coesfeld, Holtwicker Str. 1;

03048 Cottbus, Vetschauer Str. 70;

64295 Darmstadt, Groß-Gerauer Weg 7;

06847 Dessau, Elisabethstr. 15;

32758 Detmold, Wittekindstr. 2

86609 Donauwörth, Zirgesheimer Str. 9;

44147 Dortmund, Steinstr. 39;

01237 Dresden, Lohrmannstr. 20;

52351 Düren, Bismarckstr. 1;

47058 Duisburg, Wintgensstr. 29-33;

40237 Düsseldorf, Grafenberger Allee 300;

16225 Eberswalde, Schicklerstr. 14-20;

25335 Elmshorn, Bauerweg 23;

26723 Emden, Schlesierstr. 10-12;

99089 Erfurt, Nordhäuser Str. 12;

45127 Essen, Berliner Platz 10;

24939 Flensburg, Waldstr. 2;

60311 Frankfurt a. M., Fischerfeldstr. 10-12;

15234 Frankfurt (Oder), Birnbaumsmühle 65;

79106 Freiburg, Lehener Str. 77;

85356 Freising, Parkstr. 11;

36037 Fulda, Rangstr. 4;

45879 Gelsenkirchen, Vattmannstr. 12;

07548 Gera, Hermann-Drechsler-Str. 1;

35390 Gießen, Nordanlage 60;

73033 Göppingen, Mörikestr. 15;

37081 Göttingen, Bahnhofsallee 5;

38642 Goslar, Robert-Koch-Str. 11;

99867 Gotha, Schöne Aussicht 5;

58095 Hagen, Körnerstr. 98-100;

38820 Halberstadt, Rudolf-Diesel-Str. 54;

06110 Halle, Franckestr. 1;

20097 Hamburg, Kurt-Schumacher-Allee 16;

31785 Hameln, Süntelstr. 6;

59065 Hamm, Bismarckstr. 1;

63450 Hanau, Am Hauptbahnhof 1;
30169 Hannover, Brühlstr. 4/Escher Str. 17;
25746 Heide, Rungholtstr. 1;
69115 Heidelberg, Bergheimer Str. 147;
74074 Heilbronn, Rosenbergstr. 50;
32049 Herford, Hansastr. 33;
31137 Hildesheim, Langer Garten 23;
95032 Hof, Äußere Bayreuther Str. 2;
85049 Ingolstadt, Heydeckplatz 1;
58636 Iserlohn, Erich-Nörrenberg-Str. 7;
07743 Jena, Leutragraben 2-4;
67655 Kaiserslautern, Augustastr. 6;
76135 Karlsruhe, Brauerstr. 10;
34117 Kassel, Grüner Weg 46;
87439 Kempten, Rotlachstr. 26;
24143 Kiel, Adolf-Westphal-Str. 2;
56073 Koblenz, Rudolf-Virchow-Str. 5;
50939 Köln, Luxemburger Str. 121;
78467 Konstanz, Stromeyersdorfstr. 1;
34497 Korbach, Louis-Peter-Str. 51;
47799 Krefeld, Philadelphiastr. 2;
76829 Landau, Johannes-Kopp-Str. 2;
84034 Landshut, Leinfelderstr. 6;
26789 Leer, Jahnstr. 6;
04159 Leipzig, Georg-Schumann-Str. 150;
65549 Limburg a. d. Lahn, Mozartstr. 1;
79539 Lörrach, Brombacher Str. 2;
71638 Ludwigsburg, Stuttgarter Str. 53-55;
67059 Ludwigshafen, Berliner Str. 23a;
23560 Lübeck, Hans-Böckler-Str. 1;
21335 Lüneburg, Rackerstr. 1;
06886 Lutherstadt Wittenberg, Lerchenbergstr. 113;
39085 Magdeburg, Nachtweide 82;
55131 Mainz, Untere Zahlbacher Str. 27;
35039 Marburg, Afföllerstr. 25;
56727 Mayen, St.-Veit-Str. 4;
87700 Memingen, Dr. Berndl-Platz 2;
06217 Merseburg, Hallesche Str. 99;

59872 Meschede, Ruhrstr. 26;
41061 Mönchengladbach, Berliner Platz 12;
56410 Montabaur, Tonnerrestr. 1;
80337 München, Kapuzinerstr. 30;
48147 Münster, Nevinghoff 20;
72202 Nagold, Bahnhofstr. 37;
17036 Neubrandenburg, Helmut-Just-Str. 10;
24534 Neumünster, Gartenstr. 24;
66538 Neunkirchen, Ringstr. 1;
16816 Neuruppin, Bahnhofstr. 17;
56564 Neuwied, Pfarrstr. 3;
31582 Nienburg, Verdener Str. 21;
99734 Nordhausen, Gerhart-Hauptmann-Str. 3;
48527 Nordhorn, Stadtring 9-16;
90443 Nürnberg, Richard-Wagner-Platz 5;
46045 Oberhausen, Mülheimer Str. 36;
63067 Offenbach, Domstr. 68;
77654 Offenburg, Weingartenstr. 3;
26122 Oldenburg, Stau 70;
04758 Oschatz, Oststr. 3;
49080 Osnabrück, Johannistorwall 56;
33102 Paderborn, Bahnhofstr. 26;
94032 Passau, Innstr. 30;
75172 Pforzheim, Luisenstr. 32;
72793 Pfullingen, Marktstr. 150;
66954 Pirmasens, Schachenstr. 70;
01796 Pirna, Rottwemdorfer Str. 45;
08527 Plauen, Meßbacher Str. 46;
14482 Potsdam, Horstweg 96;
76437 Rastatt, Karlstr. 18;
88212 Ravensburg, Schützenstr. 69;
45657 Recklinghausen, Görresstr. 15;
93053 Regensburg, Galgenbergstr. 24;
48431 Rheine, Dutumer Str. 5;
01591 Riesa, Alleestr. 68;
83022 Rosenheim, Wittelsbacherstr. 57;
18069 Rostock, Rahnstädter Weg 34;
78628 Rottweil, Präsenzgasse 8;

66111 Saarbrücken, Hafenstr. 18;

66740 Saarlouis, Am Kleinbahnhof 8;

06526 Sangerhausen, Juri-Gagarin-Str. 31;

04626 Schmölln, Lohsenstr. 43;

74523 Schwäbisch Hall, Bahnhofstr. 28;

97421 Schweinfurt, Kornacherstr. 6;

19057 Schwerin, Am Margarethenhof;

57072 Siegen, Hohler Weg 75;

59494 Soest, Paradieser Weg 2;

42699 Solingen. Kamper Str. 35;

21680 Stade, Am Schwingedeich 2;

39576 Stendal, Weberstr. 18;

18437 Stralsund, Alte Richtenberger Str. 20;

94315 Straubing, Wittelsbacherhöhe 14;

70190 Stuttgart, Neckarstr. 84;

98529 Suhl, Würzburger Str. 3;

97941 Tauberbischofsheim, Pestalozziallee 17;

83278 Traunstein, Chiemseestr. 9;

54295 Trier, Güterstr. 74;

29525 Uelzen, Lüneburger Str. 72;

89073 Ulm, Wichernstr. 5;

49377 Vechta, Kronenstr. 5;

27283 Verden, Lindhooper Str. 9;

78050 Villingen-Schwenningen, Lantwattenstr. 2;

71332 Waiblingen, Mayenner Str. 60;

92637 Weiden, Weigelstr. 24;

82362 Weilheim, Karwendelstr. 1;

91781 Weißenburg, Schwärzgasse 1;

46483 Wesel, Reeser Landstr. 61;

35576 Wetzlar, Sophienstr. 19;

65197 Wiesbaden, Klarenthaler Str. 34;

26382 Wilhelmshaven, Schillerstr. 43-49;

38440 Wolfsburg, Kleiststr. 26;

97082 Würzburg, Mergentheimer Str. 22;

42275 Wuppertal, Am Clef 58;

08058 Zwickau, Leipziger Str. 176

Literatur zum Thema Intelligenz

Correll, W., Lernpsychologie, Donauwörth 1965

Deutscher Bildungsrat, Begabung und Lernen, Stuttgart 1970

Eysenck, Hans J.: Intelligenz-Test. 1974

Gardner, Howard: Abschied vom IQ, Klett-Cotta 1991

Hiltmann, H., Kompendium der psychodiagnostischen Tests, Bern und Stuttgart 1966

Jäger, A. O., Dimensionen der Intelligenz, Göttingen 1967

Lausnitzer, J. E.: Der persönliche IQ-Test. So bestimmen Sie Ihren Intelligenz-Quotienten, 1996

Lauster, Peter: Intelligenz. Ein Test- und Trainingsprogramm. 1992

Marfeld, A. F., Kybernetik des Gehirns, Berlin 1970

Meili, R., Lehrbuch der psychologischen Diagnostik, Bern und Stuttgart 1965

Ott, E., Optimales Denken, Stuttgart 1971

Rohracher, H., Einführung in die Psychologie, Wien 1963

Roth, H., Pädagogische Psychologie, Hannover 1966

Wittmann, Marc; Eisenkolb, Andreas; Perleth, Christoph: Neue Intelligenztests. Ein umfangreiches Test- und Übungsprogramm. 1997

Gedankenaustausch

Durch die Leserbriefe, die ich täglich erhalte, weiß ich, wie viele einen Gedankenaustausch mit Gleichgesinnten in ihrer Umwelt vermissen. So kam ich auf die Idee, einen «Briefclub» für Interessierte zu gründen. Deshalb habe ich eine Adreßkarte für die Leserinnen und Leser dieses Buches entwickelt, die mit anderen Lesern gerne in einen Gedankenaustausch treten wollen.

Daß ein Bedürfnis danach besteht, ist aus den vielen Leserbriefen zu ersehen. Ich war sehr überrascht, wie viele Leser malen, Gedichte schreiben und eigene kreative Gedanken entwickeln. Sie leiden oft darunter, daß sie im Alltag oft nicht die richtigen Gesprächspartner finden, weil nicht wenige eine Scheu davor haben, sich zu offenbaren. Es gibt viele Menschen, die sich in dieser normierten Anpassungsgesellschaft ein eigenständiges Seelenleben bewahrt haben und weiter bewahren wollen. Darüber in Kommunikation zu treten und sich auszudrücken, das sollte auf jeden Fall gefördert werden, und zwar durch dieses Experiment.

Die Adressen werden von meinem Sekretariat gespeichert und jedem Interessenten zur Kontaktaufnahme zugesandt. Der Empfang der Adressen verpflichtet natürlich zu nichts. So können Sie Ihre Adresse selbstverständlich jederzeit wieder streichen lassen, sind auch nicht verpflichtet, alle Kontaktinteressenten anzuschreiben oder auf Briefe, die Sie erhalten, zu antworten.

Schneiden Sie die folgende Adreßkarte aus und senden Sie sie mit einem einmaligen Beitrag für die Organisationskosten (50-DM-Schein oder Scheck im Brief) an das Sekretariat der Praxis L. Lauster, Usambarastraße 2, 50733 Köln. Es wäre schön, wenn durch diese Aktion ein Netz geistiger Verbundenheit vieler Menschen entstehen könnte und wenn Sie uns über Ihre gemachten Erfahrungen gelegentlich etwas schreiben würden.

Vorname: _____ Name: _____

Straße/PLZ/ Ort:_____

Alter:_____ Hobby:_____

Interessengebiet:_____

_____

Ich bin damit einverstanden, daß meine Adreßkarte an Leser/innen weitergegeben wird, die an einem Gedankenaustausch interessiert sind.

Datum:_____ Unterschrift:_____